# 面向自动驾驶的
# 交通标识视觉感知

张志佳 王士显 范莹莹 裴文慧 著

U0360463

清华大学出版社

北 京

## 内 容 简 介

自动驾驶通过车载多传感器系统获知周围实时环境信息,计算处理后经过合理的决策规划从而控制车辆的运动。本书从基于图像的视觉感知角度出发,对面向自动驾驶的交通标识视觉感知相关技术进行系统分析和介绍,主要内容包括基于深度学习的视觉感知、交通标识的视觉识别、双目视觉与交通标识测距、车道线检测、面向自动驾驶的嵌入式系统、视觉感知在自动驾驶中的应用展望等。

本书可以作为高等院校电子信息、交通工程和自动驾驶等相关专业本科生或研究生的参考书。本书中的实例均经过实践验证,可供从事自动驾驶汽车相关工作的工程技术人员参考和使用。

**图书在版编目(CIP)数据**

面向自动驾驶的交通标识视觉感知/张志佳等著.—北京:清华大学出版社,2023.6
ISBN 978-7-302-63525-3

Ⅰ. ①面… Ⅱ. ①张… Ⅲ. ①计算机视觉—应用—汽车驾驶—自动驾驶系统—公路标志 Ⅳ. ①U463.61-39

中国国家版本馆 CIP 数据核字(2023)第 087092 号

**责任编辑**:贾 斌
**封面设计**:何凤霞
**责任校对**:李建庄
**责任印制**:刘海龙

**出版发行**:清华大学出版社
　　　　　网　　　址:http://www.tup.com.cn, http://www.wqbook.com
　　　　　地　　　址:北京清华大学学研大厦 A 座　　邮　　编:100084
　　　　　社 总 机:010-83470000　　　　　　　　邮　　购:010-62786544
　　　　　投稿与读者服务:010-62776969, c-service@tup.tsinghua.edu.cn
　　　　　质量反馈:010-62772015, zhiliang@tup.tsinghua.edu.cn
　　　　　课件下载:http://www.tup.com.cn, 010-83470236
**印 装 者**:三河市君旺印务有限公司
**经　　销**:全国新华书店
**开　　本**:170mm×230mm　　**印　张**:13.75　　　**字　数**:262 千字
**版　　次**:2023 年 8 月第 1 版　　　　　　　　**印　次**:2023 年 8 月第 1 次印刷
**印　　数**:1~2000
**定　　价**:89.00 元

产品编号:095668-01

# 序

　　20 世纪 70 年代,科技发达国家开始进行无人驾驶汽车的研究。1984 年,美国国防部高级研究计划局(DARPA)与陆军合作,发起自主地面车辆(ALV)计划。从 2004 年开始,DARPA 推出无人驾驶挑战赛,将自动驾驶推向世界多所高校和研究机构等联合参与的新台阶。近年来,伴随着人工智能的快速发展,智能驾驶汽车已经开始商业化,并被越来越多的用户使用。

　　以百度为代表的高科技公司也相继加入了无人驾驶汽车领域的研究。奇瑞联合百度共同开发了 eQ 无人驾驶汽车,并于 2016 年亮相乌镇世界互联网大会,进行示范运营。2018 年 1 月,奇瑞、百度联合打造的自动驾驶车辆——艾瑞泽 5,惊艳亮相美国 CES 展会。2020 年 11 月,在江苏常熟举行的"2020 中国智能车未来挑战赛"上,国家自然科学基金委员会信息科学部常务副主任张兆田指出,经过 12 年的艰辛磨炼,"中国智能车未来挑战赛"历届赛事极大地推动了我国无人驾驶车辆技术的发展,促进了我国无人驾驶智能车逐步从简单封闭道路走进真实、复杂的道路交通环境,缩短了与发达国家之间的差距,为中国智能车、地面无人自主系统及其他人工智能系统的未来发展夯实了基础。

　　作为多个前沿学科和不同领域高端技术的融合产物,自动驾驶技术涉及车辆工程、计算机科学、人工智能、模式识别和智能控制等多个研究领域,大大促进了汽车产业的创新与发展。自动驾驶汽车的核心是具有自主的环境感知、规划决策和控制执行的移动信息处理系统,其中环境感知是自动驾驶汽车与物理世界交互的起点。摄像头、雷达等传感器类似于人的眼睛和耳朵,与后台所构成的汽车环境感知系统,为自动驾驶汽车的全部决策、规划、控制和动作执行提供信息源头。

　　研究表明,人类个体学习的信息有 80% 来自视觉。同样,对于无人驾驶汽车来说,通过基于图像系统的视觉获取信息系统也是最重要的信息源之一。车载视觉系统可以为无人驾驶汽车提供外界的交通标识等必须遵守的交通规则信息和行人、车辆、建筑物、树木等各种需要规避的障碍物信息。以深度学习为核心的人工智能技术为复杂场景下多目标的鲁棒性检测与识别提供了强有力的理论和工具。

本书从基于图像的视觉感知角度出发,对面向自动驾驶的交通标识视觉感知相关技术进行了系统的分析和介绍,利用深度学习在复杂场景中多目标识别的强有力优势,对交通标识视觉识别技术的原理和实现、双目视觉在交通标识测距上的应用、车道线检测的基本方法和实现、嵌入式视觉感知平台等进行了深入的分析和讨论,有助于从事智能驾驶汽车视觉感知的相关研究人员快速进行实践。

这本书必将有利于图像识别、视觉感知相关技术研究者的进一步学习,也将为智能技术产学研融合及其产业化提供宝贵经验,进而促进智能驾驶汽车的进一步发展。

奇瑞汽车股份有限公司汽车工程技术研发总院

徐有忠

2023 年 4 月

自动驾驶汽车是人类道路交通工具的未来发展形态,将对人类社会的各方面产生广泛而深远的影响。自动驾驶汽车具有减少道路交通事故、缓解城市交通拥堵并减少环境污染等诸多优势。自动驾驶技术是一个涉及车辆工程、计算机科学、人工智能、模式识别和智能控制的多学科、跨学科综合研究领域,是人工智能技术在汽车领域的关键应用。自动驾驶汽车的核心是具有环境感知、规划决策和控制执行的移动信息处理平台,其中环境感知是自动驾驶汽车获取外界信息的源头,占据着关键的地位。

视觉感知在环境感知中发挥着极其重要的作用,是获取物理世界实时信息的主要方式。以深度学习为代表的人工智能技术在视觉感知上的进展推动了各类视觉应用性能的提升,逐渐达到实用的程度。交通标识包括道路交通设置的交通标识牌、红绿灯以及地面的车道线和停止线等交通指示线信息,基于深度学习的视觉感知通过对交通标识的检测、识别与测距,能够完成自动驾驶汽车需要的环境感知需求。本书对面向自动驾驶的交通标识视觉感知相关技术进行了系统的介绍,梳理了自动驾驶需要实现的系统功能、交通标识视觉识别技术的原理和实现、双目视觉在交通标识测距上的应用以及车道线检测的基本方法和实现参考,最后通过对实现平台的介绍,可为相关研究人员在这一领域开展研究提供相关参考。

全书共分为 8 章。第 1 章对自动驾驶的发展历史、分级定义与功能分析、硬件平台及软件平台进行了详细的介绍;第 2 章介绍了人工智能的发展历程和研究途径,分析了人工智能技术,特别是深度学习和强化学习在自动驾驶中的应用场景;第 3 章介绍了基于深度学习的视觉感知技术在图像分类、目标检测、目标跟踪和图像分割应用上的典型算法;第 4 章介绍了如何采用深度学习框架、制作数据集、修改和设计神经网络模型实现交通标识的视觉识别;第 5 章介绍了双目视觉定义和原理、交通标识测距的流程和方法、试验结果与分析;第 6 章介绍了基于传统视觉和深度学习的视觉感知,详细介绍了实现车道线检测的不同方法的原理和实现方法,包括实现代码和具体流程;第 7 章介绍了视觉感知处理依赖的嵌入式计算机系统,包括视觉传感器、硬件计算平台和软件开发环境,结合交通标识视觉感知和双目相机测距,给出了系统实现框架;第 8 章介绍了视觉感知技术在自动驾驶中的应用展望,给出了视觉感知技术能够进一步推动自动驾驶发展的研究方向。

在本书的编写过程中,得到了沈阳工业大学多位教师和研究生的帮助和支持,徐佳锋同学的研究工作使得车道线检测部分的内容更加完善,陈健、蒋庆龄、吴思男、郭玉婷、杨丽、王守满、贺继昌、赵鋆益等同学做了大量的书稿整理和完善工作。

在本书的编写过程中,编者参阅了大量的文献资料,从中得到了许多有益的启发和帮助,在此向这些文献的作者表示衷心的感谢。感谢全国劳动模范、奇瑞汽车股份有限公司汽车工程技术研发总院的徐有忠博士为本书作序,他在本书的编写过程中提供了很多中肯的建议,同时对清华大学出版社在出版过程中给予的支持表示诚挚感谢。

由于编者水平有限,加之经验不足,本书难免有疏漏之处,恳请各位同行和读者批评指正。

编　者
2023 年 6 月

# 第1章

## 自动驾驶与计算机视觉

本章对自动驾驶的发展历史、分级定义与功能分析、硬件平台及软件平台进行了详细的介绍。作为自动驾驶实现的一种重要技术手段,本章在对计算机视觉和感知进行分析后,详细介绍了视觉感知在自动驾驶中的应用概况。

## 1.1 自动驾驶发展历史

德国人卡尔·本茨于 1886 年首先发明了名为"奔驰 1 号"的汽车,开启了人类使用这种高速交通工具的历史。经过 100 多年的发展,汽车行业日趋成熟稳定,汽车产品也随着当前电子信息技术、新能源技术等行业的发展,不断朝着电动化、智能化的方向更新换代。安全辅助驾驶系统,甚至是自动驾驶技术正在加速从实验室走向实际应用。实现无人驾驶是人类一直以来的梦想,无人驾驶技术的发展历史也表明,信息技术的发展阶段和发展水平直接影响着无人驾驶所达到的智能化水平。

无线电通信技术的发展在 20 世纪初被用于汽车的远程控制。美国人 Francis P. Houdina 于 1925 年通过改装一款 Chandler 品牌汽车发明了一辆命名为"American Wonder(美国奇迹)"的无线电远程遥控汽车,这辆车上安装有无线电接收装置用于接收控制命令,并配置了多个电动机实现汽车控制,如图 1-1 所示。

图 1-1　American Wonder 无线电遥控汽车

操控人员坐在另一辆装有发射器的汽车上发射无线电控制信号,American Wonder 根据接收的信号生成指令,电动机再根据这些指令控制车辆的运动。Houdina 和他的 American Wonder,通过参加各类宣传活动并在全美的城市街道进行展示,引发了人们对无人驾驶汽车(Driverless Car)的极大兴趣。

无人驾驶汽车,也叫自动驾驶汽车(Autonomous Vehicles),是指在没有人工参与情况下具备感知环境和自主行驶能力的汽车,其核心在于"自主性"和"智能化"。显然,American Wonder 还不是真正的"无人驾驶",其"无人"仅体现为"车上无人",它还需要人来控制,严格意义上来说应该把它叫作"遥控驾驶"。

对于车辆的改造,在当时的技术条件下只能做到遥控,因而,技术的发展转向了对道路的改造。1939 年,通用汽车公司在纽约世界博览会上展示了一个名为"Futurama(未来世界)"的作品,其认为未来汽车及交通的自动化通过改造后的高速公路来实现,汽车采用无线电控制,高速公路提供可以传输推动汽车行驶动力的电磁场。Norman Bel Geddes 在他的著作 *Magic Motorways* 中阐述了他认为人类应该从驾驶中脱离出来的设想。20 世纪 50 年代,研究人员按照上述设想进行了大量的试验。RCA(Radio Corporation of America,美国无线电公司)在实验室中成功研制出了一辆微型汽车,它是由铺设在地板里的电线进行导航和控制,如图 1-2 所示。

图 1-2  RCA 的微型汽车

1958 年,通用汽车公司与 RCA 合作研发高速公路,研究团队提出一个他们称为电子化高速公路的创意解决方案,该方案使用两辆 1958 年款雪佛兰汽车进行了测试,测试车辆基于侦测与引导系统实现了保持前后车距以及自动转向的功能。

试验的成功让人们很看好自动驾驶的前景,同时也引起了许多公司的注意。例如,中部电力与照明公司(Central Power and Light Company)就曾多次在各类报纸上刊登广告介绍无人驾驶,如图 1-3 所示,其广告词也非常吸人眼球,"有一天你和你的爱车会疾驰在一条电子超级高速公路上,它的速度和方向由嵌入公路里的电子设备自动控制。高速公路将会变得非常安全,没有拥堵,没有碰撞,没有疲劳……"。

图 1-3　20 世纪 50 年代广告中的无人驾驶汽车

进入 20 世纪 60 年代,很多企业和机构开始研发自动驾驶汽车,其中大部分都采用埋设在道路中的电子设备进行导航。英国运输与道路研究实验室使用改装的 Citroen DS 通过上述导航原理,以 130km/h 的速度在多种天气状况下进行了试验,结果汽车的速度和方向都没有发生偏离。试验结果表明,采用这个系统后道路的负载能力将提高 50%,同时交通事故将减少 40%。但由于需要对道路进行改造,成本和难度较大,20 世纪 70 年代以后这种方法逐渐被其他技术所取代。

1969 年,人工智能创始人之一的约翰·麦卡锡在一篇"计算机控制汽车"的文章中描述了与现代自动驾驶汽车类似的想法。麦卡锡所提出的想法是,一名"自动司机"可以通过"电视摄像机输入数据,并使用与人类司机相同的视觉输入"来帮助车辆进行道路导航。麦卡锡的前瞻性论文帮助自动驾驶研究人员完成了任务设计。麦卡锡设想的"自动驾驶汽车"具有驾驶方便和驾驶安全的好处,可以说,他的这篇指导性论文启发了 20 世纪 70 年代及之后的大部分自动驾驶研究。

随着计算机、计算机视觉、自动控制和传感器技术的发展,无人驾驶汽车的研究开始使用视觉方法感知周围环境,依靠计算机对感知信息处理、分析以生成控制汽车的命令。1977 年,日本筑波工程研究实验室开发出了第一辆利用摄像头来检测导航信息的自动驾驶汽车,这辆汽车配备了两个摄像头,并用模拟计算机技术进行信号处理,能达到 30km/h。这是目前所知最早尝试使用视觉设备进行的无人驾驶,自动驾驶也从此翻开了崭新的一页。

1983 年,DARPA 制订了 ALV(Autonomous Land Vehicle,自主性陆地车辆)计划,与卡内基-梅隆大学、斯坦福大学和麻省理工学院等机构合作,利用激光雷达、计算机视觉第一次实现了在机器人自主控制下的自动驾驶,并在无人车上首次使用了便携式计算设备。1987 年,HRL(美国休斯研究实验室)展示了一款在越野环境下自主导航的 ALV,在乱石、山坡、沟壑等地形环境中成功地以 3.1km/h 的速度行驶了超过 600m。1989 年,卡内基-梅隆大学的 Dean Pomerleau 率先使用神经网络(Neural Network)来控制自动驾驶汽车,其研制的 ALVINN(Autonomous Land Vehicle In a Neural Network)在卡内基-梅隆大学校园实现了没有任何人工干预情况下的自动驾驶。

1995 年,卡内基-梅隆大学将一辆 Pontiac Trans Sport 汽车改装成 NavLab-5系统,通过在车上加装多台便携式计算设备、摄像头和 GPS 设备等增强车辆的自动驾驶能力,如图 1-4 所示。该车行驶了超过 5000km,据称,98.2%的路程都是通过"无手"自主控制。实际上这辆车只是半自动驾驶,因为它只是使用神经网络来控制车的方向盘,而油门和刹车仍是人在控制。但此项研究成果对于后期的自动驾驶技术发展具有非常重要的借鉴意义。

20 世纪 80 年代初,慕尼黑联邦国防军大学(Bundeswehr University Munich)的自动驾驶先驱 Ernst Dickmanns 和他的团队研制出一辆采用视觉导航的自动驾驶汽车 VaRoS,这辆汽车在交通顺畅情况下达到了 90km/h 的速度,能够利用单目摄像头进行障碍物识别和跟踪驾驶。1993—1994 年,Ernst Dickmanns 团队成功改装了一辆奔驰 S500 轿车,如图 1-5 所示,通过为这辆车配备摄像头和多种传感器,实现了对道路周围环境的实时监测和反馈。这辆改装后的奔驰 S500 成功地在普通交通环境下自动驾驶了超过 1000km 的距离。

图 1-4　改装的 Pontiac Trans Sport 汽车　　　　　图 1-5　改装后的 S500 轿车

1998 年,意大利帕尔马大学 VisLab 实验室的 ARGO 原型车利用立体视觉和计算机系统制定的导航路线进行了 2000km 长距离试验,其中 94%路程使用自主驾驶,平均时速为 90km,最高时速为 112km。ARGO 的计算机系统采用商用 Intel MMX Pentium Ⅱ 处理器,视觉系统采用商用 CCD 摄像机,获取图像后传递给计算单元来进行立体视觉检测和定位车辆行驶中遇到的障碍。ARGO 的车道检测功能利用单目摄像机获取的图像提取道路特征后通过模型匹配算法实现。

为了推动自动驾驶技术的演进,激发技术研究的热情,DARPA 从 2004—2007 年连续举办了 3 届无人驾驶挑战赛。第 1 届挑战赛中,虽然进入决赛的 15 支车队没有一支完成整场比赛,但恰恰是这个遗憾的结果激发了人们对于无人驾驶的兴趣,具有促进自动驾驶研究的重要意义。随后的 2005 年,斯坦福大学的参赛车辆 Stanley 完成挑战获得冠军,这辆车不仅配备了摄像头,同时还配备了激光测距仪、雷达、GPS 传感器以及包含 Intel 处理器的计算机系统。2007 年,DARPA 通过场景变换加大挑战难度,将比赛场地搬到加州维克托维尔的空军基地。挑战赛要求所有参赛无人车在模拟的交通环境中完成变线、超车、过交通路口等挑战,第一次将无人车和有人车共同置于模拟路径中进行实境交互,极大地启发了现今的无人驾驶技术。

DARPA 无人驾驶挑战赛之后,人们对自动驾驶汽车的功能要求开始变得越来越高,它们需要稳妥地处理交通关系,包括路上的行人、其他车辆、交通信号、障碍等。2009 年,谷歌启动了自动驾驶汽车研究项目,在其系统中使用了计算机视觉、雷达和激光自动导航等技术。2011 年,谷歌的自动驾驶车型改为 Lexus RX450h,图 1-6 所示为其第 2 代测试车型。Lexus RX450h 自动驾驶车队当年在高速公路上累计完成了超过 300000 英里(482803km)的测试里程。

图 1-6 谷歌改进的 Lexus Rx450h

2014 年,谷歌推出了一款全新设计的纯电动全自动驾驶汽车 Firefly,该车没有安装方向盘、刹车和油门踏板,配备了摄像头、毫米波雷达、激光雷达和超声波等传感器,整合了谷歌地图和云服务等优势资源,增强人机交互体验,更加关注行人安全。图 1-7(b)所示为一名叫 Steve Mahan 的盲人乘客,坐在没有人为干预控制的 Firefly 中通过奥斯汀市区。

(a)

(b)

图 1-7　Firefly 自动驾驶汽车及试乘

2016 年,谷歌以其自动驾驶研究部门为核心成立无人驾驶公司 Waymo。通过与汽车厂商如克莱斯勒、丰田的合作,Waymo 公司得以在获得车辆控制权限的多个车型上进行自动驾驶汽车的改造。2017 年 11 月 24 日,谷歌 Waymo 公司宣称其实现了真正的完全无人驾驶。2018 年 1 月,谷歌 Waymo 公司获得了美国亚利桑那州交通部门颁发的无人驾驶商业许可,并于 2018 年年底推出了无人驾驶打车服务。

在 20 世纪 80 年代,中国自动驾驶研究开始启动。随着研究的深入开展,20 世纪 90 年代,北京理工大学、国防科技大学等 5 家单位院所成功联合研制了 ATB-1(Autonomous Test Bed-1)无人车。这是中国第一辆能够自主行驶的测试样车,其直路上的最高行驶速度可以达到 21.6km/h。ATB-1 的诞生标志着中国自动驾驶行业正式起步并进入探索期。随后的 ATB-2 系统在车辆功能和行驶速度上都获得了巨大的提升。

为了进一步推动具有自然环境感知和智能决策能力的自动驾驶技术研究,国家自然科学基金委员会发起了"视听觉信息的认知计算"重大研究计划,并决定从 2009 年起,每年举办一届"中国智能车未来挑战赛(Intelligent Vehicle Future Challenge,IVFC)",挑战赛使我国在无人驾驶领域的探索从理论研究迈入了实车验证的新阶段,带动了我国无人驾驶的研究热潮。挑战赛和各参赛队伍一起成长,比赛内容向更高层次自动驾驶标准提升,各参赛队伍在你追我赶中不断完善并超越,提升了我国无人驾驶领域的研究和实践水平。

2011 年,国内的红旗 HQ3 首次完成了从长沙到武汉 286km 的高速全程自动驾驶试验,实测全程自主驾驶平均时速 87km,创造了中国自主研制的无人车在复杂交通状况下自主驾驶的新纪录。这标志着中国无人车在复杂环境识别、智能行为决策和控制等方面实现了重大技术突破。

百度将人工智能业务提升为公司发展战略目标,对无人车技术展开了大规模研发。2015年，百度在北京进行了高速公路和城市道路的全自动驾驶测试，2016年获得美国加州自动驾驶路测牌照并在浙江乌镇开展普通开放道路的无人车试运营。2017年，百度发布了"Apollo（阿波罗）"计划，向汽车行业及自动驾驶领域的合作伙伴提供了一个开放、完整、安全的软件平台。

2019年，百度宣布全球首个全面智能驾驶商业化解决方案 Apollo Enterprise 正式问世，并发布了全球首个面向自动驾驶的高性能开源计算框架 Apollo Cyber RT。2020年，Apollo 已独家获得北京自动驾驶测试许可，在北京、长沙两地自动驾驶测试里程已超过52000km，拥有多个自动驾驶车队，如图1-8所示。另外，Apollo 发布了全球首个多场景自动驾驶运营报告。

图 1-8　百度 Apollo Go 车队

## 1.2　自动驾驶的定义与功能分析

### 1. 自动驾驶的定义

为了正确引导自动驾驶汽车行业的发展，作为当今汽车以及航空行业的顶级标准制定组织，国际自动机工程师学会（Society of Automotive Engineers，SAE）对自动驾驶定义和参照标准进行了多次更新。

SAE 于2014年1月发布了 J3016，用以明确不同级别自动驾驶技术之间的差异性。随着自动驾驶技术的发展，SAE 分别于2016年9月、2018年6月和2021年5月对 J3016 进行了3次更新，2016版主要增加设计运行范围（ODD）定义并具体说明动态驾驶任务（Dynamic Driving Task，DDT）等内容，2018版和2021版主要完善术语描述并对标准使用中的常见问题进行解释说明。2016年9月，美国交通运输部选择将 SAE J3016 标准确定为其自动驾驶车辆的行业参照标准。此后，全球诸多汽车行业相关的企业也采用了 SAE J3016 对自身相关的产品进行技术定义。

按照 SAE 的分级,J3016 自动驾驶分级标准将自动驾驶技术分为 L0～L5 共 6 个等级,如表 1-1 所示。L0 代表没有自动驾驶加入的传统人类驾驶,而 L1～L5 则随自动驾驶技术的不同配置进行了分级。

表 1-1　SAE 定义的自动驾驶分级

| 分级 | 称谓 | 定　义 | 主　体 | | | 系统作用域 |
| --- | --- | --- | --- | --- | --- | --- |
| | | | 驾驶操作 | 周边监控 | 支援 | |
| L0 | 无自动化 | 由人类驾驶员全权操控汽车,可以得到警告或干预系统的辅助 | 人类驾驶者 | | | 无 |
| L1 | 驾驶支援 | 通过驾驶环境对方向盘和加减速中的一项操作提供驾驶支持,其他驾驶动作都由人类驾驶员进行操作 | 人类驾驶者＋系统 | 人类驾驶者 | 人类驾驶者 | 部分 |
| L2 | 部分自动化 | 通过驾驶环境对方向盘和加减速中的多项操作提供驾驶支持,其他驾驶动作都由人类驾驶员进行操作 | | | | |
| L3 | 有条件自动化 | 由自动驾驶系统完成所有的驾驶操作,根据系统要求,人类驾驶者需要在适当的时候提供应答 | 系统 | | | |
| L4 | 高度自动化 | 由自动驾驶系统完成所有的驾驶操作,根据要求,人类驾驶者不一定需要对所有的系统请求做出应答,包括限定道路和环境条件等 | | 系统 | 系统 | |
| L5 | 完全自动化 | 在所有人类驾驶者可以应付的道路和环境条件下均可以由驾驶系统自主完成所有的驾驶操作 | | | | 系统 |

L0:仅提供警告以及瞬时辅助。可以理解为只在某个特定时间点起作用,驾驶者需要全程驾驶。

L1:能够自动加、减速或转向辅助驾驶。这是目前较为常见的自动辅助驾驶,停车辅助或车道偏离修正或自适应巡航都属于这个级别常见的功能。例如,自适应巡航(Adaptive Cruise Control,ACC)系统,通过雷达探测与前车的实时距离自动控制加减速,从而保持与前车的安全距离。

L2：能够自动加、减速或转向辅助驾驶。功能特征与L1类似,但最本质的区别在于L2的一些功能可以同时进行,而L1不可以同时进行。

L3：可以做到在复杂路况、交通拥堵下实现自动驾驶,但条件没有全部满足的情况下还需要主动驾驶。环境观察和驾驶操作都由系统来完成。虽然已经可以做到在复杂路况,交通拥堵下实现自动驾驶,但在条件没有全部满足的情况下还需要主动驾驶。比如检测到地面湿滑是否需要减速、检测到前方车辆行驶过慢是否需要超车、检测到前方有人在车道较近处走动是否需要鸣笛提醒等,这些请求系统会反馈给驾驶员,由人来做决定。

L4：驾驶操作和环境观察均由系统完成。与L3存在共同点,使用同样存在限制条件,但人不需要对所有的系统要求进行应答,比如只需要在某些复杂地形或者天气恶劣的情况下才需要人对系统请求做出决策,而其他情况下系统能独自应付自动驾驶,L4比L3更加先进,L4可以应用于城市自动驾驶出租车。

L5：L5与L4相似,最大的不同在于L5可以在任何条件下自动驾驶车辆,已经没有任何限制因素,毫无疑问,L5是真正达到可以解放人力的级别。

上述6类自动化驾驶定义,可分为两大类,第一大类：L0、L1、L2；第二大类：L3、L4、L5。第一大类都有一个共性,驾驶者依旧还是主要“决策者”,系统只是辅助,关键的道路判断和操控指令必须由驾驶者来执行。即使驾驶者能有短暂时间让双手和双脚休息,但是视线依旧不能离开前方,精神仍需保持着高度紧张以便随时随地进行人工接管。第二大类的共性在于驾驶者可以称为真正意义上的“旁观者”,驾驶过程中无须驾驶者接管。

SAE J3016有关驾驶自动化分级的概念一经提出便引起各方关注,被全球汽车产业广泛应用。然而,由于SAE J3016是基于国外技术及产业实践制定,造成了我国汽车行业对于分级的理解不准确、定义不统一、应用不规范,在一些文件中使用的分级概念甚至与其参考标准的制定初衷存在较大差异,给政府行业管理、企业产品开发及宣传、消费者认知及使用等带来不便。

2017年,由工业和信息化部提出,汽车标准委员会智能网联汽车分标准委员会组织行业骨干单位启动了我国对自动驾驶标准的研制工作。2021年8月20日,由工业和信息化部提出、全国汽车标准化技术委员会归口的《汽车驾驶自动化分级》(GB/T 40429—2021)推荐性国家标准由国家市场监督管理总局、国家标准化管理委员会批准发布,于2022年3月1日起实施。

《汽车驾驶自动化分级》(GB/T 40429—2021)与SAE J3016类似,根据驾驶自动化系统所能执行的驾驶任务情况,将驾驶自动化功能分为不同的6个等级。其中,0～2级统称为“驾驶辅助(Driving Assistance)”,属于低级别的驾驶自动化功能；3～5级统称为“自动驾驶(Automated Driving)”,属于高级别的驾驶自动化功能。

SAE J3016 在驾驶自动化分级中纳入"无自动化"并定义为 0 级,但是纳入 0 级范畴的前方碰撞预警(Forward Collision Warning, FCW)、自动紧急制动 (Autonomous Emergency Braking, AEB)、车道偏离预警(Lane Departure Warning, LDW)等均具有一定"自动化"属性且多应用于安全应急场景,因此存在逻辑上的争议,有鉴于此,《汽车驾驶自动化分级》(GB/T 40429—2021)将 0 级命名为"应急辅助",既符合技术实际,又解决了分级逻辑上的争议问题。此外,《汽车驾驶自动化分级》(GB/T 40429—2021)在 2 级的概念描述、设计运行条件(Designed Operating Conditions, ODC)概念的提出和在各等级中突出强化安全理念及要求等多个方面也丰富和明确了汽车驾驶自动化分级的相关概念。

**2. 自动驾驶功能分析**

为了实现"自动驾驶",相关研究机构和开发厂商已经开发不同系列的 ADAS (Advanced Driver Assistance System,高级驾驶员辅助系统)。随着 ADAS 的逐步升级和完善,车辆也在逐步从低级向高级进化,有望完全实现自动化。目前 ADAS 已开发出 20 多种功能,下面给出 ADAS 的部分常见功能。

**1) 自适应巡航控制系统(Adaptive Cruise Control, ACC)**

ACC 是一种智能化的自动控制系统。在车辆行驶过程中,安装在车辆前部的车距传感器持续扫描前方车辆,同时轮速传感器采集车速信号。当与前车之间的距离过小时,ACC 可以通过与制动防抱死系统、发动机控制系统协调动作,使车轮适当制动、降低发动机的输出功率,以使车辆与前方车辆保持安全距离(图 1-9)。

图 1-9　自适应巡航控制系统

**2) 自动紧急制动(Autonomous Emergency Braking, AEB)**

AEB 是一种汽车主动安全技术,系统采用雷达测出与前车或者障碍物的距离,然后利用数据分析模块将测出的距离与警报距离、安全距离进行比较,小于警报距离时进行警报提示,小于安全距离时即使驾驶员没有来得及踩制动踏板,AEB 系统也会启动,使汽车自动制动,从而为安全出行保驾护航(图 1-10)。

图 1-10　自动紧急制动系统

3）智能车灯控制（Adaptive Front Lights，AFL）

这种智能车灯控制技术及其系统可以根据车速和道路环境来改变车灯的照射方向和强度（图 1-11）。

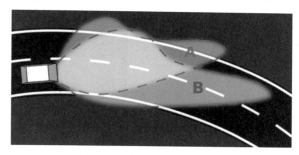

图 1-11　智能车灯控制系统

4）盲点检测（Blind Spot Monitoring，BSM）

盲点检测系统通过车辆周围安装的防撞雷达、红外雷达等传感器和盲点探测器等设备实时采集车辆外界信息，在超车、倒车、换道、大雾、雨天等易发生危险的情况下以声、光等形式向驾驶员提供车辆外界必要的信息，并可自动采取控制措施，有效预防事故的发生（图 1-12）。

图 1-12　盲点监测

5）驾驶监控系统（Driver Monitoring Systems，DMS）

DMS通常对准驾驶员实时采集图像进行监控（图1-13），该系统可实时监测驾驶员是否在位及其当前是否疲劳驾驶、是否集中精力驾驶等状态。DMS可以为驾驶员提供警报，并且发起干预，帮助驾驶员管控车辆。

6）前方碰撞预警系统（Forward Collision Warning，FCW）

FCW能够通过雷达系统和摄像头实时监测前方车辆，判断本车与前车之间的距离、方位及相对速度，当存在潜在碰撞危险时对驾驶者进行警告。

7）抬头显示器（Heads-Up Display，HUD）

该技术把汽车行驶过程中仪表显示的重要信息（如车速）投射到前风挡玻璃上（图1-14），能够帮助驾驶员在大视野不转移的条件下方便读取，对车辆相关参数保持最佳读取状态。

图 1-13　驾驶监控系统　　　　　图 1-14　抬头显示器

8）智能车速控制（Intelligent Speed Adaptation，ISA）

智能车速控制系统能够实时感知车辆限速等交通信息，并根据读取的最高限速控制车辆行驶速度（图1-15），确保车辆在法定限速内行驶，有效避免驾驶者在无意识情况下的超速行为。

图 1-15　智能车速控制系统

9）车道偏离预警（Lane Departure Warning，LDW）

车道偏离预警系统主要由 HUD 抬头显示器、摄像头、控制器及传感器组成。系统启动后，摄像头（一般安置在车身侧面或后视镜位置）会实时采集行驶车道的标识线等图像信息，通过计算获得车辆在当前车道中的位置参数（图 1-16）。当检测到汽车偏离车道而非主动变车道行驶时会发出警报信号，为驾驶者提供预警。

图 1-16　车道偏离告警系统

10）汽车夜视系统（Night Vision System，NVS）

通常 NVS 由红外摄像机和光显示系统两部分组成，系统利用红外线技术可以提高驾驶员在低照度下的可视能力与范围，使驾驶员在黑夜中看得更远、更清楚（图 1-17）。

图 1-17　汽车夜视系统

11）泊车辅助（Parking Assistance，PA）

泊车辅助系统通过安装在车身上的摄像头、超声波传感器、高精地图定位等探测停车位置并实时动态规划泊车路径，辅助驾驶员或者直接操控车辆驶入停车位置(图 1-18)。

图 1-18　泊车辅助系统

12) 行人检测系统(Pedestrian Detection System,PDS)

PDS 利用摄像头、雷达等实时探测车辆周围的行人信息,以便在安全距离内及时控制车辆(图 1-19)。

图 1-19　行人检测系统

13) 交通标识识别(Road Sign Recognition,RSR)

交通标识中的信息是车辆在行驶过程中必须遵守的规则和要求。交通标识识别系统通过车载摄像头和智能图像分析实时自动识别车辆前方视野中的交通标识(如前方的限速、禁行以及地面上的车道线、停止线等),对驾驶员做出提醒或者控制车辆(图 1-20)。

图 1-20　交通标识识别系统

# 1.3　自动驾驶硬件平台

自动驾驶系统是环境感知、高精度定位、车载计算、运动控制等多种技术的集成。自动驾驶环境感知需要长距雷达、激光雷达、短距雷达、车载摄像头、超声波、GPS 和陀螺仪等多种传感器。这些传感器在运行时不断产生大量数据，而且系统对这些数据需要完成实时处理与分析。因此，合理选择车载计算平台完成实时大规模传感数据处理、进行实时驾驶预警与决策，对自动驾驶的安全性、可靠性、持续性至关重要。自动驾驶系统在完成环境感知和计算分析与决策后，控制汽车的机械系统，完成驾驶操作的执行与转换。

自动驾驶汽车的智能化水平取决于算法的演进，因此软件定义汽车概括了技术的重点。从计算机系统实现的角度来看，软硬件的界面划分是计算机系统研究的主要问题。软件定义汽车的本质含义是指计算机控制汽车。计算机系统必须要有一个可以承载高度智能化且运算量庞大的 AI 算法的硬件计算平台或者叫域控制器。自动驾驶在功能完善和性能提升的同时，也对 AI 芯片的算力和性能提出更高的需求。

面向自动驾驶的计算平台由三部分组成，包括具有超大算力需求的 AI 处理芯片、负责控制决策和逻辑运算的 CPU 以及负责功能安全和车辆控制的 MCU。CPU 大多为 ARM 架构，或者和 AI 处理器集成到 SoC 上，MCU 负责可靠性和车辆控制，目前使用较多的就是 Infineon 的 TC297 或者 TC397 芯片。下面从车载传感器和计算平台两方面对面向自动驾驶的硬件系统进行介绍和分析。

**1. 车载传感器**

常见的车载传感器包括超声波雷达、微波雷达、毫米波雷达、车载摄像头、红外探头等。目前自动驾驶传感平台以雷达和摄像头为主,并呈现各类型传感器相互融合、功能互补,多传感器融合发展的趋势。

(1)超声波测距通过接收超声波传播过程中遇到障碍物时的反射波测量距离,在车辆环境感知中应用较早,也是相对较为成熟的测距技术。由于超声波纵向分辨率较高,不易受外界光线变化和电磁场的干扰,超声波测距在灰尘、烟雾及强磁场干扰等恶劣环境中也能保持稳定工作。在近距离情况下超声波的返回波信号强,测量效果好,超声波测距适合近距离测距,其最佳测量距离为 4~5m。另外,超声波易受温度波动的影响,测距准确度依据环境温度的不同而有所差别。

(2)微波雷达也是利用微波遇到障碍物时的反射波来进行测距的。微波雷达测距的优点有很多,如可测距离较远、设备体积较小、测量精度较高、受天气条件影响小等。但微波在遇到障碍物反射时,有很多物体反射的雷达波极弱,还有一些物体甚至不能反射雷达波,如塑料、人物、建筑物、水泥等,从而影响测量结果。

(3)激光测距的主要用途是获取环境信息和检测障碍物,最早应用于机器人领域,如今已被应用于自动驾驶。常见的激光测距方法主要是非成像式和成像式。非成像式激光测距根据光传播的速度和时间进行测距。成像式激光测距控制激光的发射方向对整个视场进行扫描,而后获得整个视场的立体信息。激光测距有很多优点,如测量距离远、测距时间短、测距精度高等,但对激光器件性能和信号处理的要求也较高。

(4)红外测距是利用红外线来进行测距,主要应用于可见度较低的环境和夜晚环境,具有耗电量低、体积小巧、成本较低等优点。在方向性、探视角及测量精度等方面优于超声波测距。由于红外线穿透能力较强,红外测距受复杂天气的影响较小。红外测距的作用距离较短,需要搭配棱镜来进行精准测量,而且光线需与被测平面垂直;否则可能因为返回信号较弱而得不到准确的测量结果。

(5)视觉测距是利用摄像机进行环境实时监控,对采集到的视频图像进行计算分析,构建测距模型完成图像中目标的距离计算。视觉测距是被动式测量,与其他测距原理不同,其不需向待测目标发射信号,只要采集到待测物体的图像,就可以对目标物体进行距离计算。随着图像传感器性价比的提高、计算技术和智能算法的快速发展,视觉测距有着较好的发展前景。由于采集到的图像中包含行人、车辆、交通标识、道路、建筑等大量信息,利用图像识别技术提取出这些相关信息,能计算出更多的数据信息。除实现测距功能外,还可以实现车辆外界环境的智能分析。

**2.计算平台**

为了提高车载计算系统的计算效率,研究人员和各大汽车厂商研究开发了基于 GPU 的计算解决方案、基于 DSP 的解决方案、基于 FPGA 的解决方案和基于

ASIC 的解决方案,实现了多种异构的嵌入式计算平台。

1) 基于 GPU 的计算解决方案

NVIDIA 公司的 DRIVE 嵌入式超级计算平台是该公司最新的基于 GPU 的自动驾驶解决方案。该平台能够处理来自摄像头、普通雷达和激光雷达传感器的数据,以感知周围环境、在地图上确定汽车的位置以及规划和执行安全的行车路线等。NVIDIA DRIVE 计算平台又根据用户对自动驾驶自动化级别的不同需求,分成 Orin、AGX Pegasus、AGX Xavier 和 Hyperion 等不同的平台。NVIDIA DRIVE Orin SoC(系统级芯片)可提供每秒 254 万亿次运算(TOPS),是智能车辆的中央计算机,这款系统级芯片的目标是能够为汽车内部的所有智能计算功能提供计算能力,这些功能包括自动驾驶功能置信度视图的可视化、数字仪表盘、车载信息娱乐系统以及乘员交互 AI。借助可扩展的 DRIVE Orin 产品系列,开发者能够从 L2 级系统升级到 L5 级全自动驾驶汽车系统。NVIDIA DRIVE AGX Pegasus 使用两块 Xavier SoC 和两块 NVIDIA Turing GPU 的强大功能,具有 320 TOPS 的超级计算能力,也使该平台能够易于实现 L4 级和 L5 级的自动驾驶系统(包括自动驾驶出租车)。NVIDIA DRIVE AGX Xavier 可为 L2+级至 L3 级别的自动驾驶提供足够的计算能力,其核心是 NVIDIA 的车规级片上系统芯片 Xavier,该芯片采用了 6 种不同类型的处理器,包括 CPU、GPU、深度学习加速器(Deep Learning Accelerator,DLA)、可编程视觉加速器(Programmable Vision Accelerator,PVA)、图像信号处理器(Image Signal Processor,ISP)和立体/光流加速器。

Xavier 是 NVIDIA 首款量产的车规级 SoC,具有高达 32 TOPS 的峰值计算能力和 750Gb/s 的高速 I/O 性能。Orin 则是 NVIDIA 在 2019 年发布的新产品,其采用全新的 NVIDIA GPU 及 12 核 ARM CPU,单片运算能力可达到每秒 200TOPS,性能几乎是 Xavier 的 7 倍。Orin 可处理在自动驾驶汽车和机器人中同时运行的大量应用和深度神经网络,并且达到了 ISO 26262 ASIL-D 等系统安全标准。总的说来,以 NVIDIA 为代表的 GPU 计算架构支持者通过不断升级的高能效 GPU 计算平台及其组合,能够为实现 L5 级的自动驾驶提供足够的计算能力支持。

2) 基于 DSP 的解决方案

德州仪器(TI)自动驾驶芯片方案基于 DSP,主要面向 ADAS 市场。该方案为 TDAx 系列,包括 TDA2x、TDA3x、TDA2Eco 以及 2020 年发布的 TDA4VM 等,基于异构硬件和通用软件架构,将 TI 行业领先的 DSP 和 EVE 内核整合到单个高性能内核中,并增加了浮点矢量计算功能。TDA2x 于 2013 年 10 月发布,主要面向中到中高级市场,配置了两颗 ARM Cortex-A15 内核与 4 颗 Cortex-M4 内核、两颗 TI 定浮点 C66xDSP 内核、4 颗 EVE 视觉加速器核心以及 Imagination SGX544 GPU,主要应用于前置摄像头信息处理,包括车道报警、防撞检测、自适应巡航以及自动泊车系统等。TDA4VM 处理器包含通用处理 CPU、C7 DSP MMA 深度学习加速器、VPAC DMPAC 视觉加速器、ISP 和以太网交换机以及 PCIe 交换机等。在功耗方面,TDA4VM 处理器仅用 5～20W 的功率和性能效率即可执行高性能 ADAS 计算,无须主动冷却。

3) 基于 FPGA 的解决方案

Xilinx 是 FPGA 应用市场的领导者,但在基于 FPGA 的深度学习运算加速研究方面,Xilinx 并未达到领先水平。为了强化 Xilinx 在自动驾驶市场上的布局,该公司于 2018 年收购了能够提供端到端深度学习硬件解决方案的深鉴科技。自 2016 年成立以来,深鉴科技一直基于 Xilinx 的 FPGA 平台开发机器学习解决方案,推出的两个用于深度学习处理器的底层架构——亚里士多德架构和笛卡儿架构的 DPU 产品。在自动驾驶解决方案上,Xilinx 有针对自动驾驶中央控制器的 Zynq UltraScale＋MPSoC、针对车载前置摄像头的 Zynq-7000 /Zynq UltraScale＋MPSoC 和针对多传感器融合系统的 Zynq UltraScale＋MPSoC 等产品。Altera 公司的 FPGA 芯片 Cyclone V SoC 是面向自动驾驶的解决方案,主要用于域控制器的应用上,因为 Cyclone 系列产品计算性能相对较弱。

4) 基于 ASIC 的解决方案

在自动驾驶芯片领域,Mobileye 的 EyeQ 系列则是典型 ASIC(Application Specific Integrated Circuit,专用集成电路)芯片的代表。Mobileye 自主研发设计的 EyeQ 系列芯片,由 ST 公司生产供应。量产型号有 EyeQ1～EyeQ5,目前性能最高的 EyeQ5 计算性能达到了 24TOPS,功耗为 10W,芯片能效是 Xavier 的 2.4 倍。EyeQ5 SoC 装备有 4 种异构全编程加速器,分别对专有算法进行优化,包括计算机视觉、信号处理和机器学习等。

地平线于 2019 年发布了中国首款车规级 AI 芯片-征程二代,主要面向 ADAS 市场感知方案,可提供超过 4 TOPS 的等效算力,典型功耗仅 2W。主要用于自动驾驶中对车辆、行人和道路环境等目标的感知,类似 Mobileye 的 EyeQ 系列芯片。2020 年,地平线发布了 Matrix2 平台,基于自研 Journey 征程 2 芯片,算力达到 16TOPS。同时,地平线于 2020 年年底推出征程 5,具有 128TOPS 算力、30W 功耗,支持 16 路摄像头。基于自研计算平台与产品矩阵,目前地平线已支持 L2、L3、L4 等不同级别自动驾驶的解决方案。

# 1.4    自动驾驶软件平台

硬件平台是自动驾驶系统的基础,而软件平台则是自动驾驶系统实现的核心,其组成包括操作系统、中间件和云服务构件,同时还包括实现系统功能的算法、调试诊断工具、可视化工具和人机交互界面以及上层应用软件等。软件平台通过对硬件平台资源信息的获取和高效调度,实现自动驾驶系统的功能。

操作系统位于自动驾驶软件平台的最底层,实现对硬件平台资源的管理和调度执行,提供上层软件和算法运行需要的系统调用接口。自动驾驶系统对车载操作系统最主要的要求是稳定性和实时性。在车载操作系统之上根据自动驾驶不同级别安装感知、定位、检测、预测等模块软件,进而还可以通过云端网络实现高精地图、影音、会议等个人助理服务。

当前,Autoware 自动驾驶软件平台和百度 Apollo 自动驾驶软件平台已经被业界广泛接受并得到应用,同时均形成了开放的自动驾驶开源社区。Autoware 是世界上第一款用于自动驾驶汽车的开源软件,主要面向城市交通环境,可以提供丰富的开发和使用资源。其框架主要包含感知(Perception)和决策(Planning)两部分,感知部分包含定位(Localization)、检测(Detection)、预测(Prediction)三个模块,决策部分包含全局运动规划(Mission)、局部运动规划(Motion)两个模块。

Apollo 自动驾驶软件平台是一个开放、完整、安全的自动驾驶开源平台,能够在园区物流、自动泊车、园区接驳、智慧农业、高速物流、健康养老等场景下运行。相比 Autoware,Apollo 的框架更加丰富和复杂,整个框架包括云服务平台、开源软件平台、参考硬件平台和参考软件平台四部分。云服务平台包括高精地图服务、仿真引擎、数据平台和 OTA(Over-the-Air Technology,空中下载技术)以及百度的语音交互平台 DuerOS。开源软件平台是 Apollo 自动驾驶系统的核心部分,包括功能模块、运行框架和实时操作系统三部分,其功能模块可细分为地图引擎、定位模块、感知、规划、控制、End-to-End 驾驶模型以及人机交互模块。参考硬件平台主要是自动驾驶系统的计算硬件和各种传感器,包括 GPS/IMU、摄像头、激光雷达、毫米波雷达、HMI 设备、黑盒子等。车辆参考软件平台可实现线控转向、线控油门和线控制动等线控功能。

此外,在两大自动驾驶平台中安全均是系统的重要考虑因素。Autoware 自动驾驶安全包括行为安全、功能安全、碰撞安全、操作安全和非碰撞安全。Apollo 自动驾驶安全包含操作安全、环境安全、行为安全、功能安全、质量安全、机制安全和安全进化 7 项内容。

# 1.5 计算机视觉与感知

## 1. 计算机视觉技术的发展历程

计算机视觉(Computer Vision,CV)研究自 20 世纪 50 年代从统计模式识别开始的,当时的工作主要集中在 2D 图像分析和识别方面,如光学字符识别、工件表面、显微图像分析与解释等。随着自动化技术需求的日益增长,计算机视觉开始崛起,其技术探索始于 20 世纪 60 年代美国学者 L. R. Roberts 关于理解多面体组成的"积木世界"研究。Roberts 在其中提出的预处理、边缘检测、对象建模等技术至今仍应用于计算机视觉领域。20 世纪 70 年代 David Marr 提出的视觉计算理论给计算机视觉研究提供了一个统一的理论框架,同期计算机视觉形成了面向目标制导的图像处理、图像处理和分析的并行算法、视觉系统知识库等几个重要分支。20 世纪 80 年代以来,处理器、图像处理等技术的飞速发展以及新概念、新技术、新理论不断涌现,使计算机视觉技术成为一个非常活跃的研究领域,其应用涵盖了工业、农业、医药、军事、交通和科学研究等。一般来说,机器视觉和计算机视觉在概念和内涵上存在着一定的差别,但是从自动驾驶的应用来说,本书对这两个概念作不加区别的使用。

目前,国内外研究人员针对不同的应用需求开发出相应的计算机视觉软、硬件产品。中国正处于由劳动密集型向技术密集型转型的时期,对提高生成效率、降低人工成本的计算机视觉方案有着旺盛的需求,中国也已经成为计算机视觉技术发展最为活跃的地区之一。计算机视觉作为人工智能的核心技术,很大程度上影响着人工智能的进步。自动驾驶、无人机、智能机器人等也以计算机视觉的发展为前提。国内许多大学和研究机构都在致力于计算机视觉技术的研究,国内计算机视觉企业也在与国际计算机视觉企业的竞争中不断茁壮成长。

计算机视觉广泛应用于电子及半导体、汽车制造、食品包装、制药等领域。计算机视觉市场发展迅速,2018 年全球计算机视觉市场规模超过 88 亿美元,2019 年这一数字达到 100 亿美元。从国内来看,2018 年中国计算机视觉市场规模首次超过 100 亿元,2020 年为 123 亿元左右,2021 年达到 153 亿元,年均增长率达到 23.5%,中国成为全球增长最快的计算机视觉市场。

**2. 计算机视觉系统的组成和应用**

计算机视觉是一个涉及光学成像、计算机软硬件技术、人工智能、控制技术、图像处理技术和生物学等多领域综合和交叉的学科,运用光学设备和非接触传感器自动接收、处理真实的目标图像等数据,进而分析并获取所需信息或控制机器运动。

以基于图像传感器进行信息采集与分析的计算机视觉系统为例,一个典型的计算机视觉系统一般包括以下几部分:完成图像获取的光源、镜头、摄像头和图像采集单元;完成图像处理的计算机和图像处理软件;完成判决执行的电传单元和机械单元。

光源作为重要的外部环境因素,能够对计算机视觉系统成像的质量起到重要的作用,应对特定应用和特定相机选择合适的照明措施以达到最佳效果,当然,先进的相机也在自动光源感应上做出测量工作,从而对成像进行一定的光源补偿。镜头对分辨率、对比度、景深和像差等其他几个重要的成像指标都有影响,镜头的生产也是光学研究的一个重点。相机是计算机视觉的核心部件,其图像采集质量的好坏直接影响后续图像处理的速度和精度,常见的有 CCD 相机和 CMOS 相机两类,主要是指不同的成像技术和产品。图像处理是对采集到的原始图像进行一系列处理,以滤除无用信息、增强有用信息,并通过技术处理提取目标的特征信息。系统根据这些特征和信息实现自动识别功能或根据判别的结果来控制现场设备。

计算机视觉系统的特点是速度快、信息量大、精度高和非接触,能够极大地提高生产的灵活性和自动化程度。在一些不适合人工作业的环境、人工视觉难以满足要求或有大批量重复性操作的场合,用计算机视觉代替人工视觉可以极大提高生产效率。目前的计算机视觉系统按工作平台可分为基于 PC 的计算机视觉系统和基于嵌入式的计算机视觉系统。嵌入式计算机视觉系统由于其性价比高、适应性强,已经在边缘计算等工业领域得到广泛应用。

计算机视觉在许多行业都有着广泛的应用,计算机视觉几乎可以用到所有需要人眼的场合。计算机视觉可应用于半导体和电子行业,如电镀不良检测、器件污点检测、仪表按键位置错误检测等。在包装行业,计算机视觉可用于污点检测、质量监测、2D 码读取和 OCR 字符识别等。在医疗行业,计算机视觉用于医学图像分析、染色体分析、内窥镜检查和外科手术等。在交通行业中,计算机视觉可以用于电子警察、自动驾驶、交通监控等。在军事上,计算机视觉用于武器制导、夜视作战、无人战车等。

**3. 计算机视觉技术的发展趋势**

就目前来看,计算机视觉具有与人工智能、嵌入式边缘计算、多源信息融合的发展趋势。嵌入式视觉系统是先进的计算机技术、半导体技术、电子技术与具体应用需求相结合后的产物。嵌入式视觉系统结合实时视觉图像采集、视觉图像处理控制的特点,将视觉系统嵌入到不同的对象体系中,具有结构紧凑、成本低、功耗低的特点,可用于有处理速度和成本要求的专用计算机视觉控制系统。人工智能特别是深度学习技术的发展,使计算机视觉能够更加广泛地应用到各个行业中,应用领域从自动驾驶、人脸检测扩展到犯罪检测和预防等。

除了图像数据外,多传感器信息融合技术将来自多传感器的信息和数据进行分析和综合,实际上是对人脑处理复杂问题的一种功能模拟。与单纯的图像传感器相比,多传感器融合技术在探测、跟踪和目标识别方面能够提高系统的可靠性和鲁棒性,提高系统的精度和实时性。

随着计算机视觉及其相关技术的不断发展,计算机视觉系统与人类之间的视觉能力差距在不断缩小,计算机视觉技术的成熟和发展必将使其在各行业得到越来越广泛的应用。

# 1.6　视觉感知在自动驾驶中的应用

自动驾驶汽车能够在特定环境中完成自主驾驶,其核心技术必须是实时获取车辆外界信息,需要获取车辆外界的行人、其他车辆、障碍物、建筑物等以保证行车安全,还需要获取车道信息、交通标识、交通引导等以保证遵守交通规则和获得其他行驶信息。

随着计算机视觉的快速发展和嵌入式平台计算性能的提升,视觉感知能够获取车辆外部最直观、最丰富的信息,在自动驾驶中的作用日益突出,已经成为自动驾驶外界环境感知的一个重要手段和研究热点。自动驾驶领域中视觉感知研究的问题主要包括车道识别、交通标识识别、车辆定位、构建环境地图及识别附近的车辆和行人等。

**1. 基于视觉的车道检测与识别**

车道线检测是自动驾驶中的一个基本任务,早期已有很多基于传统图像处理实现的车道线检测算法。但随着研究的深入,车道线检测任务所应对的场景越来越多样化,也越来越复杂。

基于视觉的传统车道识别主要分为结构化识别和非结构化识别。结构化车道识别指的是边缘较规则,路面平坦没有起伏,有相对明显的车道线及其他人工标记的行车道路。对于结构化车道识别,可以利用不变矩理论,其得到的特征量对发生倾斜、转动和缩放的图像有保持不变的性质。非结构化道路因道路边缘特征不明显等问题一直是识别的难点,近年来得到广泛与深入研究。

自动驾驶的快速发展促使许多汽车公司加速推进半自动驾驶到完全自动驾驶的解决方案。在这些解决方案中,车道检测是关键的驾驶员辅助特性之一,在自动驾驶车辆的决策过程中起着至关重要的作用。人们提出了各种各样的解决方案来检测道路上的车道,最先进的端到端可训练的深度学习架构实现方面,大部分车道检测方案采用语义分割、实例分割以及基于 Anchor 的方法等。

**2. 基于视觉的交通标识的检测与识别**

目前,大多数国家均有自己的交通标识标准及设计方案。在我国现行国家标准《道路交通标识和标线》(GB 5768—2009)中,直接与道路交通安全有关的交通标识包括警告标志 47 种、禁令标志 48 种、指示标志 36 种,合计 131 种。交通标识种类的多样性及其本身状况的复杂性,再加上拍摄图像时距离、角度、背景变化复杂、光照等因素的影响和识别所要求的实时性与准确性,给交通标识的识别带来较大的挑战。

关于道路交通标识的检测,传统上有两种交通标识检测方法。第一种基于颜色和形状信息,它的优点是检测速度较快,同时不需要任何的模型或样本。第二种方法是基于颜色信息和分类器的交通标识检测技术,这种方法适合采集样本充足、训练样本较多的情况。在完成交通标识检测后,可以基于 HSC(Histograms of Sparse Codes)特征进行交通标识识别,也可以基于 Zernike 不变矩并结合支持向量机(Support Vector Machine,SVM)进行识别。

随着深度学习技术的发展及其在计算机视觉上的广泛应用,当前交通标识的检测识别大多采用深度神经网络模型,通过在数据集上的训练和验证来实现端到端的交通标识检测与识别,检测结果可以同时显示交通标识的边界框、交通标识的类别及像素级别的信息。

### 3. 基于视觉的定位

定位是在自动驾驶汽车导航中最基本和最重要的功能之一。无人汽车需要通过定位系统准确、实时地感知自身在环境中的相对位置。基于视觉的定位为车辆提供了一种直观的定位方式,可以配合其他定位系统共同使用,也可通过对比前后帧图像的方法独立使用。

基于双目视觉的定位技术,从双目摄像机获取图像后,利用双目视差计算车辆与目标之间的向量,进而建立辅助定位模型、计算车辆的位置。也可以利用激光雷达对环境生成合成视图,比较视觉测量信息和该合成视图,通过归一化交互信息(Normalized Mutual Information)最大化计算车辆位置。

SLAM((Simultaneous Localization And Mapping,即时定位与地图构建)的快速发展也为无人汽车利用视觉进行定位和地图构建奠定了基础,该技术可以描述为无人汽车在未知环境中运动并且在自身位置不确定情况下逐步构建环境地图,同时对自身姿态和位置进行估计,从而实现自主定位和导航。

### 4. 基于视觉的避撞技术

碰撞是汽车可能面临的最常见事故,避撞技术主要包括运动障碍物的检测、障碍物的运动轨迹估计及预测、控制汽车实现对运动障碍物的避撞等。最简单的避撞系统就是通过超声测距得到障碍物的距离进而控制车辆。基于视觉的避撞技术使用摄像机检测并跟踪车辆外对象的位置、速度、方向和轮廓并评估计算每个对象的运动态势,通过设计的碰撞模型和算法处理形成碰撞假设,进而控制车辆避撞。

# 参考文献

[1] 王建,徐国艳,陈竞凯,等.自动驾驶技术概论[M].北京:清华大学出版社,2019.

[2] DICKMANNS E D. Developing the sense of vision for autonomous road vehicles at unibwm [J]. Computer,2017,50(12):24-31.

[3] BROGGI A,BERTOZZI M,CONTE G,et al. Automatic vehicle guidance：The experience of the argo autonomous vehicle[M]. London：World Scientific Publishing Company,1999.

[4] LEVINSON J, ASKELAND J, BECKER J, et al. Towards fully autonomous driving：systems and algorithms[C]//2011 IEEE Intelligent Vehicles Symposium. IEEE,2011：163-168.

[5] 中国国家标准化管理委员会. 汽车驾驶自动化分级：GB/T 40429—2021[S].

[6] 刘少山,唐洁,吴双,等. 第一本无人驾驶技术书[M].北京：电子工业出版社,2017.

[7] 杨众杰. 物联网应用与发展研究[M].北京：中国纺织出版社,2018.

[8] NVIDIA DRIVE 嵌入式超级计算平台[EB/OL]. [2021-09-25]. https://www. nvidia. cn/self-driving-cars/drive-platform/hardware/.

[9] The autoware foundation—open source for autonomous driving[EB/OL]. [2021-09-25]. https://www. autoware. org/.

[10] 百度 Apollo[EB/OL]. [2021-09-25]. https://apollo. auto/index_cn. html.

[11] 戴维斯.计算机视觉：原理、算法、应用及学习[M].袁春,刘婧,译.北京：机械工业出版社,2020.

[12] 朱云,凌志刚,张雨强. 机器视觉技术研究进展及展望[J]. 图学学报,2020,41（6）：871-890.

[13] 胥磊.机器视觉技术的发展现状与展望[J].设备管理与维修,2016,9：8-10.

[14] LIANG D,GUO Y C,ZHANG S K,et al. Lane detection：A survey with new results[J]. Journal of Computer Science and Technology,2020,35(3)：493-505.

[15] 唐智威.基于视觉的无人驾驶汽车研究综述[J].制造业自动化,2016,38(8)：134-136.

# 第 2 章

# 人工智能及其在自动驾驶中的应用

1956 年，麦卡锡、明斯基等科学家组织召开了"达特茅斯夏季人工智能研究计划"（Dartmouth Summer Research Project on Artificial Intelligence）会议，首次提出"人工智能"（Artificial Intelligence，AI）的概念，标志着人工智能学科的诞生。自 20 世纪 60 年代以来，人工智能获得了迅速的发展，已成长为一门蓬勃发展的新兴学科。近年来，人工智能在复杂环境感知和自动推断决策方面的优势也推动了自动驾驶从理论逐渐进入实践，在生产和生活多个领域得到了广泛应用。

## 2.1　人工智能基础

人工智能是研究和开发用于模拟、延伸及扩展人的智能的理论、方法、技术及应用系统的一门新的技术科学。人工智能的发展历史是和计算机科学技术的发展紧密联系在一起的。除计算机科学外，人工智能还涉及信息论、控制论、自动化、仿生学、生物学、心理学、数理逻辑、语言学、医学和哲学等多门学科。人工智能的学科基础及各领域的广泛应用使其在发展过程中形成极富挑战性的一门学科，并逐渐成为引领未来的科学之一。同样，人工智能的历史也和其他学科发展一样经历了不同的历史时期。

### 2.1.1　人工智能的发展历程

人工智能的研究，在 1956 年的会议上包括可编程计算机、计算机编程语言、神经网络、计算复杂性、抽象、机器学习和知识获取、随机性与创造性等。人工智能自诞生以来，理论和技术日益成熟，应用领域不断扩大。人工智能的发展历程几经波折，大致可以划分为以下几个阶段。

#### 1. 人工智能的孕育期（1943—1955 年）

人工智能的发展以数学、物理学和控制科学为基础，经历了漫长的发展历程。

在 20 世纪 30 年代和 20 世纪 40 年代,数理逻辑和关于计算的新思想催生了计算机的诞生。以罗素、丘奇、图灵等为代表关于数理逻辑及计算本质的思想,以维纳、麦卡洛克、皮茨和塞弗里奇等为代表对控制论、神经网络和模式识别的贡献,对人工智能的形成产生了重要影响。1956 年,香农等出版了《自动机研究》(*Automata Studies*)文集,该文集从 1953 年开始筹划,汇集了当时的逻辑学家(后来的计算机理论科学家)和以控制论为基础的控制学派研究人员在智能研究方面的学术成果。

**2. 人工智能的诞生(1956 年)**

20 世纪 50 年代,人工智能的研究已经成为顶级学者关注的焦点。1955 年,美国西部计算机联合大会中召开了名为"学习机讨论会"(Session on Learning Machine)的分会。分会的主持人是神经网络的先驱皮茨,其中的参加者塞弗里奇发表了一篇模式识别的文章,纽厄尔则探讨了计算机下棋,他们两人都参加了 1956 年的达特茅斯会议。1956 年,麦卡锡、明斯基、兰彻斯特和香农共同发起了由洛克菲勒基金会赞助的人工智能研究计划会议,并邀请莫尔、塞缪尔、纽厄尔和西蒙等参加了在美国的达特茅斯学院举办的长达两个月的研讨会。在会上,他们认真热烈地讨论了用机器模拟人类智能的问题,这次会议的召开被普遍认为是人工智能这门学科的诞生标志。1956 年的达特茅斯会议召开后,麦卡锡与明斯基共同创建了世界上第一个人工智能实验室——MIT AI LAB,开始从学术角度对人工智能展开深入研究。

**3. 人工智能起伏发展期(1957—1990 年)**

人工智能诞生后,发展初期的突破性进展,如机器定理证明和计算机下棋程序的成功,大大提升了人们对人工智能的期望。然而,较高的研发目标导致的失败和预期目标的落空,甚至在理论上的某些缺陷使人工智能的发展走入低谷。20 世纪 70—80 年代,知识工程的提出与专家系统的成功应用,确定了知识表示在人工智能中的地位。专家系统和自然语言理解,以及心理学和语言学推动了以逻辑为语言的知识表示。专家系统随着日本五代机的失败陷入研究的低潮。专家系统的理论基础依然是机器定理证明,其存在的主要问题包括缺乏常识性知识、知识获取困难、推理方法单一、缺乏分布式功能、难以与现有数据库兼容等。人工智能的进一步发展需要新技术的支持和推动。

**4. 人工智能的稳步发展期(1991—2010 年)**

20 世纪 90 年代中期到 2010 年。由于网络技术特别是互联网技术的发展,加速了人工智能的创新研究,促使人工智能技术进一步走向实用化。人工智能技术成为许多 Internet 工具的基础,如搜索引擎、评价系统、防病毒、数据挖掘与知识发现、Agent 等。互联网中的电子商务则将专家系统的精髓转变为规则引擎,成为中间件的标准配置。专家系统的发展在互联网时代转换成语义网和知识图谱,继续推动着以知识表示和机器定理证明为核心的人工智能发展道路。基于网络的人工智能的网络智能、分布式智能、协同智能、集成智能以及相关的研究理论和方法将为人工智能的发展提供广阔的发展前景。

5. 人工智能的蓬勃发展期(2011年至今)

随着大数据、云计算、物联网等信息技术的发展,充足的数据资源和以GPU为代表的计算平台不断提高的算力的推动,以深度神经网络(Deep Neural Network,DNN)为代表的人工智能算法的更新迭代,使得人工智能在应用领域不断达到甚至超过人类的智能水平,在图像分类与识别、语音识别、知识问答、人机对弈、无人驾驶等领域实现了技术突破,迎来爆发式增长的同时也吸引了大量研究人员的关注。当前和今后一段时间内,人工智能的发展将会进一步促使智能机器会听(语音识别、机器翻译等)、会看(图像识别、文字识别等)、会说(语音合成、人机对话等)、会思考(人机对弈、定理证明等)、会学习(机器学习、知识表示等)、会行动(机器人、自动驾驶汽车等)。

## 2.1.2　人工智能的研究途径

人类对智能有着不同的理解与认识,由于认识的途径不同而产生了不同的人工智能研究方法与学术观点,从而形成了符号主义(Symbolism)、连接主义(Connectionism)和行为主义(Evolutionism)三大不同的研究学派。随着研究和应用的深入,人们又逐步认识到3个学派各有所长,应该相互结合、取长补短、综合集成。

(1) 符号主义又称为逻辑主义(Logicism),是基于符号逻辑的方法,用逻辑表示知识和求解问题。符号主义学派是1956年达特茅斯会议上最受关注的方法,当时普遍认为符号主义是实现通用人工智能的一条可能的道路。符号主义学派认为,人工智能源于数学逻辑。数学逻辑从19世纪末起就获得迅速发展,到20世纪30年代开始用于描述智能行为。符号主义是基于符号逻辑的方法,用逻辑表示知识和求解问题。符号主义致力于用计算机的符号操作来模拟人的认知过程,其实质就是模拟人的左脑抽象逻辑思维,通过研究人类认知系统的功能机理,用某种符号来描述人类的认知过程,并把这种符号输入到能处理符号的计算机中,从而模拟人类的认知过程,实现人工智能。符号主义学派为人工智能的发展做出了重要贡献,尤其是专家系统的成功开发与应用,对人工智能走向工程应用和实现理论联系实际具有特别重要的意义。

(2) 连接主义又称为仿生学派(Bionicsism)或生理学派(Physiologism),是一种通过模仿大脑中神经元细胞连接的计算模型,用人工神经网络来模拟智能行为。连接主义通过仿生学的方式研究人工智能,特别是对人脑模型的研究。人类大脑是一个具有近千亿数量的神经元细胞组成的网络,每一个神经元细胞也异常复杂,因此,人工神经网络是对生物神经元细胞网络的抽象简化结果。它的代表性成果是 1943 年由生理学家麦卡洛克和数理逻辑学家皮茨创立的 M-P 神经元模型,开创了用电子装置模仿人脑结构和功能的新途径。它从神经元开始进而研究神经网络模型和脑模型,开辟了人工智能的崭新发展道路。连接主义学派从神经生理学和认知科学的研究成果出发,把人的智能归结为人脑的高层活动的结果,强调智能活动是由大量简单的单元通过复杂的相互连接后并行运行的结果。人工神经网络就是其典型代表性技术。

（3）行为主义又称为进化主义（Evolutionism）或控制论学派（Cyberneticsism）,其核心思想是基于控制论构建感知-动作型控制系统。行为主义最早来源于 20 世纪初的一个心理学流派,认为行为是有机体用以适应环境变化的各种身体反应的组合,它的理论目标在于预见和控制行为。维纳和麦洛克等提出的控制论把神经系统的工作原理与信息理论、控制理论、逻辑及计算机联系起来。早期的研究工作重点是模拟人在控制过程中的智能行为和作用,对自寻优、自适应、自校正、自镇定、自组织和自学习等控制论系统进行研究以及"控制动物"的研制。20 世纪末,行为主义正式提出智能取决于感知与行为,以及智能取决于对外界环境的自适应能力的观点。至此,行为主义成为一个新的学派,在人工智能的舞台上拥有了一席之地。

### 2.1.3　人工智能的趋势与展望

经过 60 多年的发展,随着当前人工智能算法（Algorithm）、大数据（Big Data）和计算能力（Computing）的发展,人工智能特别是深度学习应用取得了重要突破,在计算机视觉、自然语言处理、人机对弈和自动驾驶等多方面获得了长足的进展。在可以预见的未来,人工智能将会稳步发展。谭铁牛院士在"人工智能的历史、现状和未来"一文中从以下 6 方面对人工智能的发展趋势给出了清晰的展望,具体每一方面的理解则包括对这一方向内容和发展的一些浅见。

**1. 从专用智能向通用智能发展**

专用人工智能是指只对某一方面有自动化专业能力;通用人工智能是指具有像人一样的思维水平以及心理结构的全面智能化。目前,已经没有人怀疑专用人工智能的能力,但是通用人工智能却面临各种问题,是否将不同的专用人工智能的功能整合,便可以实现强人工智能? 如何实现从专用人工智能发展到通用人工智能,既涉及发展途径、实现方法选择的问题,也是研究与应用领域面临的重大挑战。

**2. 从人工智能向人机混合智能发展**

在人工智能时代,机器的作用可以看作人类的"助手",人类研究开发的目的是使机器能够拥有感知、学习、推理和决策的能力,以便更好地服务于人类。人机混合智能则是在具有一定智能水平的机器上,将人的作用或认知模型引入到智能系统中,提升人工智能系统的性能,使具有智能的机器成为人类的自然延伸和拓展,进一步加深与人类"助手"的融合,显然能够有助于提高和强化人类的物理和精神世界能力。人机混合智能研究和发展能够更加高效地解决复杂问题,具有深刻的科学意义和巨大的产业化前景。

**3. 从"人工+智能"向自主智能系统发展**

当前人工智能领域的大量研究集中在深度学习(Deep Learning,DL)方向,深度学习可以看作在数据建模基础上从数据中学习的模式。深度学习的局限性包括泛化能力有限、缺乏可解释性和推理能力差等。未来的人工智能将以自适应和推理为核心目标,科研人员开始关注减少人工干预的自主智能方法,提高机器智能对环境的自主学习能力。自主智能系统作为最高级别人工智能的体现形式是未来人工智能的主要发展方向,其基础理论研究的创新将是未来人工智能发展的源动力。

**4. 人工智能产业将蓬勃发展**

随着人工智能技术的进一步成熟以及政府和产业界投入的日益增长,人工智能在云计算、大数据、深度学习算法和增长的计算机算力等的支持下,已经成功地进入到商业应用,并在机器视觉、自然语言处理、机器翻译、自动驾驶等领域取得了令人瞩目的成绩。2018年麦肯锡公司的研究报告预测,到2030年,约70%的公司将采用至少一种形式的人工智能应用,人工智能使能的新增经济规模将达到13万亿美元。

**5. 人工智能将推动人类进入普惠型智能社会**

人工智能与各个行业的创新融合将随着技术和产业的发展日趋成熟,对生产力和产业结构产生了革命性影响,并推动人类进入普惠型智能社会。具体来说,人工智能将使医疗保健更准确、成本更低。人类的出行将随着人工智能应用到汽车制造行业所推出的自动驾驶发生根本性的改变。制造业正在拥抱人工智能以实现生产线的现代化。在制药领域,由人工智能驱动的高度准确的视觉分析可以大大加快药物发现的速度。

**6. 人工智能的伦理道德研究亟待加强**

为了确保人工智能的健康可持续发展,使其发展成果造福于民而不是侵害人类的隐私、人身安全等权益,就需要从社会学的角度,系统、全面地研究人工智能对人类社会的影响,制定并完善人工智能法律法规,规避可能的风险。当前随着人工智能技术在各行各业的应用,也应该约束所有的技术公司在人工智能产品研发的过程中,保证基本的伦理道德要求。人们对人工智能伦理的关注日益增强,微软和谷歌等大型科技公司也已采取相关措施,使其AI开发符合道德规范。

## 2.2　机器学习与深度学习

从研究方法的不同原理机制分析,人工智能的研究方法虽然有很多种,但是大都属于符号主义、连接主义和行为主义 3 种流派的范畴。从时间发展的维度来看,20 世纪 50—70 年代初,人工智能的研究处于"推理期",那时人们认为只要能赋予机器逻辑推理能力,机器就会具有智能。然而,随着研究的进展,人们逐渐认识到,仅仅具有逻辑推理能力对于人工智能的实现来说是不够的,难以找到一种简洁的符号逻辑体系,能够表述出世间所有的知识,在这种结论的指导下,人工智能研究进入"知识期"。在这一时期,大量的专家系统问世,在很多领域取得了大量成果,但是由于人类知识量巨大,故而出现"知识工程瓶颈"。

在"推理期"和"知识期"阶段,研究人员利用符号知识表示和演绎推理技术与领域知识的结合取得了大量的成果,但是机器都是按照人类设定的规则和总结的知识运作,永远无法超越其创造者,其功能和性能都有确定的上限。另外,这种系统实现中所需要的人力成本太高。另一种研究思路指出,如果机器能够自我学习,问题就能迎刃而解,机器学习方法应运而生,人工智能进入"机器学习时期"。

### 2.2.1　机器学习的含义与分类

20 世纪 50 年代初已有机器学习的相关研究,其中较为著名的工作是 A. Samuel 研制的跳棋程序。20 世纪 50 年代中后期,基于神经网络的"连接主义"学习开始出现。在六七十年代,以决策理论为基础的学习技术以及强化学习技术等也得到发展。统计学习理论也是在这段时间里取得了一些奠基性成果。20世纪 80 年代则是机器学习成为一个独立的学科领域的时代,各种机器学习技术都得到了充分的发展。机器学习是一种很难被简单定义的技术,从其技术要点来看,机器学习研究的是计算机如何能够通过不断地从经验或数据中学习来逐步提升其解决问题的能力。

"从样例中学习"的一大主流是符号主义学习,其代表包括决策树和基于逻辑的学习。20 世纪 90 年代中期之前,"从样例中学习"的另一主流技术是基于神经网络的连接主义学习。与符号主义学习能产生明确的概念表示不同,连接主义学习产生的是"黑箱"模型,因此从知识获取的角度来看,连接主义学习技术有明显弱点。20 世纪 90 年代中期,"统计学习"获得了关注和长足发展,主要技术包括 SVM 以及更一般的"核方法"(Kernel Methods)。

21 世纪初以来,连接主义中的深度学习技术重新获得了广泛关注和长足发展,在语音、图像等复杂应用的环境下,深度学习技术都取得了优越性能。深度学习的本质是多层的神经网络,其模型复杂度非常高,拥有大量参数,虽然缺乏严格的理论基础,但是在当前的大数据时代,强大的计算能力和数据储量使这一连接主义学习技术大放异彩,成为人工智能研究的热点技术。图 2-1 是对人工智能、机器学习和深度学习这 3 种技术关系的总结。

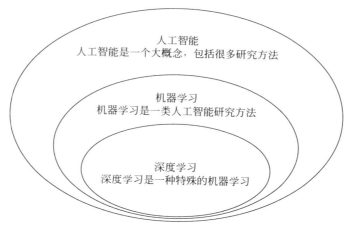

图 2-1　人工智能、机器学习和深度学习 3 种技术的关系

机器学习也是一类算法的总称,如线性回归、逻辑回归、决策树、随机森林、SVM、贝叶斯、K 近邻等,这些算法专门研究计算机怎样模拟或实现人类的学习行为,以获取新的知识或技能,重新组织已有的知识结构使之不断改善自身的性能,更具体地说,机器学习可以看作寻找一个函数,输入是样本数据,输出是期望的结果,只是这个函数过于复杂,以至于不太方便形式化表达。需要注意的是,机器学习的目标是使学到的函数很好地适用于"新样本",而不仅仅是在训练样本上表现很好。衡量机器学习学到的函数适用于新样本的能力,称为函数的泛化(Generalization)能力。从不同角度出发,能够对机器学习算法进行详细的分类。

(1)按任务类型,机器学习模型可以分为回归模型、分类模型和结构化学习模型。回归模型又叫预测模型,输出是一个不能枚举的数值;分类模型又分为二分类模型和多分类模型,常见的二分类问题如垃圾邮件过滤等,常见的多分类问题如文档自动归类等;结构化学习模型的输出不再是一个固定长度的值,如图片语义分析,输出是图片的文字描述。

(2)从方法的角度,可以分为线性模型和非线性模型,线性模型较为简单,但作用不可忽视,线性模型是非线性模型的基础,很多非线性模型都是在线性模型的基础上变换而来的。非线性模型又可以分为传统机器学习模型,如 SVM、KNN、决策树和深度学习模型等。

(3)按照学习理论,机器学习模型可以分为有监督学习、半监督学习、无监督学习、迁移学习和强化学习。当训练样本带有标签时是有监督学习；训练样本部分有标签部分无标签时是半监督学习；训练样本全部无标签时是无监督学习。迁移学习就是把已经训练好的模型参数迁移到新的模型上以加速新模型的训练。强化学习是一个学习最优策略，可以让本体在特定环境中，根据当前状态做出行动，从而获得最大回报。强化学习和有监督学习的最大不同是，每次的决定没有对与错，而是希望获得最多的累计奖励。

以深度学习为代表的人工智能技术近年来发展迅猛，在国内外都引起了广泛关注。深度学习在图像识别、语音识别、自然语言处理、博弈游戏等方面，已经接近甚至超过了人类的水平。然而深度学习及其所属的连接主义学派却经历了起伏变化的漫长发展史。

### 2.2.2　深度学习的发展历程

**1. 启蒙时期**

1943 年，神经生物学家麦卡洛克和青年数学家皮茨合作发表论文"神经活动中内在思想的逻辑演算"，提出 M-P 模型，拉开了神经网络研究的序幕。M-P 模型是模仿神经元的结构和工作原理构造的一个基于神经网络的数学模型，本质上是一种"模拟人类大脑"的神经元模型。神经元又称神经细胞，是生物神经网络的基本组成单元，其结构包括胞体、多个树突和一条轴突，轴突和树突负责在神经元之间传递电信号。随着神经元所获得的输入信号积累到一定水平，神经元就开始处于兴奋状态，并发出电脉冲信号，如图 2-2(a)所示。M-P 模型作为人工神经网络(Artificial Neural Network，ANN)的起源，开创了人工神经网络的新时代，也奠定了神经网络模型的基础。该模型将神经元简化为 3 个过程，即输入信号线性加权、求和、非线性激活(阈值法)，模型结构如图 2-2(b)所示。

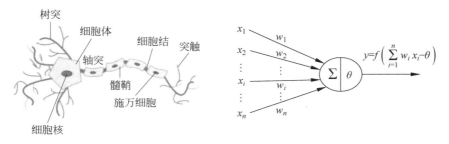

(a) 生物神经元　　　　　　　　　　　　(b) M-P 神经元模型

图 2-2　生物神经元和 MP 神经元模型

20 世纪 50 年代末，美国科学家 Rosenblatt 提出了由两层神经元组成的神经网络，称之为"感知机"，如图 2-3 所示。该网络拥有输入层、输出层和一个隐藏层。

输入的特征向量通过隐藏层变换达到输出层,在输出层得到分类结果。感知机本质上是一种线性模型,可以对输入的训练集数据进行二分类,且能够在训练集中自动更新权值。感知机的提出受到了当时很多研究人员的关注。

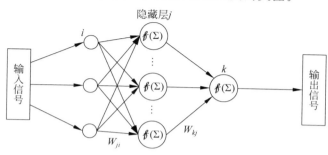

图 2-3 感知机模型

**2. 低潮时期**

随着研究的深入,人们发现了感知机模型存在的不足。人工智能创始人 Minsky 和 Papert 对以感知机为代表的网络系统的功能及局限性从数学上做了深入研究,在其于 1969 年出版的 *Perceptrons*(《感知机》)一书中指出,简单的线性感知机的功能是有限的,它甚至无法解决最简单的线性不可分问题(如异或问题)。这一论断给当时人工神经元网络的研究带来了沉重打击,由此出现了神经网络发展史上长达 10 年的低潮期。

**3. 徘徊发展时期**

1975 年,科学家 Paul Werbos 在其博士论文中提出了反向传播(Back-Propagation,BP)算法,使训练多层神经网络模型得以实现,也解决了感知机无法处理异或的问题。1982 年,美国加州理工学院物理学家 J. J. Hopfield 提出了 Hopfield 神经网格模型。Hopfield 神经网络是一种结合存储系统和二元系统的循环神经网络。Hopfield 网络也可以模拟人类的记忆,根据激活函数的选取不同,有连续和离散两种类型,分别用于优化计算和联想记忆。该模型多用于记忆若干状态来完成分类判别,如手写数字识别等。但由于其容易陷入局部最小值,该模型并未在当时引起较大轰动。

1984 年,"深度学习之父"Geoffrey Hinton 提出了一种随机化版本的 Hopfield 网络——玻尔兹曼机。1986 年,Geoffrey Hinton 提出了适用于多层感知机(MLP)BP 算法。适用于 MLP 的 BP 算法在传统神经网络正向传播的基础上,增加了误差的反向传播过程,采用 Sigmoid 函数进行非线性映射,有效解决了非线性分类和学习的问题,让人工神经网络再次引起了人们广泛的关注。

20 世纪 80 年代开始,两方面的原因对人工神经网络的发展产生了极大的影响。一方面是计算机运算能力有限,无法支持神经网络层数的增加;另一方面是人工神经网络技术本身的算法存在两点较为严重的缺陷。首先,当神经网络层数增加时,BP算法会出现"梯度消失"的问题,使BP算法的发展受到了很大的限制。此外,使神经网络模型具有更好的可解释性到今天仍然是一个亟待研究解决的问题,但是当年以SVM为代表的其他浅层机器学习算法在分类、回归等问题上取得了较好的效果,并且可解释性优于神经网路模型,所以人工神经网络的发展再次减速,不再是人工智能的研究热点。

1989年,Robert Hecht-Nielsen证明了MLP的万能逼近定理,即对于任何闭区间内的一个连续函数,都可以用含有一个隐藏层的BP网络来逼近该函数。这一发现极大鼓舞了神经网络的研究人员。同年,LeCun提出了基于卷积神经网络(Convolutional Neural Networks,CNN)的LeNet,将其用于数字识别时取得了较好的效果,并开发了相关的实际应用程序。

### 4. 高潮时期

2006年,Geoffrey Hinton及其学生Ruslan Salakhutdinov正式提出了深度学习的概念,他们在 *Science* 上发表的一篇论文中给出了"梯度消失"问题的解决方案,即通过无监督的学习方法逐层训练算法,再使用有监督的反向传播算法进行调优。该深度学习方法在学术界引起了巨大的反响,一定程度上吸引了许多原来从事神经网络的研究人员逐渐回归到原来的学术道路上。

2012年,Geoffrey Hinton课题组在著名的ImageNet图像识别大赛中依靠其深度学习模型AlexNet获得冠军。AlexNet采用ReLU激活函数,极大程度上解决了梯度消失问题,并采用GPU提高了模型的运算速度。正是由于该比赛,基于GPU超强计算能力的CNN网络进一步吸引了学术界和工业界对于深度学习领域的关注和跟踪研究。

随着深度学习技术的进步和GPU计算能力的提升,2014年,Facebook在基于深度学习技术的DeepFace项目中实现了人脸识别97%以上准确率,再一次证明了深度学习技术在图像识别方面的惊人潜力。

2016年,谷歌旗下的DeepMind公司开发的AlphaGo以4∶1的比分战胜了人类顶级围棋选手李世石。后来AlphaGo和多位世界级围棋选手比赛,均取得了胜利,对于围棋界来说,"人工智能棋手"在某种程度上已经超越了人类。2017年,AlphaGo升级版AlphaGo Zero以100∶0的比分轻而易举打败了之前的AlphaGo,可以说,"人工智能棋手"进一步扩大了对人类棋手的领先优势。同年,深度学习在医疗、金融、艺术、无人驾驶等多个领域均取得了显著的成果,因此,可以把2017年看作深度学习甚至是人工智能发展最为迅猛的一年。

深度学习的发展越来越趋于成熟,无论是在图像处理领域还是语音信号处理领域,深度学习均取得了较好的应用成果。同时,由于其存在内部机理难以解释、大样本要求、泛化能力与过拟合矛盾等问题需要解决,因而吸引着大量的研究人员投身到深度学习的研究中。

### 2.2.3　深度学习与计算机视觉

计算机视觉的主要研究内容包括图像和视频理解、目标分类、目标检测和图像分割等。近年来,深度学习在计算机视觉领域获得了广泛研究与应用,尤其在医学影像处理、人脸识别与安防、自动驾驶等领域更是取得了突出的成果。

#### 1. 深度学习与医疗影像

在医疗领域,计算机视觉可以从图像数据中提取区域特征的信息用于医疗诊断。医学图像本身具有信息量大、特征丰富、模态种类多的特点,由于深度学习网络强大的非线性建模能力,深度学习网络在医学图像上的应用非常广泛,如肿瘤诊断、脑血管疾病诊断等。

相关研究包括基于深度学习的 3D 影像重建、摆位配准算法、肿瘤追踪算法、剂量评估算法、影像增强模型、组织器官自动分割等。深度学习方法在许多诊断任务上实现了专科医生级别的准确率,包括识别黑痣和黑色素瘤、检测糖尿病性视网膜病变、判断心血管风险、检测乳腺病变等,甚至有研究证明,单个深度学习模型在多个医疗模态中都很有效。

随着深度学习和人工智能的进一步发展,研究人员公认医疗影像与人工智能相融合的未来发展方向包括图像重建方法、图像自动标记与标注方法、针对医学影像的机器学习方法、可解释的人工智能、经过验证的图像匿名化工具和广泛分享方法等。

#### 2. 深度学习与人脸识别

人脸识别是基于人类脸部的特征信息进行身份识别的一种生物识别技术,人脸检测常用的方法是基于 Dlib 库中包括的 68 个特征点进行匹配检测。人脸检测处理流程为使用图像传感器采集含有人脸的图像或视频流、自动在图像中检测和跟踪人脸、对检测到的人脸进行识别等。

自 20 世纪 70 年代以来,人脸识别已经成为计算机视觉领域被研究最多的主题之一。在深度学习出现以前,人脸检测、特征点定位和人脸识别这些任务基本是相对独立的,由于研究人员需要根据每个任务本身的特点设计不同的特征,选择不同的机器学习方法,因此人脸识别技术发展相对缓慢。随着深度学习的快速发展,它已经取代了基于人工设计的特征和传统机器学习的人脸识别技术。

在 21 世纪 10 年代,基于卷积神经网络的深度学习方法不断刷新人工智能算法的世界纪录。DeepFace 可以看作卷积神经网络在人脸识别领域的基础工作,研究人员看到了深度学习为超越人类识别能力带来的曙光。随着 PyTorch、TensorFlow 等开源深度学习框架的出现,深度学习方法基本席卷了整个人脸识别领域,如图 2-4 所示,基于深度学习的人脸检测已经发展到着手解决广场和拥挤人群等困难场景下的小目标人脸检测问题。

图 2-4　人脸识别

(图片来源于 Hu,et al.,2017)

随着人脸识别技术的日渐成熟,它在公共安全、智慧城市等领域得到了广泛应用,生活中涌现出大量新场景下的应用需求,如身份核验业务、会议签到业务、公安智能监控等。另外,不同场景下获取的人脸图像存在巨大差异,如何对人脸识别模型进行深入研究,在各个不同场景下准确完成大数据样本下的识别也仍然是一个具有挑战性的任务。

3. 深度学习与自动驾驶

自动驾驶利用人工智能、计算机视觉、雷达、监控装置和定位系统等技术实现车辆的自动驾驶与辅助驾驶。自动驾驶中的环境感知主要是通过摄像头和各种雷达获取驾驶环境的实时图像和点云信息,通过对图像和雷达点云数据的识别、检测与分割,辅助车辆完成规避行人和障碍物、遵照指定速度和车道行进与停止等任务。近年来,深度学习在自动驾驶的环境感知与决策控制系统中受到了研究人员的高度关注。

自动驾驶能够代替人分析周围环境并做出决策控制车辆下一步行为,是一门有关预测的科学。自动驾驶必须具备与人类一样的外界识别能力。例如,在驾驶过程中要做的最简单事情就是判断当前环境,预判下一步是踩油门、踩刹车、变道还是超车,如图 2-5 所示。

深度学习近年来在自动驾驶领域的深入应用,进一步推动了自动驾驶的快速发展。车辆外部环境的复杂性对于传统的 ADAS 具有很大的挑战性,而处理这种复杂性恰恰是深度学习的一个优势。可以说,无论是应用于车辆的感知系统还是决策控制系统,深度学习都具有非常大的发展潜力。

图 2-5　自动驾驶场景示意图

深度学习准确的分类能力和更好的决策能力可以解决自动驾驶汽车面临的一些主要挑战。自动驾驶的一个主要任务就是复杂环境下交通标识的自动检测与识别。例如,道路上的交通标识可能会被大雪或者其他物体遮盖,造成仅部分可见。而借助神经网络进行深度学习可以根据部分可见标识创建完整标识的图像。神经网络将不完整的符号发送到神经层,然后将其传递给隐藏层,以确定完整的符号应该是什么,再进一步做出决策。

决策控制是深度学习技术在自动驾驶中的另一个重要应用场景。伴随着深度学习发展,其在某些方面的决策能力已经超越了状态机、决策树和贝叶斯网络等,可以实现复杂工况下的决策并能进行在线优化学习,如自动驾驶路径规划问题。由于在实际道路中影响驾驶路径规划的因素非常多,有研究提出利用典型交通场景作为深度学习神经网络的输入,以提高自动驾驶汽车的决策效率,提升路径规划能力。

### 2.2.4　深度学习与自然语言处理

自然语言处理(Natural Language Processing,NLP)是研究人与计算机之间用自然语言进行有效沟通的理论和技术。目前,深度学习在自然语言处理中的任务主要包括问答系统、语音识别、机器翻译、情感分析等。近年来,NLP 技术在深度学习推动下取得了巨大的发展。

#### 1. 问答系统

问答系统能够理解以自然语言形式描述的用户提问,并通过检索异构语料库或问答知识库返回简洁、精确的匹配答案。相对于搜索引擎,问答系统能更好地理解用户提问的真实意图,同时能更有效地满足用户的信息需求(图 2-6)。

鉴于近年来卷积神经网络和循环神经网络(RNN)在 NLP 领域任务中表现出

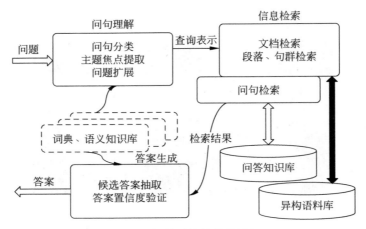

图 2-6　问答系统的处理框架

来的语言表示能力,越来越多的研究人员尝试使用深度学习方法完成问答领域的关键任务,如问题分类(Question Classification)、答案选择(Answer Selection)、答案自动生成(Answer Generation)等。此外,互联网用户为了交流信息而产生的大规模自然标注数据如微博回复、社区问答等,给深度神经网络模型训练提供了可靠的数据资源,并在一定程度上解决了自动问答研究领域的数据匮乏问题。

**2. 语音识别**

语音识别就是让智能设备听懂人类的语音,有时还需要对不同说话人的语音进行识别。语音识别技术近年来已经进入了通信、汽车电子、医疗、家庭服务、消费电子产品等各个领域。

深度学习可通过学习深层非线性网络结构,实现复杂函数逼近,表征输入数据分布形式,并展现从少数样本集中学习本质特征的强大能力。相比于传统的GMM-HMM 语音识别系统,即使用高斯混合模型(Gaussian Mixture Model,GMM)描述发声状态的概率分布函数(Probability Distribution Function,PDF)的隐马尔可夫模型(Hidden Markov Model,HMM),当前研究人员广泛采用深度神经网络 DNN 替换 GMM 模型对语音的观察概率进行建模。DNN 相比 GMM 的优势在于:使用 DNN 估计 HMM 的状态的后验概率分布不需要对语音数据分布进行假设;DNN 的输入特征可以是多种特征的融合,包括离散或者连续的;DNN可以利用相邻的语音帧所包含的结构信息等。

**3. 机器翻译**

机器翻译将文本或语音从一种语言自动翻译成另一种语言。在机器翻译任务中,输入由某种语言的符号序列组成,翻译系统需要将其转换为另一种语言的符号序列。

机器翻译是深度学习技术与 NLP 结合使用最活跃也最充满希望的一个方向。从最初基于规则的机器翻译方法,到基于统计的 SMT(Statistical Machine Translation)方法,再到现在基于神经学习的机器翻译 NMT(Neural Machine Translation),机器翻译技术在过去几十年的时间里一直不断地向前发展。深度学习技术与 NLP 结合后,机器翻译的准确率不断刷新,在更多的场景得到了应用。

## 2.3　强化学习

强化学习(Reinforcement Learning,RL)是人工智能和机器学习里的一个重要领域,强调如何基于环境而行动,以取得最大化的预期利益;或者说研究如何通过一系列的决策达成一个特定目标。广义地说,任何目标导向的问题都可以形式化为一个强化学习问题,即智能体如何在环境给予的奖励或惩罚的刺激下,逐步形成对刺激的预期,产生能获得最大利益的习惯性行为。

### 2.3.1　强化学习的基本要素

强化学习的目标是让软件智能体在特定环境中能够采取回报最大化的行为。强化学习主要由智能体(Agent)、环境(Environment)、状态(State)、动作(Action)、奖励(Reward)、策略(Policy)、目标(Objective)组成。常见的强化学习方法包括自适应动态规划(Adaptive Dynamic Programming,ADP)、时间差分(Temporal Difference,TD)学习、状态-动作-回报-状态-动作(SARSA)算法、Q 学习、深度强化学习(DQN)等,其应用包括棋类游戏、机器人控制和工作调度等。

强化学习的基本要素,可以按照下面的方式进行定义。

智能体(Agent):强化学习的本体,作为学习者或者决策者。例如,可以完成投递的无人机,或者在视频游戏中朝目标行动的超级马里奥。

环境(Environment):智能体以外的一切,主要由状态集合组成。这个环境将智能体当前的状态和行动作为输入,输出是智能体的奖励和下一步的状态。

状态(State):一个状态就是智能体所处的具体即时状态,也可以说是一个表示环境的数据,状态集则是环境中所有可能的状态。

动作(Action):智能体可以做出的动作,动作集则是智能体可以做出的所有动作集合。在电子游戏中,这个行动集可能包括向右奔跑或者向左奔跑、向高处跳或者向低处跳、下蹲或者站住不动。

奖励(Reward):指智能体在执行一个动作后,获得的正/负反馈信号。奖励集则是智能体可以获得的所有反馈信息。奖励可能是即时的,也可能是迟滞的,但均可以有效评估智能体的动作。

策略(Policy)：强化学习是从环境状态到动作的映射学习，称该映射关系为策略。通俗地理解，即智能体如何选择动作的思考过程称为策略。

目标(Objective)：智能体自动寻找在连续时间序列里的最优策略，而最优策略通常指最大化长期累积奖励。

强化学习的任务是使用观察到的奖励来学习在当前环境中的最优(或接近最优)策略，其实现过程是这些基本要素的组合，智能体和环境通过状态、动作、奖励进行交互，智能体执行了某个动作后，环境将会转换到一个新的状态，对于该新的状态环境会给出奖励信号(正奖励或者负奖励)，然后智能体根据新的状态和环境反馈的奖励，按照策略执行新的动作。在许多复杂领域，强化学习是实现高水平智能体的唯一可行方法。

深度学习和强化学习的主要区别在于以下 3 方面：①深度学习的训练样本是有标签的，强化学习的训练是没有标签的，它是通过环境给出的奖惩来学习；②深度学习的学习过程是静态的，强化学习的学习过程是动态的，即深度学习是给什么样本就学什么，而强化学习是要和环境进行交互，再通过环境给出的奖惩来学习；③深度学习解决的更多是感知问题，强化学习解决的主要是决策问题；深度学习更像是"五官"，而强化学习更像"大脑"。

### 2.3.2　强化学习的常用方法

强化学习中有多种不同的方法，比较常见的有基于对环境理解的 Model-free RL 和 Model-based RL、基于概率的 RL 和基于价值的 RL、在线学习的 RL 和离线学习的 RL 等。在处理实际问题时，可以根据特定问题选择不同的方法。

**1. Model-free 和 Model-based**

如果不理解环境，环境给了什么就是什么，这种方法叫作 Model-free，这里的 Model 就是用模型来表示环境，理解环境就是学会用一个模型来代表环境，这也就是 Model-based 的方法。

假设有一个机器人，在 Model-free 方法中，机器人只能按部就班，一步一步等待真实世界的反馈，再根据反馈采取下一步行动；而在 Model-based 方法中，机器人能通过想象来预判接下来将要出现的所有情况，然后在这些情况中选择最好的那种情况来采取下一步的策略。

**2. 基于概率和基于价值**

基于概率是强化学习中最直接的一种，通过感官分析智能体所处的环境，输出下一步要采取的各种动作的概率，根据概率采取行动，所以每种动作都有可能被选中，只是概率不同。而基于价值的方法则是计算所有动作的价值，根据最高价值来选择动作。对于选取连续的动作，基于价值的方法是无能为力的，此时可用一个概率分布在连续动作中选取特定动作,这也是基于概率方法的优点之一。

### 3. 在线学习和离线学习

在线学习是指学习过程中本人必须在场,且边行动边学习。而离线学习是可以选择自己行动,也可以选择看着别人行动,通过看别人行动来学习别人的行为准则。离线学习是从过往的经验中学习,但是这些过往的经验可以是自己的也可以是别人的,任何人的经历都能被学习。

## 2.3.3 强化学习的发展方向

强化学习是一个跨学科的研究领域,其发展受生理学、神经科学和控制优化等领域影响。在控制论、机器人、运筹学、经济学等不同应用领域均有学者投身到 RL 研究。

控制领域是 RL 理论应用最成熟的领域,也是 RL 思想的发源地之一,如当前被广泛应用的 MPC 算法就是一种特殊的 RL。另外,自动驾驶是一个序列决策过程,因此也适合用 RL 来处理。从 20 世纪 90 年代的 ALVINN、TORCS 到如今的 CARLA,业界一直在尝试用 RL 解决单车辆的自动驾驶问题以及多车辆的交通调度问题。类似的思想也广泛应用在各种飞行器、水下无人机领域。

深度强化学习是人工智能领域的一个新的研究热点,是深度学习与强化学习相结合的产物。它以一种通用的形式将深度学习的感知能力与强化学习的决策能力相结合,并能够通过端对端的学习方式实现从原始输入到输出的直接控制。自提出以来,在许多需要感知高维度原始输入数据和决策控制的任务中,深度强化学习方法已经取得了实质性的突破。深度强化学习方法,包括基于值函数的深度强化学习、基于策略梯度的深度强化学习和基于搜索与监督的深度强化学习。深度强化学习的出现使强化学习技术真正走向实用,得以解决现实场景中的复杂问题。

虽然 RL 理论在许多领域已得到应用,但 RL 的发展仍处于初级阶段。强化学习的发展局限性在于其对环境的强依赖性和学习过程的难封装性。强化学习具有对先验数据样本低依赖性的优点,但由于数据训练过程中全部数据样本都通过与环境进行真实互动得到,这就导致强化学习必须不断和环境进行交互才能不断成长、不断进步,其发展对环境依赖性较强。另外,强化学习的学习成本较高,如无人驾驶,如果从零开始训练,汽车需要经历过很多次的交通事故后才能学会不再发生交通事故,但这样的学习成本太高了,使人们不易接受。为此,人们研究建立真实环境的虚拟模拟仿真,把在仿真中训练好的模型直接迁移应用到真实世界中。进行训练环境模拟仿真是解决强化学习对环境依赖性的一个主要思路,并且需要解决虚拟到现实的迁移问题。

　　由于强化学习存在奖励这一重要的基本要素,其封装性较难,不易像深度学习模型那样实现对用户的透明性。用 RL 解决问题时在奖励设计方面需要投入过多精力,需要考虑大量的方法来引导模型能够学到人们期望它学到的知识,也就是说,目前的 RL 还没有足够智能到不需要人为参与就能够快速自我进化。因此,奖励的处理机制成为造成 RL 难以被封装的一个重要原因。虽然强化学习还有很多尚待解决的问题,但大部分研究人员相信,强化学习可以将更多智能带进自动驾驶、游戏和机器人等不同应用中。

# 2.4　深度学习在自动驾驶中的应用

　　得益于深度学习的发展,无人驾驶在过去的数年间取得了巨大的进步,无人驾驶汽车已经能够从实验室环境下的开发和测试演进到在实际道路上驾驶并在多个领域得到广泛应用,可以说自动驾驶是深度学习完美的研究对象和应用场景。目前,深度学习技术中的许多成熟算法已应用于 ADAS 系统,这种系统利用安装在车上的雷达、摄像头等传感设备,收集汽车行驶过程中的环境数据,并通过系统中的算法分析处理,实现动态、静态物体检测识别、追踪,可行驶空间检测和车道线检测等功能,从而预先让驾驶者察觉到可能发生的危险,有效增加汽车驾驶的舒适性和安全性。

## 2.4.1　交通标识识别

　　交通标识识别(Traffic Sign Recognition,TSR)是指车辆在行驶过程中,能够对道路交通标识进行图像文字信息采集并识别,及时向车辆驾驶、驾乘人员发出提示和警告,或者直接根据识别信息控制车辆的操作,从而避免交通事故的发生,提高车辆行驶的安全性和舒适性。

　　在 ADAS 系统中,交通标识识别可以不间断地为行车控制提供相应的帮助。例如,通过对道路上的危险交通标识的识别,系统可以实现危险预判的警告;对限速标志的识别,系统可以控制车速避免超速行驶(图 2-7)。因此,交通标识的准确识别及应用是自动驾驶高级辅助系统中的重要组成部分。

　　利用深度学习技术实现交通标识识别应用已逐渐成为自动驾驶领域的研究热点,采用传统的计算机视觉方法完成交通标识识别,往往需要耗费大量时间提取图像的重要特征,而深度学习中的卷积神经网络模型可以自动识别图像的关键特征,最终的识别结果准确性更高,可达到 ADAS 系统对检测实时性的要求。

　　交通标识识别算法设计时可利用深度学习技术中的 SSD 模型、YOLO 系列等端到端的目标检测模型,直接将标注、分类好的交通标识数据集数据放在一个模型

图 2-7 交通标识识别

上训练,实现识别过程。也可将设计分为先检测后识别两个过程,检测阶段选用上述目标检测模型,分类识别阶段选用如 VGG16、ResNet 和 MobileNet 等分类网络。

### 2.4.2 目标感知

在 ADAS 系统中,输入数据主要来源于目标感知系统,其功能是感知车辆运行时周围环境中存在的动态、静态的人和物。通过摄像机、激光雷达等设备为控制系统获取不同数据,然后经过系统中算法的分析处理,实现对车辆周围环境信息准确、实时的描述。深度学习技术主要应用于目标感知中的动态和静态的 2D、3D 目标检测、识别和跟踪任务。任务对象包括动态目标如行人、行驶的车辆和骑行者等,静态目标如交通标识、路面和商家等。

随着深度学习技术中以 Faster-RCNN 和 YOLO 等检测网络的出现,2D 目标检测达到了广泛的应用效果,各种新的模型方法不断出现。但是对于自动驾驶来说,2D 目标检测只能提供目标在平面图像中的位置和自身类别信息,这对于交通标识中的交通灯、标志牌的检测来说是足够的,却无法满足大部分应用对目标物体的长、宽、高和偏转角等 3D 信息的需求,为满足这些需求,3D 目标检测原理和实现方法获得了广泛关注(图 2-8)。

基于深度学习的 3D 目标检测方法在应用推动下获得了许多研究进展,如百度发布的"Apollo"平台,其中的 YOLO 3D 检测模型以深度学习中的 YOLOv2 神经网络为基础核心框架,并添加了更深的卷积层和反卷积层,以便获取更加丰富的图像信息。模型的解码模块分为语义分割和物体检测两部分,前者用于车道线检测,后者用于物体检测,不仅能检测物体类别,同时还会输出物体的方向等 3D 信息。

图 2-8    车辆可视化 3D 目标跟踪

### 2.4.3    车道线检测

车道线检测的研究已经有 50 多年的历史,是自动驾驶系统中最基本的功能之一,也是自动驾驶任务的基本组件之一,如车道偏离警告系统(Lane Departure Warning System,LDWS)和车道保持辅助系统(Lane Keeping Assist System,LKAS)。车道线作为基础的交通标识,约定了汽车行驶的最基本规范。检测并分类车道线能够为车辆自动巡航、保持车距、超车等基本操作提供信息,有助于自动驾驶汽车的实时定位和导航。

相对基于纹理、颜色特征的传统视觉检测方法,基于深度学习技术的车道线检测,能够更加准确地识别出复杂场景下的车道线标识,大幅度减小了因光照、阴影、遮挡等不确定性因素对检测的干扰,检测过程能够达到自动驾驶任务对实时性的需求。

在近年的研究中,研究人员常采用深度学习技术中的语义分割方法实现车道线检测。语义分割是语义识别和图像分割的结合,是对图像信息中逐个像素进行分类。对于车道检测任务而言,车道线的轮廓信息和车辆在道路上的位置信息都是十分重要的,语义分割能够兼顾物体的轮廓信息和语义类别及其在图像中的位置信息的获取,完全符合车道线检测任务的需求。例如,Teichmann 提出了一种多任务联合网络,可同时进行街道分类、车辆检测和道路分割。该网络联合分类、检测和语义分割的方法,使用一个统一的体系结构,其中编码器在 3 个任务之间共享。邓天民等提出一种将改进的 SegNet 语义分割网络和连通域约束相结合的方法实现车道线检测,达到了较好的效果。总的来说,基于深度学习的车道线检测将是近一段时间内该问题主流的研究方法。

### 2.4.4    自动泊车

自动泊车系统是指不需要人工驾驶,车辆就能够自动泊车。自动泊车系统主要分为停车位的检测、泊车路径规划和自动泊车控制 3 部分,其中第一部分至关重要,是后续路径规划和泊车入库的前提,按照是否需要驾驶员干预,可分为半自动停车位检测和全自动停车位检测两类。与全自动方法相比,半自动方法更可靠,并消耗更少的计算资源,因为它具有来自驾驶员的附加信息。

不同的自动泊车系统具有不同的定位检测方法,如有基于用户界面的检测与定位、基于自由空间的检测与定位,这两种方法是目前研究较为广泛的方法。前者属于半自动检测,需要驾驶员触摸选择车载人机交互界面显示屏设备,选择停车位矩形标记框中的一点来指定目标停车位的位置。后者是通过安装在车辆上的各种距离传感器等设备,寻找两车之间的空位来指定停车位置,但其缺点较为明显,必须要求目标停车位至少一侧停有车辆才能实现车位检测。

近年来,随着深度学习技术的发展,基于视觉的停车位标识线的检测与定位方法得到了大量研究。如华南理工大学徐聪聪等提出采用深度卷积神经网络和浅层卷积神经网络分别实现停车位检测任务和车位角中心点定位任务。北京交通大学李倩等提出一种基于几何特征检测停车位标识线的深度学习方法,该方法采用语义分割模型 DeepLabv3 定位停车位,实现不同光照条件下的停车位检测。日本冈山大学 Yamamoto 等构建一个基于 YOLO 网络的停车位检测判断系统和一个基于深度图像的多模式转向空间分类系统,通过仿真验证了其可行性。意大利帕尔玛大学 Zinelli 等设计出一种基于 Faster R-CNN 神经网络模型,用于对车辆上 4 个不同摄像头的视图进行融合生成的全景图像进行停车位分类和检测。

### 2.4.5　司乘人员状态监控

驾驶人员状态监控的目的是发现驾驶员走神、疲劳、吸烟等会影响安全驾驶的行为状态,避免交通事故的发生。目前,驾驶人员状态检测问题主要从生理特征、车辆行驶状态特征和驾乘人员面部信息特征这 3 方面进行研究。

第一方面的检测主要是通过采集心电波、脑电波和肌电波等电信号,将其传入驾乘人员佩戴的信号处理仪器中分析提取信号特征,得出状态结果。第二方面主要是通过安装的传感器采集驾驶员握方向盘的压力、车身摇摆程度等动态信息,并对这些信息分析判断得出状态结果。第三方面基于面部信息特征是利用安装在车内的摄像机,获取驾驶者脸部驾驶员眨眼、打呵欠、头部运动等动作特征,并通过系统中算法分析识别,判断其专注程度,是否有疲劳驾驶的状态。还有系统利用驾驶员眨眼频率来辨别驾驶的安全等级,如果发现驾驶者脸部表情变化较少,甚至出现闭眼的情况,车辆会立即发出警告,引起驾驶员注意,避免交通事故的发生。

归功于卷积网络强大的特征提取能力,深度学习技术已逐渐融入基于面部信息特征的检测方法中。如以检测驾驶员眨眼动作次数的算法为例,可先利用

MTCNN 或其他人脸关键点检测网络定位出眼睛位置,然后再采用如 ResNet 分类网络判断眼睛睁眼或闭眼状态,最后根据分类识别这两种状态的次数,设定阈值判断驾驶员是否疲劳驾驶。

相对于其他检测方法,利用面部信息特征设计实现驾驶员状态检测更加准确,对于驾驶员来说属于非侵入性检测,往往只需安装一个相机设备来采集图像信息,而基于深度学习的检测识别模型实时性较高,可直接嵌入检测设备终端,易于深度学习技术在自动驾驶辅助系统中的开发与应用。以深度学习技术为基础的面部信息特征检测方法已逐渐成为 ADAS 系统中驾驶员状态检测领域的主流研究方法和研究热点。

## 2.5　强化学习在自动驾驶中的应用

目前,自动驾驶控制系统多是基于规则设计实现的,当车辆在复杂环境行驶时,可能会出现规则缺失或者规则之间互相冲突,增加了车辆发生交通事故的概率。相较基于规则设计控制,在自动驾驶中引入强化学习则无须提前赋予特定规则或者人工标注的数据,只需在数据的驱动下充分训练,最终实现控制算法与环境间交互学习。

人工智能在自动驾驶上的应用主要包括感知、决策和控制 3 方面,其中决策是指分析感知信息并进行决策判断,如汽车的加速、减速、左转、右转、换道、超车都是决策模块的输出。由于强化学习方式更适用于自动驾驶系统的决策与控制,基于强化学习的自动驾驶决策研究已成为自动驾驶技术的一个研究方向。

由于真实环境下的自动驾驶试验具有较大的危险性,不能每次更新算法都在实景中训练,因此可以通过决策模拟器来模拟常见的环境场景和突发情况,算法利用其在这些突发情况中获得的奖励,增强其学习和应对能力。自动驾驶模拟器对决策模块的验证和学习都有着至关重要的作用,是无人驾驶领域的核心技术。在模拟器上进行训练和仿真是自动驾驶研究的必需过程。

早在 2012 年,Lange 等提出了一种应用控制的深度 Q 网络学习算法(Deep Q-learning Network,DNQ),并将其在微型赛车模拟器下训练,获得了不错的成绩,控制水平甚至超过了人类玩家。由于深度神经网络强大的特征提取能力,强化学习逐渐引入深度学习技术,两者结合体的鲁棒性超过了简单的监督学习型的端到端控制。2016 年,DeepMind 公司的 Timothy 等提出 DDPG(Deep Deterministic Policy Gradient)算法,其结合了确定性策略梯度算法、Actor-Critic 和 DNQ 网络的优点,成功解决了包括汽车驾驶在内的 20 多种模拟任务,可以实现直接以原始像素作为输入的端到端的学习策略。

2017 年,Sallab 等提出了端到端深度强化学习的思想,设计了一种基于深度强化学习进行自动驾驶框架。该框架用于信息集成的递归神经网络(Recurrent Neural Network,RNN),使汽车能够处理部分可观测的场景。该框架已在开源 3D 赛车模拟器(TORCS)中进行测试,取得了良好效果。2018 年,Zong 等使用 DDPG 算法对智能体的加速度和转向控制进行训练以实现自主避障,并在 TORCS 环境中进行了测试。

随着对强化学习算法的深入研究,科研人员开展了把深度强化学习算法应用于实际场景中的自动驾驶研究。2017 年,Hyunmin 等提出将 DNQ 算法应用于自动驾驶系统的研究中,并在模拟环境中经过近 7 万次的试验后,算法最终学习实现了实际路况下的自动刹车功能。2018 年,Chae 等提出一种基于 DQN 算法的自主刹车系统,实现了在行人横穿马路场景下车辆的自主制动控制。北京联合大学的韩向敏等使用 DDPG 算法实现了自动驾驶的纵向自动控制,而且使智能车辆可以在自学习过程中完成自适应巡航并不断改进,结果达到了人类驾驶员的控制水平。Mayank 等开发并使用了 ChauffeurNet 来自动生成自动驾驶运动规划方案,该网络通过模仿学习来培养自动驾驶能力,但并不是纯粹模仿所有数据,而是根据强化学习的原理,通过额外的损失增加模仿损失,惩罚不良事件并奖励进展,增加训练中的扰动以提升模型的稳健性。2019 年,英国自动驾驶公司 Wayve 的 Alex Kendall 等提出了一种基于 DDPG 算法的自动驾驶框架,该框架仅使用单目图像作为输入进行车道线跟踪学习,并在现实环境中进行了实车测试。

# 参考文献

[1]　尼克. 人工智能简史[M]. 2 版. 北京:人民邮电出版社,2021.

[2]　谭铁牛. 人工智能的创新发展与社会影响[J]. 科学中国人,2018,24:50-55.

[3]　顾险峰. 人工智能的历史回顾和发展现状[J]. 自然杂志,2016,38(3):157-166.

[4]　吴飞,段书凯,等. 健壮人工智能模型与自主智能系统[J]. 中国科学基金,2019(6):651-655.

[5]　焦李成,刘若辰,慕彩红,等. 简明人工智能[M]. 西安:西安电子科技大学出版社,2019.

[6]　蔡自兴. 智能控制导论[M]. 北京:中国水利水电出版社,2007.

[7]　周志华. 机器学习[M]. 北京:清华大学出版社,2016.

[8]　李公法. 人工智能与计算智能及其应用[M]. 武汉:华中科技大学出版社,2020.

[9]　王东云,刘新玉. 人工智能基础[M]. 北京:电子工业出版社,2020.

[10]　李孟全. TensorFlow 与自然语言处理应用[M]. 北京:清华大学出版社,2019.

[11]　张志佳,王军,张姝,等. 计算机导论[M]. 北京:清华大学出版社,2012.

[12]　杨博雄. 深度学习理论与实践[M]. 北京:北京邮电大学出版社,2020.

[13]　HU P,RAMANAN D. Finding tiny faces[C]//IEEE Conference on Computer Vision and

Pattern Recognition. IEEE,2017：951-959.

[14]　陈仲铭,何明.深度强化学习原理与实践[M].北京：人民邮电出版社,2019.

[15]　潘峰,鲍泓.强化学习的自动驾驶控制技术研究进展[J].中国图象图形学报,2021,26(1)：28-35.

[16]　刘全,翟建伟,章宗长,等.深度强化学习综述[J].计算机学报,2018,41(1)：27.

[17]　ARULKUMARAN K,DEISENROTH M P,BRUNDAGE M,et al. Deep reinforcement learning：a brief survey[J]. IEEE Signal Processing Magazine,2017,34(6)：26-38.

[18]　雷明.机器学习：原理、算法与应用[M].北京：清华大学出版社,2019.

[19]　JANAI J,GÜNEY F,BEHL A,et al. Computer vision for autonomous vehicles：Problems,datasets and state of the art：10.1561/0600000079[P]. 2020.

[20]　SZILÁRD A. Survey of deep reinforcement learning for motion planning of autonomous vehicles[J]. IEEE Transactions on Intelligent Transportation Systems,2020(9)：1-20.

[21]　DOSOVITSKIY A,ROS G,CODEVILLA F,et al. CARLA：An open urban driving simulator[C]//Proceedings of the 1st annual conference on robot learning,2017：1-16.

[22]　TEICHMANN M,WEBER M,ZLLNER J M,et al. Multinet：Real-time joint semantic reasoning for autonomous driving[C]//2018 IEEE Intelligent Vehicles Symposium,2018.

[23]　邓天民,王琳,杨其芝,等.基于改进 SegNet 算法的车道线检测方法[J].科学技术与工程,2020,20(36)：14988-14993.

[24]　徐聪聪.基于卷积神经网络的自动泊车停车位检测与定位研究[D].广州：华南理工大学,2020.

[25]　李倩.车载环视系统下的车位线检测[D].北京：北京交通大学,2019.

[26]　LILLICRAP T P,HUNT J,PRITZEL A,et al. Continuous control with deep reinforcement learning[C]//2016 ICLR,2016.

# 第 3 章

## 基于深度学习的视觉感知

## 3.1　深度学习基础

深度学习属于"连接主义"学派，其核心是深度神经网络。神经网络是受到生物神经网络的启发而提出的，其核心的概念是神经元。深度神经网络通过模仿神经网络进行信息的分布式并行处理以实现对复杂函数的逼近，多层的神经网络能够表达出数据的内在特征，从而能够更好地完成认知任务。有关深度学习发展历史、MP 神经元模型和感知机模型的知识在第 2 章已经介绍过，这里不再赘述。

通过将感知机组织成多层神经网络，就能够使其表示复杂函数，研究者们也称这种结构为深度神经网络。深度神经网络的基本结构是前馈神经网络，如图 3-1 所示，在网络结构中，最左边的一层称为**输入层**，其中的神经元称为输入神经元。最右边的一层是**输出层**，其中的神经元称为输出神经元，在输入层和输出层之间的结构层称为**隐藏层**，一个网络中往往有多个隐藏层，从而构成深层的网络结构。在图示结构中，前一层的所有神经元都与下一层的所有神经元相连接，这种结构的网络被称为**全连接神经网络**。全连接神经网络存在的缺点：一是巨大的参数量和计算量；二是全连接神经网络没有考虑图像中的结构信息，从而丢失了平移等操作的不变性。由于这些缺点，使得全连接神经网络很难用于解决实际的应用问题。

卷积神经网络（Convolutional Neural Network，CNN）是一种具有局部连接、权重共享等特性的前馈神经网络，如图 3-2 所示。卷积神经网络参考了生物视觉的感受野（Receptive Field，RF）机制，感受野是指某一层输出结果中的一个元素所对应的输入层的区域。更深的卷积神经网络使特征图中单

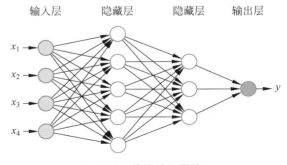

图 3-1　前馈神经网络

个元素的感受野变得更加广阔,从而能够获得输入图像上更大尺寸的特征。基于感受野机制,卷积神经网络就能够通过卷积核参数共享和层间连接的稀疏性获得输入图像上的特征。

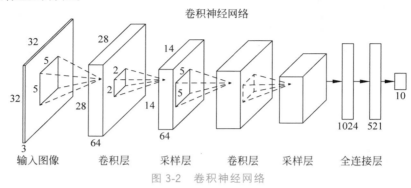

图 3-2　卷积神经网络

1998 年,Yann LeCun 等在之前卷积神经网络的基础上构建了更加完备的卷积神经网络 LeNet-5,其中定义的卷积神经网络的基本框架和基本组件(卷积层、激活层、池化层和全连接层)成为现代卷积神经网络的基础。2006 年,Geoffrey Hinton 基于受限玻尔兹曼机提出了深度置信网络(Deep Belief Network,DBN),通过逐层训练参数与预训练的方法使卷积神经网络可以设计得更复杂、训练效果更好。其后,随着数据规模的扩大和以 GPU 为代表的计算性能提升,卷积神经网络在计算机视觉领域,特别是图像分类、目标检测和语义分割等任务上不断突破,推动了深度学习的飞速发展。

## 3.2　计算机视觉技术

视觉是人类获取信息的主要途径。计算机视觉(Computer Vision,CV)是指用计算机来模拟人的视觉以获取和处理一系列图像信息,使其成为更适合人眼观察或传送给仪器检测的图像。计算机视觉属于机器学习在视觉领域的应用,是一个多学科交叉的研究领域。当前计算机视觉应用领域包括视频监控、人脸识别、医学图像分析、自动驾驶等。计算机视觉感知技术包括图像分类、目标检测、目标跟踪、图像分割等。

### 1. 图像分类

图像分类任务是计算机视觉的核心,具有广泛的应用场景。图像分类就是对一组测试图像的类别进行预测,并测量预测结果的准确性,如图 3-3 所示。传统的图像分类处理基于人工设计的各类具有不变性的颜色、形状、纹理等作为特征算子,其中具有代表性的算法有 SIFT、HOG 等,再使用经典的 SVM、AdaBoost 等分类器来完成分类任务。

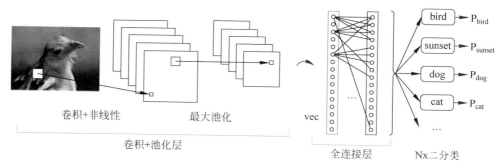

图 3-3 图像分类及 CNN 网络结构

基于深度学习,确切地说是基于卷积神经网络的图像分类方法,随着 2012 年 ImageNet 项目举办的 ILSVRC(ImageNet Large Scale Visual Recognition Challenge) 比赛中 AlexNet 网络的夺冠而获得了广泛的关注,此后成为图像分类任务的主流方法。

ImageNet 项目的目标是构建一个用于计算机视觉研究的大型数据集,完整的 ImageNet 数据集有 1400 多万张图片,涵盖了 2 万多个类别的标注与超过百万的边界框的标注,每个类别有 500~1000 张图片。从 2010 年到 2017 年,ImageNet 共举办了 8 届 ILSVRC 比赛,包括图像分类、目标检测等竞赛单元,其中图像分类竞赛使用的是 ImageNet 完整数据集的一个子类,包括 1000 类主要是动物的图片。

ILSVRC 比赛中产生了许多经典的神经网络模型,推动了计算机视觉研究的发展。继 AlexNet 网络之后,2013 年,Matthew D. Zeiler 和 Rob Fergus 在 AlexNet 的基础上,通过使用更小的卷积核和步长,提出了性能更好的网络模型 ZFNet,获得了当年 ILSVRC 分类任务的冠军。2014 年,ILSVRC 分类任务的冠军是 GoogLeNet,其核心是 Inception 模块,由多个 Inception 模块叠加组成,该模块对上一层的输出分别做 1×1 卷积、3×3 卷积、5×5 卷积和 3×3 最大池化 4 种处理。不得不提的是,2014 年获得分类任务第二名的 VGGNet,该网络证明了基于尺寸较小的卷积核,增加网络深度可以有效提升模型的性能。VGGNet 模型结构简单,模型的泛化能力强,到现在依然被很多任务用作图像特征提取。

2015 年,ILSVRC 比赛中最具开创性的工作是在分类、定位、检测及 COCO 的物体检测与语义分割 5 项比赛中全部取得第一名的 ResNet(深度残差网络)模型。ResNet 采用了跨层连接方式,极大地缓解了深层神经网络中的梯度消失问题,因此可以构造更深的网络。很多研究者基于 ResNet 模型,通过构造出更多神经网络层数的模型来进一步提高图像分类的准确率。

2016 年的 ILSVRC 比赛中诞生的经典模型包括 ResNeXt 和 DenseNet。ResNeXt 的核心思想是分组卷积。DenseNet 的核心组件是密集连接模块,在这个模块中任意两层之间都有直接的连接,这种方法解决了深层网络的梯度消失问题,也加强了特征的传播,并且减少了模型参数。ILSVRC 比赛的最后一个分类任务冠军是 2017 年的 SeNet,它使用"特征重标定"的策略对特征进行处理,通过学习获取每个特征通道的重要性,并根据重要性改变相应特征通道的权重。

2. 目标检测

给定一组图像,图像中每个待测目标各自被标记出类别与位置,这些图像被用作训练集,以训练 CNN 网络具有检测能力。训练完成后,再通过对一组没有标记目标类别和位置的测试图像进行类别及位置预测,并测量预测的准确性结果,这就是目标检测(Object Detection)问题。总的来说,目标检测就是物体检测,需要识别图像中存在的物体并标示出物体所在的位置。目标检测在很多领域都有广泛的应用,如安防、智慧农业、无人驾驶等领域(图 3-4)。

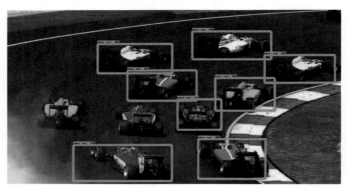

图 3-4    目标检测

针对目标检测的数据集有 Pascal VOC 和 MS COCO 等,其中 COCO 目标检测数据集规模更大,更能体现目标检测方法的性能。在进行多类别物体检测时,需要用很多框来表示物体的位置,有些框可能是准确的,有些框则可能不准确。如果一个框框住了物体并且分类正确,则在该物体的检测上算法是正确的。通常用图像测试集中所有物体检测的准确性,即平均精度均值(mean Average Precision,mAP)来衡量一个目标检测算法的性能。

现阶段基于深度学习的目标检测算法,根据算法实现步骤分为二阶段(Two-stage)目标检测算法和一阶段(One-stage)目标检测算法。Two-stage 目标检测算法将目标检测问题划分为两个阶段,首先,通过候选区域生成算法对输入图像进行待测目标可能所在位置的候选区域预测(Region Proposal);其次,在第一阶段的基础上对候选区域进行目标分类与位置回归。两阶段算法的代表是 R-CNN 系列算法。One-stage 目标检测算法是一种端到端(End-to-End)的检测方法,该检测方法在输入端输入一幅图像进入卷积神经网络后,仅通过单次的特征提取、池化及边界框预测等操作即可同时完成待测目标位置回归和类别预测。一阶段算法的代表包括 YOLO 系列及 SSD 算法。

**3. 目标跟踪**

目标跟踪是指在特定场景跟踪某一个或多个特定感兴趣对象的过程。目标跟踪利用视频或图像序列的上下文信息,对目标的外观和运动信息进行建模,从而对目标运动状态进行预测并标定目标的位置。目标跟踪在无人驾驶领域也很重要,无人驾驶需要在实际场景中对车辆和行人进行跟踪检测。

近年来,深度学习研究人员尝试了使用不同的方法来适应视觉跟踪任务的特征,并且已经探索了很多方法(图 3-5)。在目标跟踪上,初期的应用方式是把网络学习到的特征直接应用到相关滤波或 Struck 的跟踪框架里面,从而得到更好的跟踪结果。本质上卷积输出得到的特征表达,更优于传统的基于特征的跟踪方法,这也是深度学习的优势之一,但同时也带来了计算量的增加。目前很多研究跟踪的框架和方法往往会同时比较两种特征,从而验证跟踪方法或框架的改进与提高,一种是传统的手工特征,另一种就是深度网络学习的特征。网络不同层的卷积输出都可以作为跟踪的特征,对于如何有效利用深度学习的特征,Martin 做了大量的工作,提出了一系列相关的方法,如 C-COT 和 ECO 等。深度学习的另一大优势是端到端的输出,如斯坦福大学的 D. Held 发表在 ECCV2016 上的 GOTURN 方法,目前该方法已经集成到 OpenCV 3.2.0 的开发版本中。牛津大学的 Luca Bertinetto 也提出了多个有影响力的端到端跟踪框架,如 SiameseFC 和 CFNet 等。

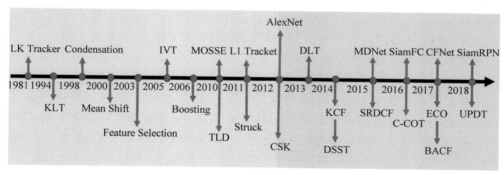

图 3-5　各类代表性目标跟踪算法

(图片来源于李玺,等,2019)

**4. 图像分割**

图像分割能够提供一种对图形信息进行自动理解的方法,是计算机视觉的核心研究内容,包括语义分割(Semantic Segmentation)、实例分割(Instance Segmentation)和全景分割(Panoptic Segmentation),三者的区别如图 3-6 所示,其中图 3-6(b)是语义分割,能够对图像上的所有像素点进行分类,图 3-6(c)是实例分割,需要标示出同一类别的不同个体,图 3-6(d)是全景分割,可以看作语义分割和实例分割的结合,能够对图中的所有物体包括背景进行检测和分割。

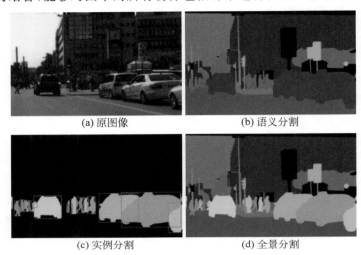

(a) 原图像          (b) 语义分割

(c) 实例分割          (d) 全景分割

图 3-6　图像分割包含的研究内容

(图片来源于 Kirillov,et al.,2019)

语义分割将整个图像分成一个个像素组,然后对其进行标记和分类,是对图像中的不同目标进行精确的边界划分。特别地,语义分割试图在语义上理解图像中每个像素的角色(如识别它是汽车、摩托车还是其他的类别)。语义分割将图像转换为具有突出显示的特定目标区域的划分,对图像的认知上升到了像素级。

传统的语义分割工作大多基于图像像素的低阶视觉信息,包括基于阈值、基于像素聚类和基于图划分的分割方法等,这些方法的优点是无须进行训练,计算复杂度较小,但是这种方式实现的分割结果精度不高。与其他计算机视觉任务一样,卷积神经网络在语义分割任务上也取得了巨大成功,基于卷积神经网络的语义分割方法不断提高着图像语义分割的精度和速度,有些算法已经能够实现实时的语义分割。语义分割的常用数据集包括 Pascal VOC、MS COCO、BDD100K 和 Cityscapes 等,在语义分割领域代表性的算法包括 FCN、SegNet 和 DeepLab 等。

除语义分割外,实例分割将不同类型的实例进行分类,如用 5 种不同颜色来标记 5 辆汽车。分类任务通常来说就是识别出包含单个对象的图像是什么,但在分割实例时,需要执行更复杂的任务。此时就会看到多个重叠物体和不同背景的复杂景象,不仅需要将这些不同的对象进行分类,而且还要确定对象的边界、差异和彼此之间的关系。全景分割任务是为图像中的每个像素点赋予类别和实例 ID,生成全局的、统一的分割图像,其中,Label 即语义标签,指的是物体的类别,而实例 ID 则对应同类物体的不同编号。实例分割及全景分割的典型算法如图 3-7 所示。

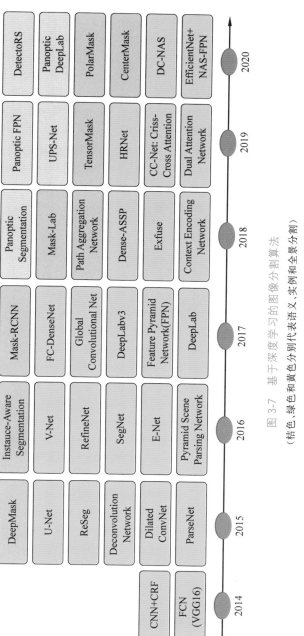

图 3-7 基于深度学习的图像分割算法
（桔色、绿色和黄色分别代表语义、实例和全景分割）
（图片来源于 Minaee, et al., 2021）

## 3.3　图像分类典型算法

　　图像分类是计算机视觉的核心任务,实践证明,卷积神经网路具有特征发现的强大能力,特别适合于解决计算机视觉的分类任务。在计算机中图像一般是由三通道的 2D 矩阵数据表示的,实际的图像表示会存在尺度变化、图像变形、图像遮挡、光照条件变化等复杂情况,然而,研究表明,基于卷积神经网络的图像分类算法已经超过了人类的水平,可以应用于实际的问题解决中。

　　LeNet 是第一个实用的卷积神经网络,确立了卷积神经网络的基本结构,如图 3-8 所示。在用于 MNIST 手写数字识别的 LeNet-5 网络结构中,除输入输出层外,还包括两个卷积层、两个池化层和两个全连接层。C1 为卷积层,包括 6 个 $(1,5,5)$ 的卷积核,将 $32\times32$ 像素的图像输入转换为 $(6,28,28)$ 的特征图。S2 层为下采样层,对 C1 层的输出数据进行下采样处理。C3 卷积层中卷积核的大小也是 $5\times5$,接着的 S4 层与 S2 层类似。C5 是全连接层,将前面的特征图转换为 120 维的一维向量。F6 是具有 84 个神经元节点的全连接层。当时,LeNet-5 被成功用于 ATM 以对支票中的手写数字进行识别。

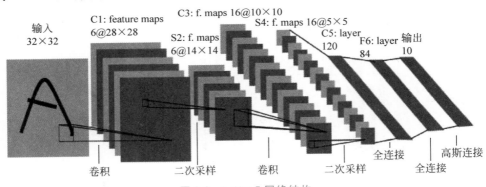

图 3-8　LeNet-5 网络结构

(图片来源于 LeCun,et al.,1998)

　　AlexNet 是 ILSVRC 2012 图像分类大赛的冠军,以网络提出者的名字命名。AlexNet 的输入图像尺寸为 $224\times224$,输出为 1000 类的全连接层,其网络结构和 LeNet-5 相似,但更深、有更多参数,包括 5 个卷积层和 3 个全连接层,网络结构如图 3-9 所示。

　　受当时算力的限制,AlexNet 巧妙地将整个网络分割部署在两块 NVIDIA GTX580 GPU 上并行执行。AlexNet 将卷积神经网络的基本原理应用到了更深的网络模型中,扩展了卷积神经网络的性能,其技术关键点包括:①使用了 ReLU 激活函数,使之有更好的梯度特性、训练更快;②使用了随机失活(Dropout),通过

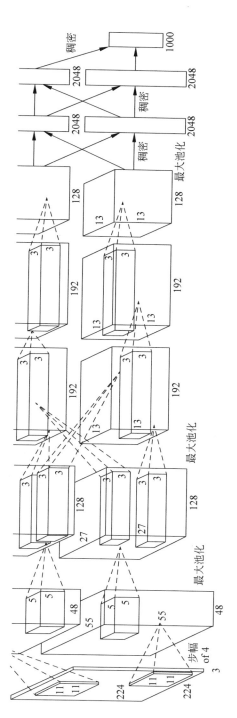

图 3-9 AlexNet 网络结构

（图片来源于 Krizhevsky，et al.，2017）

随机忽略一部分神经元后，可以有效减少模型的过拟合；③数据增强技术，对于图像数据，常用的增强技术包括裁剪、镜像、旋转、缩放以及在图像中加入随机噪声等方法，这些方法都在 AlexNet 网络中被采用以提升系统性能。AlexNet 在 ILSVRC 竞赛中以高出第二名 10% 的图像分类性能使人们意识到卷积神经网络在计算机视觉领域研究的优势。同时，在 AlexNet 之后，采用 GPU 进行卷积神经网络训练加速的方法成为学术界和工业界做深度学习研究的主流。

　　VGG 网络是 ILSVRC 2014 的亚军，其取名源自作者所在的研究组牛津大学的 Visual Geometry Group。VGG-16 的基本架构为：conv1^2（64）→pool1→conv2^2（128）→pool2→conv3^3（256）→pool3→conv4^3（512）→pool4→conv5^3（512）→pool5→fc6（4096）→fc7（4096）→fc8（1000）→softmax。^3 代表重复 3 次。VGG 网络的关键点是：①结构简单，只有 3×3 卷积和 2×2 池化两种配置，并且重复堆叠相同的模块组合，卷积层不改变空间大小，每经过一次池化层，空间大小减半；②参数量大，而且大部分的参数集中在全连接层中。网络名称中的 16 表示它有 16 层 conv/fc 层；③合适的网络初始化和使用批量归一（Batch Normalization）层对训练深层网络很重要（图 3-10）。

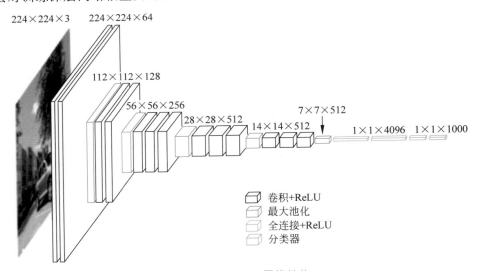

图 3-10　VGG16 网络结构

（图片来源于 Simonyan, et al., 2015）

　　在原论文中无法直接训练深层 VGG 网络，因此先训练浅层网络，并使用浅层网络对深层网络进行初始化。在 BN 出现之后，伴随其他技术，后续提出的深层网络可以直接得以训练。VGG-19 结构类似于 VGG-16，有略好于 VGG-16 的性能，但 VGG-19 需要消耗更大的资源，因此实际中 VGG-16 使用更多。由于 VGG-16

网络结构十分简单,并且很适合迁移学习,因此至今 VGG-16 仍在广泛使用。

GoogLeNet 网络是 ILSVRC 2014 的冠军,其试图回答在设计网络时究竟应该选用多大尺寸的卷积或者应该选什么样的池化核(图 3-11)。GoogLeNet 网络提出了 Inception 模块,同时用 $1\times1$、$3\times3$、$5\times5$ 卷积和 $3\times3$ 池化核,并保留所有结果。网络基本架构为:conv1(64)→pool1→conv2^2(64,192)→pool2→inc3(256,480)→pool3→inc4^5(512,512,512,528,832)→pool4→inc5^2(832,1024)→pool5→fc(1000)。GoogLeNet 的关键点是:①多分支分别处理并级联结果;②为了降低计算量,用了 $1\times1$ 卷积降维。GoogLeNet 使用了全局平均汇合替代全连接层,使网络参数大幅减少。GoogLeNet 取名源自作者的单位(Google),其中 L 大写是为了向 LeNet 致敬。

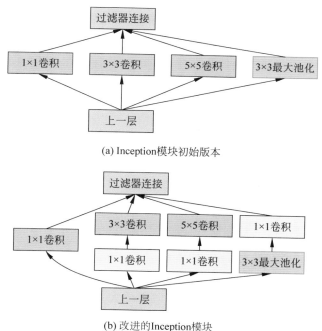

(a) Inception模块初始版本

(b) 改进的Inception模块

图 3-11 GoogLeNet 网络 Inception 模块

(图片来源于 Szegedy,et al.,2015)

ResNet 网络是 ILSVRC 2015 的冠军。ResNet 旨在解决网络加深后训练难度增大的现象,其提出了 Residual 模块,包含两个 $3\times3$ 卷积和一个短路连接。短路连接可以有效缓解反向传播时由于深度过深导致的梯度消失现象,这使得网络加深之后性能不会变差。短路连接是深度学习又一重要思想,除计算机视觉外,短路连接也被用到机器翻译、语音识别/合成领域。此外,具有短路连接的 ResNet 可以看作许多不同深度而共享参数的网络集成,网络数目随层数指数增加(图 3-12)。

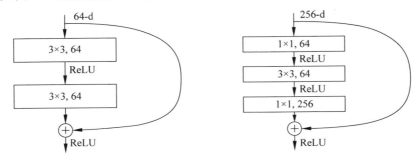

图 3-12　ResNet 网络结构

(图片来源于 He,et al.,2016)

ResNet 的创新点:①使用短路连接,使训练深层网络更容易,并且重复堆叠相同的模块组合;②ResNet 大量使用了批量归一层;③对于很深的网络(超过 50 层),ResNet 使用了更高效的瓶颈(bottleneck)结构。ResNet 在 ImageNet 上取得了超过人类的准确率。

# 3.4　目标检测典型算法

## 3.4.1　两阶段目标检测方法

### 1. R-CNN 网络

R-CNN 全称 Region-CNN,是由 Ross Girshick 等于 2014 年提出,是第一个成功将基于卷积神经网络的深度学习算法应用于目标检测上的算法(图 3-13)。该算法在 Pascal VOC 2012 数据集上,能够将多类目标检测的 mAP 提升到 53.3%,较之前最好的传统目标检测算法的结果提升了 30%。同时,这篇论文中也指出了迁移学习概念与重要性。神经网络在训练时需要大量的标注数据,获取及标注数据时往往难以尽如人意,出现数据不足的情况,这时就可以采用迁移学习。迁移学习是在缺乏大量标注数据时,将在其他大型数据集训练并保存的神经网络的参数迁移至有需要的网络训练中,其后在小规模特定的数据集中进行网络参数的微调。使用这种方法训练网络可以减少网络对数据的需求,加快神经网络的收敛速度。

R-CNN 目标检测算法,首先通过选择搜索算法(Selective Search)在原图像上生成大量不同尺寸的待测目标可能存在的区域(Region Proposal);其后,根据这些区域之间的相似性进行区域合并,通过叠加将多个小区域融合成一个较大区域,从而得到许多可能包含待测目标区域的边界框。第三步,将上一步中获得的若干

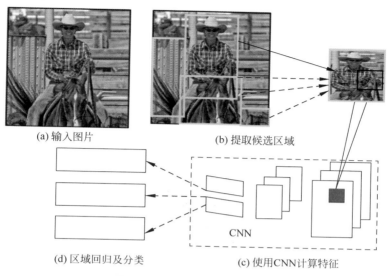

(a) 输入图片       (b) 提取候选区域

(d) 区域回归及分类       (c) 使用CNN计算特征

图 3-13 R-CNN 目标检测算法

(图片来源于 Girshick, et al. , 2014)

子区域放缩到同一尺寸并将其送入卷积神经网络中进行特征提取。最后,通过支撑向量机(SVM)进行待测目标的分类和线性回归模型进行边界框微调。

**2. SPP-net 网络**

由于 R-CNN 在进行特征提取前,对选取的所有候选区域生成一个维度相等的向量,对区域强行放缩后,会使图像比例关系遭到破坏,不利于卷积神经网络提取待测目标的语义特征。而且,无论是生成候选区域还是候选区域放缩都是非常耗时的,针对这一缺点提出了 SPP-net。

SPP-net 全称为 Spatial Pyramid Pooling,意为空间金字塔池化,是 Kaiming He 等在 2014 年提出的。SPP-net 在卷积层后加入了空间金字塔池化层,依靠该池化层中的滤波器将卷积层输出的候选区域统一到相同尺寸,摆脱了 R-CNN 中暴力的强制放缩手段,使全连接层获得不失真的同尺寸特征输入。SPP-net 网络提出的空间金字塔池化过程如图 3-14 所示,首先将经过卷积操作后得到的特征图划分为一定大小的栅格;其次对划分好的栅格做最大池化;最后将各层的池化输出结果组合起来送入全连接层完成最后检测。假设有 $256 \times 256$ 的特征图,对该特征图并行 $4 \times 4$、$2 \times 2$、$1 \times 1$ 栅格划分与最大池化操作,经过这样的空间金字塔池化后,将会获得多个 $16 \times 256$、$4 \times 256$、$1 \times 256$ 维度的特征图,最后把这些特征图连接组合成特征向量送入全连接层。

输入图像经过卷积层后,对获得的特征图进行可视化会发现,原图像中的待测目标所在位置与特征图上所在位置相同。由此可以确定,R-CNN 先进行候选区筛

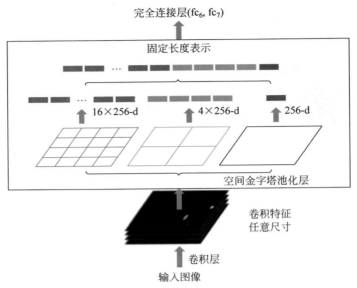

完全连接层(fc₆, fc₇)

固定长度表示

16×256-d　　4×256-d　　256-d

空间金字塔池化层

卷积特征
任意尺寸

卷积层

输入图像

图 3-14　SPP-net 网络检测流程

（图片来源于 He，et al.，2014）

选,再对筛选出来的候选区域进行卷积这一操作流程势必导致原输入图像的部分区域进行了多次特征提取,任务量加大。而 SPP-net 仅对输入图像进行一次完整图像的特征提取,其后在特征图上做候选区域截取与剪裁,并搭配空间金字塔池化,解决了反复提取特征与输入图像尺寸大小不等对网络的不良影响。虽然这种方法看似只对特征提取部分进行了改进,其他模块均与 R-CNN 网络一样,但是与 R-CNN 相比,该模型速度提高了百倍,精度也有了明显提升。

3. Fast R-CNN

继 2014 年提出 R-CNN 之后,Ross Girshick 时隔一年又推出了 R-CNN 算法的改进版本 Fast R-CNN,该算法针对 R-CNN 与 SPP-Net 依然存在的训练过程烦琐与所占存储空间大等缺点进行了改进,实现在保证检测效果的同时节约存储空间,提升检测速度。基于 VGG16 的 Fast R-CNN 模型在训练速度上比 R-CNN 快大约 9 倍,比 SPP-net 快大约 3 倍,在 VOC2012 数据集上的 mAP 大约为 66%。

Fast R-CNN 网络检测流程如图 3-15 所示,输入图片首先经过 5 个卷积层和 2 个下采样层得到 conv5 层特征图和 $2k$ 个候选区域;其次,将上述两者送入 RoI 池化层中。RoI 池化类似空间金字塔池化,不同的是空间金字塔池化输出的特征维度相同、尺度不一,而 RoI 池化只需要同一尺度特征图;最后,直接使用 softmax 分类器替代 SVM 分类,同时利用多任务损失函数将边界框回归也加入到网络中。经作者试验验证,这种将分类任务与位置预测统一为一个多任务模块,使网络能够更充分地利用特征,实现了特征共享,进一步提升了网络的检测速度。

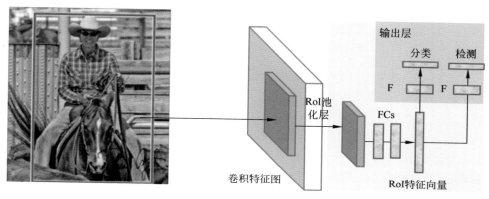

图 3-15 Fast R-CNN 网络检测流程

(图片来源于 Girshick,2015)

#### 4. Faster R-CNN

在 2016 年,R-CNN 作者又提出了新的 Faster R-CNN,其最突出贡献是创造性地提出了 RPN(Region Proposal Network)。RPN 位于卷积神经网络层之后,不再使用 SS(Selective Search)方法生成检测框,而是直接使用 RPN 生成检测框,实现了将候选框提取与神经网络进行特征提取的融合,使综合性能有较大提高。

Faster R-CNN 检测流程主要分为四部分内容,即提取目标特征的卷积层、生成待测目标候选区域的 RPN、调节候选区域尺寸的 RoI 池化层以及全连接分类层(图 3-16)。首先,图像送入 Faster R-CNN;其次,RPN 对输入的特征图进行同时的分任务处理操作。此部分中 RPN 不仅要使用 softmax 分类器对候选区域做正负样本分类,还要计算候选区域与真实边界框的偏移量,其后将结果输入到 Proposal 层中。Proposal 层将计算的偏移量与分类正确的候选区域融合,目的是获取精确的建议候选区域,同时剔除太小和超出边界的候选区域。完成以上两部分工作,整个网络的目标定位任务已基本完成。最后,RoI 池化层对上一步输出的

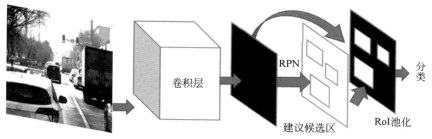

图 3-16 Faster R-CNN 网络检测流程

建议候选区进行池化,本次池化的目的主要是为下一步全连接层做准备,即将上一步获得候选区域统一池化成固定尺寸。最后,使用 softmax 分类器对待测目标进行类别细化,输出定位结果与分类结果。

### 3.4.2 单阶段目标检测方法

One-stage 类目标检测算法,期望通过一次操作就可以同时完成位置回归和分类任务。这类算法预测推理过程相对简单,由于减少了类似初筛正负样本的操作过程,加快了检测速度,但增加了检测器的难度,降低了检测的精度。随着研究开展,通过不断探索,就目前的一阶段目标检测器来说,在保持较高检测速度的同时,可以达到部分两阶段检测算法的精度。典型的一阶段检测算法有 YOLO 系列、SSD 及其改进算法、RetinaNet、RefineDet 等。

#### 1. YOLO

Joseph Redmon 等提出的 YOLO 系列目标检测算法最早出现于 2016 年的 CVPR 学术会议上,通过不断改进,2018 年推出改进后的 YOLOv3。YOLO 系列算法是典型的端到端检测网络,实现了从原始图片输入到待测目标的位置预测与类别判断。

第一个版本的 YOLO 检测算法的网络结构如图 3-17 所示。YOLOv1 检测时,输入图像首先经过卷积层获得具有丰富语义信息的特征图,根据输出特征图的尺寸对原始图像进行分割,使特征图中的每个单位区域与原图像中的一部分像素块对应。假设输入为 320×320 大小,卷积层输出为 10×10 大小的特征图,则将原始图像与特征图划为 10×10 的网格图像块。特征图中每个 1×1 的单位特征图分别对应于原图像中的 32×32 的图像块,这也是感受野的原理。其次,如果有待测目标的中心落入 10×10 栅格中的任意一个,该栅格就负责检测该待测目标,输出

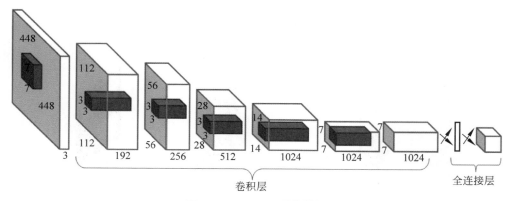

图 3-17　YOLOv1 网络结构

一定个数的边界框和类别概率。最后,各边界框做回归计算,每个边界框共计输出5个值,分别为边界框中心点(x,y)坐标,边界框相对全图的宽高比例以及一个置信度值。其中,置信度值代表了所预测的边界框中含有目标的置信度和该边界框预测准确率的双重信息,计算公式为

$$\text{confidence} = \Pr(\text{object}) \cdot \text{IOU}_{\text{pred}}^{\text{truth}} \qquad (3\text{-}1)$$

第一项 $\Pr(\text{object})$ 仅有两种结果,即如果有待测目标中心在栅格内,则值为1;否则其值为0。第二项 $\text{IOU}_{\text{pred}}^{\text{truth}}$ 代表的是预测的边界框与真实边界框面积交集比并集,表达的是预测的边界框与真实边界框的重叠度,预测中 IOU 值越大代表预测的结果越准确。

对比 YOLO 系列检测算法可以发现,YOLOv1 检测算法按照栅格来预测目标大大减少了背景误检率。但是 YOLOv1 网络中依然存在不足,虽然每个栅格都可以预测数个边界框,但是最终只输出 IOU 最高的边界框,这注定了一个栅格只能预测出一个物体。如当待测目标较小时,每个栅格将会包含多个待测目标,而YOLOv1 最终只会输出一个预测边界框,从而导致该网络检测精准度与召回率双低的问题。

YOLOv2 是 Redmon 等根据 YOLOv1 存在的召回率与准确率低的问题,对此算法进行的改进,该篇论文获得 CVPR2017 最佳论文奖,说明 YOLOv2 算法的创新性和性能得到了学术界的认可。作者在论文中提出了多种改进网络检测准确率与召回率的手段,其中较为有效的方法包括设置先验框、根据聚类设置先验框尺寸、新的特征提取卷积层、多尺度预测训练等。YOLOv2 算法由于加入了上述的改进策略,使 mAP 有了显著提升,而检测速度上依然保持着自己作为第一阶段方法的优势,YOLOv2 网络结构如图 3-18 所示。

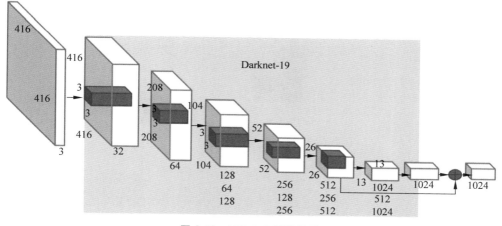

图 3-18　YOLOv2 网络结构

YOLOv2 目标检测网络不同于 YOLOv1 使用栅格直接预测两种比例的边界框,该网络借鉴了 Faster R-CNN 的预设先验框思想,为每个栅格预设 5 种不同尺寸的先验框,使预测框的数量由原来的 98 提升为 845,为使网络能更好地回归真实边界框,作者采用 K-Means 聚类算法代替随机人为设置,通过对数据集进行聚类分析,设置了更贴合真实边界框的先验框,以提高检测精度。YOLOv2 虽然对于 YOLOv1 中存在定位不准确、召回率低等问题进行了改进,但是该检测算法对于小目标的检测能力依然存在可改进的空间,且检测精度仍然有待于提升。

YOLOv3 提出于 2018 年,网络延续了端到端的检测流程,融合了 Faster R-CNN 的预设先验框、ResNet 的跳层连接及 FPN 的多尺度检测等多种先进思想,弥补了 YOLOv1/v2 的不足,是一个兼顾检测速度与精度的目标检测算法。

YOLOv3 目标检测网络中使用 Darknet-53 特征提取骨干网络替换了原 YOLOv2 中的 Darknet-19。Darknet-19 是基于 ResNet 改进的、带有跳跃连接层的特征提取网络,包含 19 个卷积层、5 个最大值池化层。Darknet-53 在 Darknet-19 基础上加深了网络结构,包含了 53 个卷积层。不同于 YOLOv2 仅在一个尺度上进行边界框预测,YOLOv3 借鉴了 FPN 的预设先验框思想,在 3 种不同尺度上各设 3 种不同尺寸的先验框,持续提升预测框的数量,更好地提升了召回率,其网络结构如图 3-19 所示。

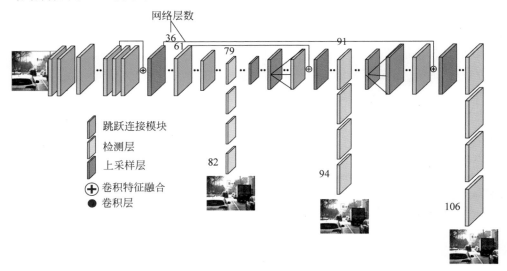

图 3-19 YOLOv3 网络结构

**2. SSD**

SSD(Single Shot MultiBox Detector)是 Wei Liu 在 ECCV2016 上提出的一阶段目标检测算法,其网络结构如图 3-20 所示。SSD 目标检测算法首先使用

VGG-16 网络模型中包括 conv5_3 之前的卷积层结构,在此基础上又添加了若干卷积层与一个全球平均池化(Global Average Pool)层组成该算法的特征提取网络,完成对输入图像的特征提取任务。其次,在检测部分以 conv4_3、conv7、conv8_2、conv9_2、conv10_2、conv11_2 等 6 个特征图层作为基础,分别在此 6 个特征图上预设了 6 种不同尺度大小的先验框,再由这些先验框对待测目标进行位置回归与类别预测,输出多个符合条件的候选框。最后,将多个检测层的输出结果连接起来,通过非极大值抑制的方法来筛选上一步中生成的候选框,获得最终的位置与分类信息。

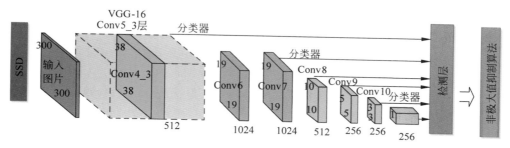

图 3-20 SSD 网络结构图

(图片来源于 Liu,et al.,2016)

SSD 算法可以看作对 YOLOv1 召回率低的缺点进行改进,在召回率与检测精度上较 YOLOv1 有明显提高。但不足之处在于,SSD 目标检测算法需要预先手动设置先验框的初始尺寸和长宽比例,而不能通过学习来获得,导致调试过程非常依赖经验。同时,SSD 算法中使用的最大尺寸特征图为 VGG-16 网络中 conv4_3 层输出的特征图,在进行如交通标识的小目标检测时,由于卷积结构较深,容易忽略小目标的特征,存在检测不到小目标的缺点。

**3. Anchor free 目标检测算法和实现**

Anchor free 是近两年内蓬勃发展起来的一类目标检测算法。从检测流程上来分析,此类算法与一阶段目标检测算法基本相同。不同的是该类方法抛弃了前面在一阶段和二阶段目标检测网络中常见的对于边界框的依赖,创新性地通过关键点、密集预测等方式完成对目标物体的检测。对比基于边界框的 Anchor 类目标检测算法与 Anchor free 类算法可以看出两种方法各具长处与不足,Anchor 类目标检测算法相对成熟,Anchor free 类目标检测算法尚需更多的试验及实际应用检验。

Anchor free 的思想其实在早期检测网络 YOLO 中就有所体现,后期由于 Anchor 类检测算法较好的性能,Anchor free 类算法的思想并没有引起研究人员的过多关注。Anchor free 类算法抛弃了 YOLO 与 SSD 等算法中使用的边界框描述待测目标为位置的思想,而是使用一个或多个关键点来描述待测目标的位置。

基于关键点进行目标检测是目标检测领域新的检测手段,其中有代表性的检测网络有基于关键点的 CornerNet、ExtremeNet、CenterNet 等。基于密集预测的 FSAF、FCOS、FoveaBox 等,该类网络多应用于语义分割、深度估计、关键点检测中,并取得了不错的效果,使得 Anchor free 类目标检测算法引发大量关注。

## 3.5    目标跟踪典型算法

目标跟踪(Object Tracking)是计算机视觉领域的一个重要问题。一般提到"视觉目标跟踪"或"VOT",往往指的是单目标跟踪。尽管看起来单目标跟踪(Single Object Tracking,SOT)和多目标跟踪(Multi Object Tracking,MOT)只是目标数量上的差异,但它们通用的方法实际上截然不同。

从研究对象上讲,单目标跟踪算法一般是不限类别的,而多目标跟踪一般是仅针对特定类别的物体。从时长上讲,单目标跟踪更多地针对短时间的图像序列,而多目标跟踪一般要处理较长的视频,其中涉及各个目标的出现、遮挡和离开等情况。从实现思路上讲,单目标跟踪更关注如何对目标进行重定位,而常见的多目标跟踪方法往往更多地关注如何根据已检测到的目标进行匹配。

按照初始化方式,常见的多目标跟踪算法一般可分为基于检测的跟踪(Detection-Based Tracking,DBT)和无检测的跟踪(Detection-Free Tracking,DFT)。DBT 要求由一个目标检测器首先将每帧图像中的目标检测出来,而 DFT 要求已知每个目标首次出现的位置,再对每个目标分别进行跟踪(这一点可以看作在同一个视频中进行的多个单目标跟踪)。显然,前者的设定更接近实际应用场景,也是学术界研究的主流。

深度学习的发展和以 GPU 为代表的算力增强带来了视觉算法性能的突飞猛进。在目标跟踪领域中,基于 CNN 并结合相关滤波的端到端深度学习方法在跟踪准确度和系统性能上逐渐超越传统基于相关滤波的方法,成为当前研究的主流方法。

全卷积孪生网络(Fully-Convolutional Siamese Networks)开创了端到端深度学习式相关滤波方法的先河,成为基于深度学习方法进行 SOT 研究的基础。孪生网络的基本思想如图 3-21 所示,其中 $\varphi$ 就是 CNN 编码器,上、下两个分支(两输入网络,目标跟踪的典型结构)使用的 CNN 不仅结构相同,参数也是完全共享的(其实就是同一个网络)。$z$ 和 $x$ 分别是要跟踪的目标模板图像(尺寸为 $127 \times 127$)和新的一帧中的搜索范围(尺寸为 $255 \times 255$)。两者经过同样的编码器后得到各自的特征图,对两者进行互相关运算后,则会同样得到一个响应图(尺寸为 $17 \times 17$),

其每一个像素的值对应了 $x$ 中与 $z$ 等大的一个对应区域出现跟踪目标的概率。

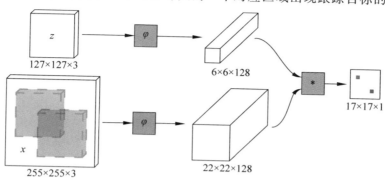

图 3-21 SiamFC 网络结构

（图片来源于 Bertinetto, et al., 2016）

SiamFC 的离线端到端训练使 CNN 模型学习了衡量 $x$ 与 $z$ 的相似性方式,同时由于很好地利用了 GPU 的算力,基于 AlexNet 网络的 SiamFC 可以达到 65FPS 的速度,并保持了不错的准确率,尽管跟踪效果还无法匹敌当时的最优水平。

在 SiamFC 中,原尺寸 $127 \times 127$ 的 $z$ 经过了 5 层 AlexNet 后得到的特征图已经小到 $6 \times 6$ 的尺寸,因为没有填充并且经过了几次池化。照这样下去,再加一个池化层和一个 $3 \times 3$ 卷积层,特征图就要变成 $1 \times 1$ 了。显然,想让网络再深一些,填充是不可避免的。加了填充,网络的确能够变得很深,但是新的问题又出现了——CNN 的平移不变性变得极差,目标的定位经常出现明显的偏移,并且模型对目标的判别能力并没有提高。

SiamRPN 借鉴了目标检测领域常用的 RPN 概念用于预测新图像中目标的尺度,从而解决了 SiamFC 难以应对物体尺度变化的问题,其结构如图 3-22 所示。

SiamRPN 在 $x$ 和 $z$ 经过孪生 CNN 得到各自的特征图后,没有直接对两者进行互相关运算,而是将这两个特征图各自放入 RPN 部分的两个分支中,每个分支中的两个特征图分别经过一个 CNN 再进行互相关运算。RPN 部分的两个分支分别用于进行目标概率的预测和目标边框的回归,并且同样借鉴了目标检测领域的 Anchor 方法,从而降低了目标边框回归的训练难度。

SiamRPN++ 是在 SiamRPN 工作上的改进,其网络结构如图 3-23 所示,主要改进包括以下 4 点:①使用了微调版的 ResNet-50 主干,极大地优化了特征的提取;②对 ResNet-50 的 3、4、5 阶段的特征分别使用 RPN 进行边框回归与目标定位,并使用带权重的融合方法结合三者的结果;③使用了 Depth-wise 互相关运算,减少参数量,加速了 RPN 部分的运算;④提出了一种 Spatial-aware 的采样策略,从而打破了目标跟踪对 CNN 的严格平移不变性限制。

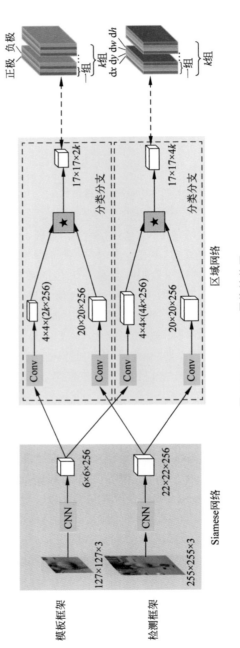

图 3-22　SiamRPN 网络结构图
（图片来源于 Li, et al., 2018）

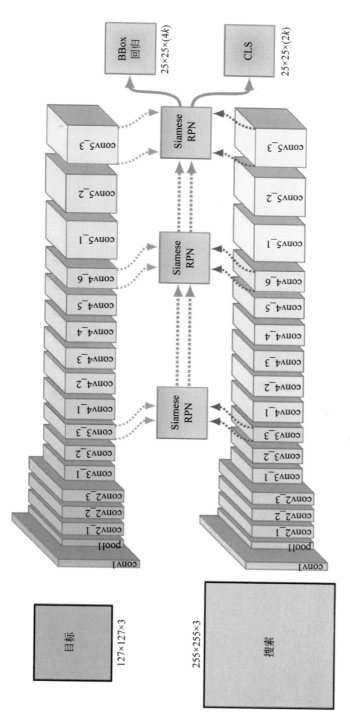

图 3-23 SiamRPN++ 网络结构
（图片来源于 Li，et al.，2019）

没有填充的网络具有严格的平移不变性,而为了提升性能,加深 CNN 又无法避免填充的出现。作者研究发现,通过在训练样本中人工加入服从均匀分布的随机平移,可在一定程度上打破这种严格平移不变性限制。从模型的预测结果上来看,如果训练数据在一定范围内服从均匀分布,那么理想情况下跟踪器预测的结果也应该更接近均匀分布。通过以上改进,SiamRPN＋＋成为各目标跟踪数据集上的领先算法,基于深度学习的方法在跟踪准确度上达到了最优水平。

SORT 是多目标跟踪中基于检测的跟踪框架,有 4 个基本组件,即目标检测器、状态预测、数据关联和追踪管理,后续的很多研究工作都有类似的框架。SORT 使用 VGG16 主干的 Faster R-CNN 作为目标检测器。对于目标的状态,SORT 简单地使用中心坐标、面积、长宽比以及它们的变化率对目标进行建模,而没有利用任何外观信息。SORT 使用卡尔曼滤波器主动地对目标之后的状态进行预测,并将预测的结果与实际检测到的目标边框进行匹配。

SORT 中追踪与检测的关系被视作二分图,二分图的每一条边的权重由它的两个顶点(分别为一个追踪和一个检测)的 IOU 定义。SORT 使用匈牙利算法在这个二分图中寻找最优匹配,并为匹配设置最小 IOU 阈值,以减少错误的匹配数量。关于追踪的管理,SORT 将匹配失败的追踪保留帧,为匹配失败的检测开启新的追踪并设置其初始状态。

DeepSORT 是 SORT 工作的改进版本,其最大的贡献在于使用了深度 CNN 提取目标的特征以作为匹配标准。DeepSORT 使用 Mahalanobis 距离作为运动特征的相似度标准,以及余弦距离作为外观特征编码的相似度标准,两种相似度通过加权平均来得到总体的相似度。另外,DeepSORT 定义了一种级联式的匹配方法,使得近期活跃度较高的追踪被优先匹配。结果表明,DeepSORT 最近几年在多个公开数据集上一直保持着位于前列的检测性能。

# 3.6　图像分割典型算法

## 3.6.1　语义分割算法

最流行的原始方法之一是通过滑动窗口进行块分类,利用每个像素周围的图像块,对每个像素分别进行分类。但是其计算效率非常低,因为不能在重叠块之间重用共享特征。解决方案就是加州大学伯克利分校提出的全卷积网络(Fully Convolutional Network,FCN),它提出了端到端的卷积神经网络体系结构,在没有任何全连接层的情况下进行密集预测,其结构如图 3-24 所示。这种方法允许针对任何尺寸的图像生成分割映射,并且比块分类算法快得多,几乎后续所有的语义分割算法都采用了这种范式。

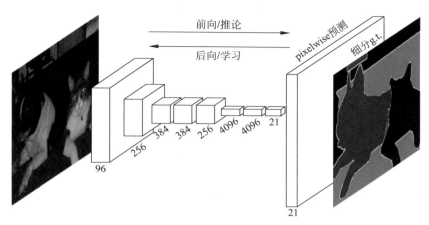

图 3-24 基于 FCN 的语义分割

（图片来源于 Long,et al. ,2015）

但是,这也仍然存在一个问题:在原始图像分辨率上进行卷积运算非常昂贵。为了解决这个问题,FCN 在网络内部使用了下采样和上采样:下采样层被称为条纹卷积,而上采样层被称为转置卷积。

语义分割在医学图像分析上有巨大的应用空间,医学图像分析对于视觉任务的要求是严苛的,不仅要识别目标的位置和类别,甚至要求图像中的每个像素都应该有标签。U-Net 网络就是为了医学图像分析而提出的网络结构,如图 3-25 所示,使用了更深的网络结构和跳层连接,能够大幅度提升语义分割的精度。

U-Net 中包含两条串联的路径:压缩路径用来提取图像特征,捕捉上下文,将图像压缩为由特征组成的特征图;扩展路径用来精准定位,将提取的特征解码为与原始图像尺寸一样的分割后的预测图像。

与 FCN 不同的是,U-Net 在上采样过程中保留了大量的特征通道,从而使更多的信息能流入最终复原的分割图像中。另外,为了降低在压缩路径上损失的图像信息,还将压缩路径和扩展路径同尺寸的特征图进行叠加,再继续进行卷积和上采样处理,以此整合更多信息进行图像分割。

此外,U-Net 没有使用 VGG 等 ImageNet 预训练的模型作为特征提取器,原因在于 U-Net 做的是医学图像的二值分割,与 ImageNet 的输出分类完全不同。U-Net 在进行特征融合时,采用的是 Concat,而不是 FCN 中的 Add。Concat 是通道数的增加,Add 是特征图相加,通道数不变。与 Concat 相比,Add 的计算量少很多,但是 Concat 层更多用于不同尺度特征图的语义信息的融合,而 Add 较多使用在多任务问题上。

尽管采用了上采样和下采样层,但由于池化期间的信息丢失,FCN 会生成比较粗糙的分割映射。SegNet 是一种比 FCN(使用最大池化和编码解码框架)更高

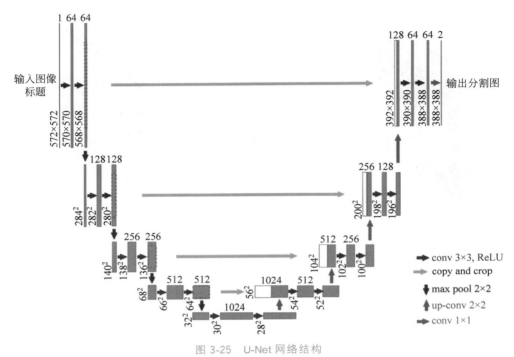

图 3-25　U-Net 网络结构

（图片来源于 Ronneberger，et al.，2015）

效的内存架构，其架构如图 3-26 所示。在 SegNet 解码技术中，从更高分辨率的特征映射中引入了快捷/跳跃连接，以改善上采样和下采样后的粗糙分割映射。

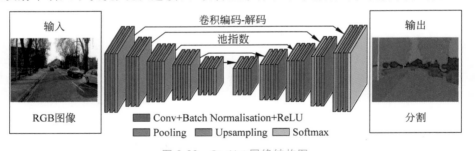

图 3-26　SegNet 网络结构图

（图片来源于 Badrinarayanan，et al.，2017）

　　SegNet 是一个由编码（左）和解码（右）组成的对称网络。网络根据输入图像中物体的语义信息，把图像中的物体进行分类（如"马路""汽车""楼房"等），最后生成一张分割图像。其中，编码本身其实就是一连串的卷积网络，由卷积层、池化层和 Batch Normalization 层组成。卷积层负责获取图像局域特征，池化层对图像进行下采样，并且将尺度不变特征传送到下一层，而 BN 主要对训练图像的分布归一化,加速学习。解码对缩小后的特征图像进行上采样,然后对上采样后的图像进行卷积处理,目的是完善物体的几何形状,弥补编码中池化层将物体缩小造成的细节损失。

### 3.6.2 实例分割算法

实例分割既具备语义分割的特点,需要做到像素层面上的分类,又要满足目标检测的需求,定位出相同类别中的不同实例。因此,实例分割可以结合语义分割和目标检测的方法,从不同方向分两个阶段实现实例分割的任务,这类算法的代表是Mask R-CNN。此外,受单阶段目标检测思想的影响,也有单阶段的实例分割算法的研究与实现,如 YOLACT、SOLO 和 PolarMask 等。

Mask R-CNN 通过向 Faster R-CNN 添加一个分支来进行像素级分割,其结构如图 3-27 所示,该分支输出一个二进制掩码,该掩码表示给定像素是否为目标对象的一部分:该分支是基于卷积神经网络特征映射的全卷积网络。将给定的卷积神经网络特征映射作为输入,输出一个矩阵,其中像素属于该对象的所有位置,用 1 表示,其他位置则用 0 表示,也就是二进制掩码。

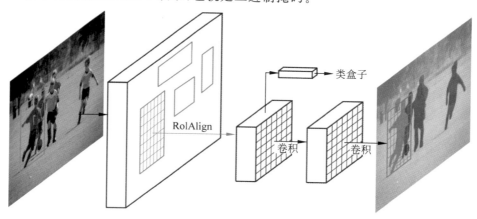

图 3-27 Mask R-CNN 实例分割网络结构

(图片来源于 He,et al.,2017)

另外,当在原始 Faster R-CNN 架构上运行且没有做任何修改时,感兴趣池化区域(RoIPool)选择的特征映射区域和原始图像的区域稍微错开,由于图像分割具有像素级特性,这与边界框不同,自然会导致结果不准确。Mask R-CNN 通过调整RoIPool 来解决这个问题,使用感兴趣区域对齐(RoIAlign)方法使其变得更精确。本质上,RoIAlign 使用双线性插值来避免舍入误差,这会导致检测和分割不准确。

一旦生成这些掩码,Mask R-CNN 将 RoIAlign 与来自 Faster R-CNN 的分类和边界框相结合,以便进行精确的实例分割。Mask R-CNN 利用 R-CNN 得到的物体框来区分各个实例,然后针对各个物体框对其中的实例进行分割。显而易见的是,如果框不准,分割结果也会不准。因此,对于一些边缘精度要求高的任务而言,这是一个有待改进的解决方案。

　　SOLO 属于单阶段实例分割算法,其核心思想是将实例分割问题重新定义为类别感知预测问题和实例感知掩码生成问题,其结构框架如图 3-28 所示。算法首先将图片划分成 $S \times S$ 的网格,如果物体的中心(质心)落在某个网格中,那么该网格就有了两个任务:①分类分支负责预测该物体语义类别;②掩码分支负责预测该物体的实例掩码。这就对应了网络的两个分支。同时,SOLO 在骨干网络后面使用了 FPN,用来应对尺寸。FPN 的每一层后都接上述两个并行的分支,进行类别和位置的预测,每个分支的网格数目也相应不同,小的实例对应更多的网格。

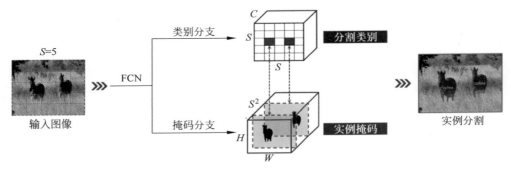

图 3-28　SOLO 实例分割网络核心结构

(图片来源于 Wang,et al.,2021)

# 参考文献

［1］　阿斯顿,李沐,立顿,等.动手学深度学习［M］.北京:人民邮电出版社,2019.

［2］　马飒飒.人工智能基础［M］.北京:电子工业出版社,2020.

［3］　贾可荣,张彦铎.人工智能［M］.北京:清华大学出版社,2018.

［4］　LECUN Y,BOTTOU L,BENGIO Y,et al. Gradient-based learning applied to document recognition［J］. Proceedings of the IEEE,1998,86(11):2278-2324.

［5］　RUSSAKOVSKY O,DENG J,SU H,et al. ImageNet large scale visual recognition challenge［J］. International Journal of Computer Vision,2015,115(3):211-252.

［6］　KRIZHEVSKY A,SUTSKEVER I,HINTON G E. ImageNet classification with deep convolutional neural networks［J］. Communications of the ACM,2017,60(6):84-90.

［7］　ZEILER M D,FERGUS R. visualizing and understanding convolutional networks［C］// European Conference on Computer Vision. Springer,2014:818-833.

［8］　SZEGEDY C,LIU W,JIA Y,et al. Going deeper with convolutions［C］//IEEE Conference on Computer Vision and Pattern Recognition. IEEE,2015:1-9.

[9] 　SIMONYAN K,ZISSERMAN A. Very deep convolutional networks for large-scale image recognition[C]//International Conference on Learning Representations,2015：1-6.

[10] 　HE K,ZHANG X,REN S,et al. Deep residual learning for image recognition[C]//IEEE Conference on Computer Vision and Pattern Recognition,2016：770-778.

[11] 　JIAO L,ZHANG F,LIU F,et al. A survey of deep learning-based object detection[J]. IEEE Access,2019,7：128837-128868.

[12] 　HE K,ZHANG X,REN S,et al. Spatial pyramid pooling in deep convolutional networks for visual recognition[C]//European Conference on Computer Vision,2014：346-361.

[13] 　GIRSHICK R,DONAHUE J,DARRELL T,et al. Rich feature hierarchies for accurate object detection and semantic segmentation[C]//IEEE Conference on Computer Vision and Pattern Recognition,2014：1-8.

[14] 　GIRSHICK R. Fast R-CNN[C]//IEEE International Conference on Computer Vision, 2015：1440-1448.

[15] 　REN S,HE K,GIRSHICK R,et al. Faster R-CNN：towards real-time object detection with region proposal networks[J]. IEEE Transactions on Pattern Analysis and Machine Intelligence,2017,39(6)：1440-1448.

[16] 　REDMON J,FARHADI A. YOLO9000：Better,Faster,Stronger[C]//IEEE Conference on Computer Vision and Pattern Recognition,IEEE,2017：7263-7271.

[17] 　REDMON J,FARHADI A. YOLOv3：An incremental improvement[J]. arXiv preprint. arXiv：1804. 02767,2018.

[18] 　LIU W,ANGUELOV D,ERHAN D,et al. SSD：Single shot multibox detector[C]// European Conference on Computer Vision,2016：21-37.

[19] 　言有三. 深度学习之模型设计：核心算法与案例实践[M]. 北京：电子工业出版社,2020.

[20] 　李玺,查宇飞,张天柱,等. 深度学习的目标跟踪算法综述[J]. 中国图象图形学报,2019,24(12)：2057-2080.

[21] 　张继凯,赵君,张然,等. 深度学习的图像实例分割方法综述[J]. 小型微型计算机系统,2021,42(1)：161-171.

[22] 　KIRILLOV A,HE K,GIRSHICK R,et al. Panoptic segmentation[C]//IEEE Conference on Computer Vision and Pattern Recognition,IEEE,2019：9404-9413.

[23] 　MINAEE S,BOYKOV Y,PORIKLI F,et al. Image segmentation using deep learning：A survey[J]. IEEE Transactions on Pattern Analysis and Machine Intelligence,2021.

[24] 　BERTINETTO L,VALMADRE J,HENRIQUES J F,et al. Fully-convolutional siamese networks for object tracking[C]//European Conference on Computer Vision,2016：850-865.

[25] 　LI B,YAN J,WU W,et al. High performance visual tracking with siamese region proposal network[C]//IEEE Conference on Computer Vision and Pattern Recognition,2018：8971-8980.

[26] 　LI B,WU W,WANG Q,et al. SiamRPN＋＋：Evolution of siamese visual tracking with very deep networks[C]//IEEE Conference on Computer Vision and Pattern Recognition, 2019：4282-4291.

［27］ LONG J, SHELHAMER E, DARRELL T. Fully convolutional networks for semantic segmentation[C]//IEEE Conference on Computer Vision and Pattern Recognition, 2015: 3431-3440.

［28］ RONNEBERGER O, FISCHER P, BROX T. U-Net: Convolutional networks for biomedical image segmentation [C]//International Conference on Medical Image Computing and Computer-assisted Intervention, 2015: 234-241.

［29］ BADRINARAYANAN V, KENDALL A, CIPOLLA R. SegNet: A deep convolutional encoder-decoder architecture for image segmentation[J]. IEEE Transactions on Pattern Analysis and Machine Intelligence, 2017, 39(12): 2481-2495.

［30］ HE K, GKIOXARI G, DOLLAR P. Mask R-CNN[C]//IEEE International Conference on Computer Vision, 2017: 2961-2969.

［31］ WANG X, ZHANG R, SHEN C, et al. SOLO: a simple framework for instance segmentation[J]. IEEE Transactions on Pattern Analysis and Machine Intelligence, 2021.

# 第 4 章

# 交通标识的视觉识别

交通标识和红绿灯都属于交通标识,是引导行人及车辆有秩序地使用道路,以促进道路交通安全的关键基础设施。在自动驾驶或者高级驾驶辅助系统(Advanced Driver Assistance System,ADAS)中,对交通标识和信号灯的实时、正确识别可以为整车的规划控制算法提供重要的、更加贴合实际的路径规划与整车控制。本章以交通标识和信号灯的检测与识别为应用背景,结合深度学习方法,具体从数据集准备、开源框架及模型的使用和高性能检测模型构建等方面进行深入讨论。

## 4.1 交通标识和信号灯检测

当前关于多类交通标识检测的现有研究成果中,交通标识和交通信号灯检测任务是被分开研究的。所以,本节分别对这两个交通检测任务中的国内外研究现状进行介绍。

### 4.1.1 交通标识检测

交通标识是采用规范化信息对车辆与行人做出限制与指示,是重要的交通疏导措施之一。交通标识检测是辅助驾驶系统研发的基本任务之一,是辅助自动驾驶车辆正常行驶的重要手段。实际路面交通标识实例如图 4-1 所示。

依据我国道路交通标识与标线的国家标准,现国内使用的交通标识外部轮廓由圆形、正六边形、矩形和三角形等固定形状组成,内部基本颜色由黑色、白色、红色、蓝色及黄色等颜色组成。所以,在关于交通标识的早期研究中,研究人员多是根据交通标识的颜色与形状等特征,利用图像处理中的基于颜色的阈值分割手段与局部区域形态学分析等方法完成交通标识的检测任务。使用这类传统方法虽然可以检测到部分交通标识,但是受到人工设计提取特征的限制,检测速度慢。最近

(a) 常见交通标识                    (b) 实际场景中的交通标识

图 4-1    交通标识

几年,随着硬件设备性能的提升,计算条件得到改善,使人工智能迎来了飞速发展的重要阶段。基于深度学习的目标检测算法取得了前所未有的好成绩,为交通标识检测提供了新的实现方案。

**1. 传统交通标识检测方法**

1987 年,日本学者 Akastuka 等提出了根据交通标识的颜色特征,采用阈值分割的方式进行交通标识检测,开辟了交通标识检测的先河。随着研究的深入,2009年,中国学者 Xie 等使用边缘信息辅助局部区域颜色变化等特征对输入图像中的交通标识进行检测。该方法可以实现对不同光照条件、不同尺度甚至部分遮挡的交通标识进行检测。但是,由于该方法采用自下而上的搜索方法,导致检测用时较长,检测帧率较低。2013 年,刘芳等融合自上而下与自底向顶的两种注意机制,提取交通标识的多种显著特征并融合,获得一张显著性特征图,实现对警告标志的检测任务。该类方法虽然结合了颜色、形状、边缘和亮度等多种信息,但文章中只提到了关于三角形的交通标识的检测,我国交通标识种类繁多,该方法并不具有普适性,无法完成多类交通标识任务的检测。同年,Pei 等指出交通标识特征图中相对性是一种常被忽略的重要信息,该文章中给出了一种有监督的低秩矩阵恢复模型,以利用交通标识特征的相对性执行检测任务。2014 年,Liu 等采用 MN-LBP 与倾斜的 TMN-LBP 描述多类交通标识,再由多类交通标识的共同特征来构建从粗到精的交通标识检测器进行多类交通标识检测。这类基于传统算法的交通标识检测手段,虽然部分算法可以实现交通标识的准确检测,但是总体上容易受到外界光照、拍摄角度等条件影响,并且往往需要人工手动提取交通标识的特征,导致可检测交通标识种类受到一定的限制,对于交通标识检测类别的鲁棒性低、检测速度慢。

**2. 基于深度学习的交通标识检测方法**

2011 年,在德国举行交通标识类检测大赛中,基于卷积神经网络的交通标识检测与识别算法在本次比赛中大放异彩,一举摘得多项任务的桂冠,打破了人们对机器视觉的固有认知。CireşAn D 等采用大赛提供的数据集训练神经网络,该网络最终获得了 98.73% 的精准率,已超越人工识别的准确率。2012 年,Alex Krizhesky 等在视觉识别竞赛(ImageNet Large Scale Visual Recognition Challenge, ILSVRC)中,使用基于卷积神经网络的图像处理方法一举摘取了分类与检测两项任务的桂冠,自此深度学习开始成为目标检测领域的主流方法。2013 年,余进程等对交通标识展开基于深度学习模型的试验,试验证明了深度学习方法在交通标识特征提取过程中,只需直接对输入图像进行学习训练,不需要任何人工特征提取,指出基于深度学习方法的交通标识处理任务具有良好的研究前景。2014 年, Girshick 等提出的基于候选区域的卷积神经网络模型(R-CNN)为代表的二阶段目标检测算法,即将对目标的检测通过两个步骤来完成。R-CNN 算法可用于交通标识检测任务,该算法首先通过区域选择搜索的方法来确定可能存在目标的候选区域,然后再对提出的候选区域进行识别与分类。这样的方法运用于多类交通标识中,理论上是可以提高检测的准确率,但是实际应用中往往产生的候选框数量巨大,运算起来十分复杂,难以获得令人满意的准确率与实时性。同年,Jin 等提出了一个新的卷积神经网络模型,该网络模型主要应用于多类交通标识识别,对于检测任务文中没有详细介绍。

2012 年以来,基于深度学习的目标检测算法蓬勃发展,各类算法相继被提出。2015 年,Girshick 等提出 Fast R-CNN 网络结构,作者将分类任务与定位任务统一到同一个网络中,实现了端到端的训练。Faster R-CNN 使用区域生成网络选取待测目标可能出现的位置,降低了网络的计算量,同时也提高了网络的检测速度。2016 年,Redmon 等提出 YOLO 算法、Liu 等提出 SSD 目标检测方法,这两种算法均有效地提升了目标检测的速度与精度。虽然基于深度学习目标检测方法在各大比赛中取得了优异的成绩,解决了传统算法的检测速度慢、难以应对复杂环境变化、需要人工提取交通标识特征的不足,但是由于数据集等原因限制了该类算法在多类交通标识检测任务中的应用。

### 4.1.2　交通信号灯检测

交通信号灯如图 4-2 所示,在辅助驾驶中,它可以持续监测路面信息,为驾驶员提出预警,减少交通事故的发生;在自动驾驶行驶过程中,根据交通信号灯的指示,为途中行驶的车辆提供行驶路线的规划和行进与停止的判断。到目前为止,相对于现有交通标识检测与识别的研究成果,交通信号灯检测研究资料相对较少。本书在检测交通标识的同时,也关注针对出现在画面中的交通信号灯进行检测。

**1. 传统的交通信号灯检测方法**

2006 年,Yelal 等提出一种结合 La * b * 颜色模型和轮廓特征的交通信号灯检

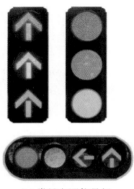

(a) 常见交通信号灯　　　　　　　　(b) 实际场景中交通信号灯

图 4-2　交通信号灯

测算法。该算法虽然进行了颜色空间的转换,提高了算法的检测能力,但依旧难以在复杂的交通环境中快速、准确地检测出交通信号灯。2007 年,Charette 等研究提出了基于灰度图像的交通信号灯检测方法,并使用其设计的"自适应模板"进行识别。该算法可检测与识别来自不同国家、不同类型的交通信号灯,其检测准确率较高,但是检测速度慢。

在国内,2010 年谭乃强等提出的基于 Lab 色彩空间和模板匹配的交通信号灯的检测算法。该算法首先进行色彩空间转换,其次使用 3 种不同模板匹配交通信号灯。此算法容易受到复杂交通场景与天气情况的影响、抗干扰性差,且使用这种算法进行信号灯检测,需要预先人为分出交通信号灯的放置方向。2012 年,中山大学的谷明琴等提出一种基于形状特征和颜色直方图信息的交通信号灯检测算法。该算法首先选取交通信号灯的感兴趣区域;其次,计算 ROI 区域的圆形度,把满足圆形度要求的区域认定为交通信号灯的位置。使用该算法检测交通信号灯,在复杂交通环境中干扰信息繁多,难以快速且准确地定位出交通信号灯。

**2. 基于深度学习的交通信号灯检测方法**

基于深度学习的交通信号灯检测与基于深度学习的交通标识检测类似,均同属于目标检测范围。然而,目标检测虽然是机器视觉的三大基础任务之一,但早期对于目标检测算法的研究中多以基于颜色、形状等特征的传统算法为主。基于深度学习的目标检测算法真正取得广泛关注,并应用于实际项目中是在 R-CNN 卷积神经网络被提出以后。在此之前,虽然也有将 CNN 用于目标检测的研究,如 OverFeat、DNN 等,但是这类算法既耗时、检测效果也不好,所以并没有引起注意。2017 年,Behrendt 等提出一个完整的基于深度学习的交通信号灯检测、跟踪系统。该系统可以实现准确感知交通信号灯、车辆测距等功能,但是该系统检测速率较低,在 1280×720 像素的图像上,检测速率为每秒 10 帧。2018 年,王莹等给出了一种基于 YOLO 模型的交通信号灯检测方法。该算法分别在 Microsoft COCO 数据集、Bosch 数据集、自制数据集上进行了 3 次迁移学习，在自制数据集上取得了96.3%的准确率，但对于交通信号的检测帧率仅为18FPS，不能满足在实际应用中尽可能实时检测的要求。

## 4.2　卷积神经网络与目标检测

　　目标检测是计算机视觉和数字图像处理领域的一个非常重要的研究问题，广泛应用于机器人导航、智能视频监控、自动驾驶、工业检测、航空航天等诸多领域。基于深度学习的实时目标检测，主要是利用卷积神经网络学习图像数据中目标的本质特征，通过对这些特征进行分类和识别，实现实时目标检测。基于深度学习的目标检测算法，大致的实现方案如第 3 章中介绍的可以分成两种，一种是基于候选框预测的方法，另一种是基于回归的端对端的方法。采用基于深度学习的目标检测方法的交通标识和红绿灯的视觉识别一般流程如图 4-3 和图 4-4 所示。

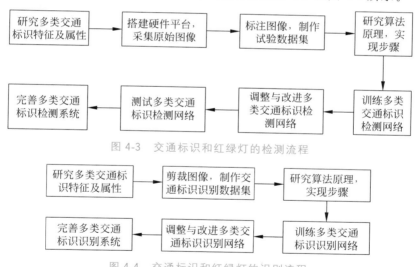

图 4-3　交通标识和红绿灯的检测流程

图 4-4　交通标识和红绿灯的识别流程

### 4.2.1　卷积神经网络结构分析

　　本小节将从卷积神经网络的基本组成结构、性能良好且具有代表性的卷积神经网络目标检测算法以及目标检测算法的主要评价指标等方面展开介绍。

　　卷积神经网络是通过卷积计算搭建起来的具有多个隐藏层的前馈神经网络，是深度学习的代表算法之一。卷积神经网络的研究始于 20 世纪末期，LeNet-5 是最早被人们熟知的卷积神经网络之一，但是由于当时的硬件设备还不能满足神经网络的计算需求,神经网络经过短暂兴起后又陷入了发展的低谷期;进入 21 世纪后,经过多年的理论知识积累与硬件设备计算能力的提升,卷积神经网络再次迎来了蓬勃发展的景象,并且在各类机器视觉检测与识别任务中取得了举世惊叹的成绩。基于图像的目标检测主要完成两项任务:一是确定待测目标的类别标签,评价指标是准确率(Accuracy);二是确定待测目标的位置,输出的是待测目标的位置坐标,评价指标是预测框与真实位置的交并比(IoU)。

卷积神经网络通过设计损失函数,找到卷积神经网络输出值与真实值之间的偏差,采用反向传播手段调节网络参数以提高特征拟合能力。卷积神经网络主要包括 3 部分,分别是卷积层、池化层和激活层。

**1. 卷积层**

卷积层是卷积神经网络提取特征的基础结构,每个卷积神经网络由多个卷积层组成,每个卷积层中包含多个卷积核,卷积层和卷积核的个数由开发者根据实际工程应用情况设计。每个卷积核中包含多个卷积模板,卷积模板的个数与输入特征图的通道个数相同,卷积层的结构如图 4-5 所示。随着卷积神经网络的发展,卷积层除传统的多通道卷积外,也衍变出多种卷积形式,如空洞卷积、分组卷积、深度可分离卷积等。

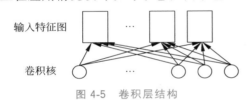

图 4-5　卷积层结构

**2. 池化层**

池化层在卷积神经网络中负责下采样的操作,达到增加卷积的感受野、降低输入特征图分辨率的作用。在卷积神经网络中,高倍数的下采样获得低分辨率特征图,这些特征图中的语义信息丰富,可用于大目标的检测与识别中;与之相对的在高分辨率特征图中则包含了更多的细节信息,适用于小目标的检测。有效地使用卷积层可以实现不同层次卷积特征的获取,使用多层次的卷积特征进行待测目标的检测与识别等任务,可以提高检测及识别的准确率。池化层主要分为平均池化、最大池化和全局池化,对应的计算方法如图 4-6 所示。

**3. 激活层**

激活层一般位于卷积层之后,通过对输入特征图进行非线性变换,改变卷积操作是单一的矩阵相乘的模式,提高卷积神经网络的非线性拟合能力。常用激活函数分为 Sigmoid 函数、Tanh 函数和 ReLU 函数等。

Sigmoid 函数的函数曲线呈 S 形,该函数与其反函数均为单调递增函数,根据这一特性,Sigmoid 函数在神经网络中常被作为阈值函数使用,实现对输入变量的 0 到 1 映射,见式(4-1),函数图像如图 4-7(a)所示。

$$f(x) = \frac{1}{1 + e^{-x}} \tag{4-1}$$

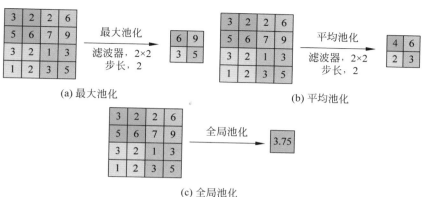

(a) 最大池化

(b) 平均池化

(c) 全局池化

图 4-6 池化计算方法示意图

Tanh 是双曲函数中的一个,该函数的输出范围是$[-1,1]$,且关于原点对称。对该函数求导后,其导数在原点附近梯度较大,有利于神经网络的收敛,见式(4-2),函数图像如图 4-7(b)所示。

$$f(x) = \frac{e^x - e^{-x}}{e^x + e^{-x}} \tag{4-2}$$

ReLU 激活函数(The Rectified Linear Unit)存在一定的线性部分,可以在多层网络结构下使梯度以线性方式进行传递,有效缓解梯度爆炸的问题,是在深度学习中使用最广泛的激活函数之一,见式(4-3),函数图像如图 4-7(c)所示。

$$f(x) = \max(0, x) \tag{4-3}$$

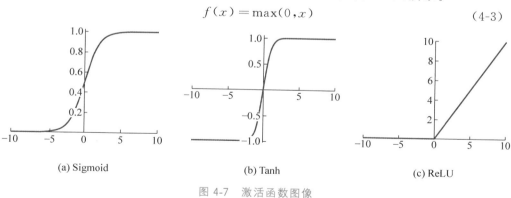

(a) Sigmoid

(b) Tanh

(c) ReLU

图 4-7 激活函数图像

## 4.2.2 目标检测算法评估指标

在目标检测算法中,常使用准确率(Precision)、召回率(Recall)、平均精准度(Average Precision, AP)来描述一个算法的性能。当待测目标类别较多时常用 mAP(mean Average Precision)作为一个重要的评价标准,mAP 即为多类 AP 的平均值。准确率计算方法见式(4-4)、召回率计算方法见式(4-5)。AP 则由召回率曲线与准确率曲线所围面积决定。

$$P = \frac{TP}{TP + FP} \tag{4-4}$$

$$R = \frac{TP}{TP + FN} \tag{4-5}$$

式中,TP 为算法检测到的待测目标所在位置与该目标类别预测均正确的预测框的个数;FP 为目标检测算法检测到的待测目标所在位置或该目标类别预测错误的预测框的个数;FN 为目标检测算法应该正确检测但却没有检测到的目标的数量,即为漏召回样本。

此外,IoU 也是评价目标检测算法性能的一个重要指标。IoU 代表待测目标的预测框与真实值框位置的交集比并集的比值。一些网络中,经常将大于 0.5 或 0.75 的 IoU 作为预测框正确预测到待测目标的判定条件;在实际项目中,行人、自行车等目标往往会被赋予更低的阈值。

### 4.2.3　YOLOv3 目标检测模型分析

目标检测是基于深度学习的计算机视觉领域重要的研究方向,能够广泛地应用于安防领域的人脸识别、行人检测以及交通领域的车辆检测识别和计数等方面。本小节以目标检测模型 YOLOv3 为例,分析模型算法处理流程。

最先提出基于卷积神经网络进行的目标检测算法是 R-CNN,其后,在此网络的基础上后人又陆续提出了多个相似思想但是精度更高的检测算法,如 Fast R-CNN、Faster R-CNN 等。这类算法的特点是先生成众多目标的候选区域(Region of Interest,RoI),以尽可能地包含目标出现的区域;然后对候选区域进行分类,所以一般称为两阶段的目标检测方法。

两阶段目标检测一般具有较高的检测精度,但是这类方法包括候选区域生成与分类回归两个阶段,很难达到实时检测的速度要求。YOLO 算法首先提出了基于回归的卷积神经网络目标检测方法,能够在输入图像的位置上直接回归这个位置的边框和分类,提升了目标检测的速度。

Joseph Redmon 等在 2015 年提出 YOLO 算法,通常也被称为 YOLOv1;2016 年他们对该算法进行改进,又提出 YOLOv2 版本;2018 年发展出 YOLOv3 版本。YOLOv3 使用单个网络结构,可同时产生候选区域,并完成待测目标的类别预测和位置回归,实现端到端的目标检测任务。另外,YOLOv3 算法产生的预测框数目比 Faster R-CNN 少很多。Faster R-CNN 中每个真实框可能对应多个标签为正的候选区域,而 YOLOv3 里面每个真实框只对应一个正的候选区域。这些特性使 YOLOv3 算法具有更快的速度,能达到实时检测的水平。

YOLO 模型的基本设计思想如图 4-8 所示,包括 3 个主要步骤。

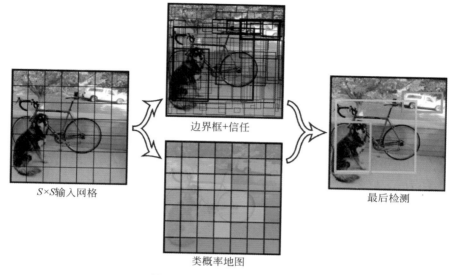

边界框+信任

$S×S$输入网格

类概率地图

最后检测

图 4-8 YOLO 模型基本思想

(图片来源于 Redmon,et al. ,2016)

(1)生成和标注边界框。将输入图像分割成大小为 $S×S$ 的网格,以每个网格的中心点为中心,分别生成 $B$ 个边界框(锚框),然后根据这些锚框与图片上物体真实框之间的位置关系对候选区域进行标注。与真实框足够接近的那些锚框会被标注为正样本,同时将真实框的位置作为正样本的位置目标。偏离真实框较大的那些锚框则会被标注为负样本,负样本不需要预测位置或者类别。

(2)预测边界框。使用卷积神经网络提取图片特征并对锚框的位置和类别进行预测。这样每个预测框就可以看成一个样本,根据真实框相对它的位置和类别进行标注而获得标签值,通过网络模型预测其位置和类别,将网络预测值和标签值进行比较,就可以建立起损失函数。

(3)非极大值抑制(Non-Maximum Suppression,NMS),执行 NMS 算法去除重复的边界框。NMS 的基本思想是,如果有多个预测框都对应同一个物体,则只选出得分最高的那个预测框,剩下的预测框被丢弃掉。如果两个预测框的类别一样,而且它们的位置重合度比较大,则可以认为它们是在预测同一个目标。

YOLO 算法检测目标的速度快,但是精度不高,原因在于每个格子只能预测一个物体。YOLOv2 采用 Archor box 的思想改进了网络结构。YOLOv3 采用多尺度预测、标记分类器代替 softmax 技术,进一步提高了目标检测精度。

在检测问题中,使用卷积神经网络逐层提取图像特征,通过最终的输出特征图来表征物体位置和类别等信息。YOLOv3 算法使用的骨干网络是 Darknet-53,此外,在骨干网络的基础上,再添加检测相关的网络模块。Darknet-53 骨干卷积神经网络采用了类似 ResNet 的跳层连接方式,每个 Residual 模块中,分别包含数个 1×1 卷积层和 3×3 卷积层,每个卷积层后会有一个 Batch Normal 层和一个 Leaky ReLU 激活层。Darknet-53 网络结构详细设置如图 4-9 所示。

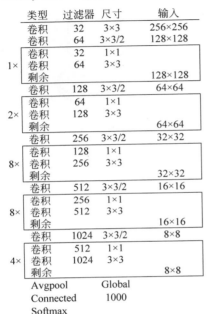

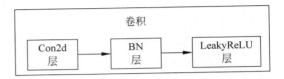

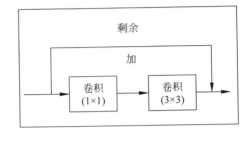

图 4-9　YOLOv3 骨干网络 Darknet-53 结构

(图片来源于 Redmon,et al.,2018)

## 4.3　数据集准备

　　基于深度学习的计算机视觉检测与识别,离不开包含大量试验样本的数据集。现有的数据集可分为公开数据集和自制数据集两部分。公开数据集通常由一些高校或公司进行采集、标注及制作发布到网上的,可根据需要申请下载,用于深度学习模型的训练。自制数据集往往是由于公开数据集不能满足项目或试验的需求,研究人员根据需要自行制作的数据集。

### 4.3.1　开源数据集的现状及使用方法

　　机器学习的研究与实现离不开大数据。采用通用的开源数据集,一方面可以验证自己的算法,另一方面也可以与其他算法进行比较。在图像处理中,研究人员常用 PASCAL VOC 数据集与 MS COCO 数据集作为评价图像识别与目标检测算法的基准。在自动驾驶领域中,KITTI、Lisa、LaRA、GTSDB 等数据集被广泛应用。近年来,我国各大高校也公开了一些自制的交通标识相关数据集,清华大学与腾讯联手推出的 TT100K 数据集、长沙理工大学公开的 CCTSDB 数据集都是其中的优秀代表。

**1. ImageNet 数据集**

该数据集是目前世界上最大的图像分类数据集,包含 1400 万幅图像、2.2 万个类型,平均每个类型包含 1000 幅图像。此外,ImageNet 还建立了一个包含 1000 类物体,有 120 万张图像的数据集,并将该数据集作为图像识别竞赛的数据平台(图 4-10)。

图 4-10　ImageNet 数据集的样本

**2. PASCAL VOC 数据集**

2005—2012 年,该数据集每年都发布关于图像分类、目标检测和图像分割等任务的数据集,并在相应数据集上举行算法竞赛,极大地推动了计算机视觉领域的研究进展。该数据集最初只提供了 4 个类型的图像,到 2007 年稳定在 20 个类(图 4-11);测试图像的数量从最初的 1578 幅,到 2011 年稳定在 11530 幅。虽然

20类

图 4-11　PASCAL VOC 数据集的样本

该数据集类型数目比较少,但是由于图像中物体变化极大,每幅图像可能包含多个不同类型目标对象,并且目标尺度变化很大,因而检测难度非常大。

**3. MS COCO 数据集**

该数据集包含 30 多万幅图像、200 多万个标注物体、91 个物体类型(图 4-12)。虽然比 ImageNet 包含的类型少,但是每一类物体的图像多,另外图像中包含精确的分割信息,是目前每幅图像平均包含目标数最多的数据集。MS COCO 不但能够用于目标视觉检测研究,还能够用来研究图像中目标之间的上下文关系。

(a) 标志性物体图像　　　　(b) 标志性场景图像　　　　(c) 非标志性图像

图 4-12　MS COCO 数据集的样本

**4. KITTI 数据集**

KITTI 数据集由德国卡尔斯鲁厄理工学院和丰田美国技术研究院联合创办,是目前国际上最大的自动驾驶场景下的计算机视觉算法评测数据集。该数据集用于评测立体图像、光流、视觉测距、3D 物体检测和 3D 跟踪等计算机视觉技术在车载环境下的性能。KITTI 包含市区、乡村和高速公路等场景采集的真实图像数据,每张图像中最多达 15 辆车和 30 个行人,还有各种程度的遮挡与截断。整个数据集由 389 对立体图像和光流图,39.2km 视觉测距序列以及超过 200K 3D 标注物体的图像组成,以 10Hz 的频率采样及同步。从总体上看,原始数据集被分类为'Road'、'City'、'Residential'、'Campus'和'Person'(图 4-13)。对于 3D 物体检测,标签细分为 car、van、truck、pedestrian、cyclist、tram 及 misc 等。

**5. GTSDB 数据集**

德国交通标识数据集分为德国交通标识识别数据集(GTSRB)和德国交通标识检测数据集(GTSDB),是当前交通标识检测与识别网络性能评估的基准数据集。

GTSDB 数据集共计 900 幅 PPM 图像,包含 600 幅训练图像和 300 幅评估图像,单幅图像大小为 1360×800 像素,每幅图像中可能有 0～6 个交通标识,图中单个交通标识大小从 16×16 像素到 128×128 像素不等,分别为禁止、危险与强制 3 类。GTSDB 数据集中图像如图 4-14 所示。

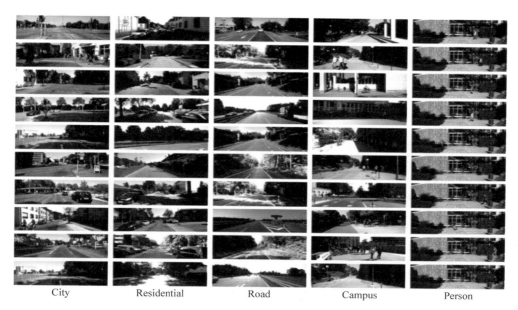

City　　　　Residential　　　　Road　　　　Campus　　　　Person

图 4-13　KITTI 数据集的样本

图 4-14　德国交通标识数据集图像

### 6. LaRA 数据集

LaRA 数据集是巴黎矿业大学发布的公开交通信号灯数据集。该数据集中的图像是由一段 8min40s 的视频拆分出来的,视频使用车载相机拍摄于法国巴黎,采集频率为 25FPS。该数据集总计 11179 幅图像,单张图像大小为 680×480 像素,包含近万个带标注的交通信号灯。表 4-1 统计了 LaRA 数据集中各类交通信号灯的信息,图 4-15 所示为 LaRA 数据集中图像的例图。

表 4-1　LaRA 交通信号灯数据统计

| 灯 种 类 | 数 目 | 比例/% |
|---|---|---|
| 红灯 | 5280 | 57.6 |
| 绿灯 | 3381 | 36.9 |
| 黄灯 | 58 | 0.6 |
| 模糊不清 | 449 | 4.9 |

图 4-15　LaRA 数据集图像

### 7. Boash 数据集

Bosch 交通信号灯数据集是德国发布的一个交通信号灯公开数据集。该数据集共计 13427 幅图像,分辨率大小为 1280×720 像素,包含近 24000 个带标注的交通信号灯,涵盖了不同天气与光照变化的真实交通场景。表 4-2 统计了 Bosch 数据集各类交通信号灯的信息。图 4-16 所示为 Bosch 交通信号灯数据集中图像。

表 4-2　Bosch 交通信号灯数据统计

| 灯 种 类 | 训 练 集 | 测 试 集 |
|---|---|---|
| 红灯 | 3057 | 5321 |
| 绿灯 | 5207 | 7569 |
| 黄灯 | 444 | 154 |

### 8. CCTSDB 数据集

中国交通标识检测数据集(CCTSDB)来源于“*A Real-Time Chinese Traffic*

*Sign Detection Algorithm Based on Modified YOLOv2*"一文提出的训练数据集。该数据集由长沙理工大学综合交通运输大数据智能处理湖南省重点实验室张建明团队制作,交通标识图片总数量为 1 万幅(图 4-17)。

图 4-16　Boash 数据集

图 4-17　CCTSDB 数据集

(图片来源于 Zhang,et al. ,2017)

### 9. TT100K 数据集

TT100K 数据集即 Tsinghua-Tencent 100K Dataset,是清华学者从 10 万个腾讯街景全景图中创建的一个大型交通标识基准。它提供了 10 万幅涵盖了不同角度和自然交通环境的图像,单幅图像大小为 2048×2048 像素,每幅图像中可识别的单个交通标识最小像素不足 20×20,大部分交通标识的边界框尺寸也不足原图像的 0.1,每幅图像中包含 1~10 个不等个数的交通标识。TT100K 数据集中图像及交通标识种类如图 4-18 所示。

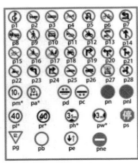
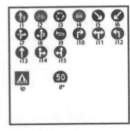

图 4-18　TT100K 数据集图像

(图片来源于 Zhu,et al.,2016)

## 4.3.2　自制数据集的工作流程

在图像处理实际项目中,常常会发现现有的公开数据集并不能满足试验与研发需求,这时就需要自主制作满足要求的数据集。数据集的制作过程通常包括 3 个步骤,即构建数据采集平台、数据标注以及数据集整理与统计。若所需图片量较少,可以不用自己搭建平台,选取网络上抓取的图片或者将手中的视频、图像整理成原始图像文件夹。下面将以自制多类交通标识检测数据集为例,介绍自制数据集的制作过程。

1. 数据采集平台

数据集的图像采集完整平台如图 4-19 所示,将摄像机(图 4-20)安装于支架上,置于车顶,于城市各道路进行不同天气与不同时间的采集(本课题仅使用图示平台中的左侧相机进行图像采集)。采集方式主要为拍摄视频,然后将其拆分成图像,如图 4-21 所示。

图 4-19　数据集采集平台

(a)

(b)

图 4-20　维视 MV-EM200C 相机及镜头

图 4-21　SUTDB 数据集图像

数据采集使用的摄像机为维视图像 MV-EM 系列的千兆网工业相机,型号为 MV-EM200C,图 4-20(a)所示为使用的工业相机,其参数如表 4-3 所示。MV-EM 系列工业相机,外形小巧简洁,功率仅为 2.5W,每秒可采集 40 帧图像,使用千兆以太网传输图像,保证了图像在传输过程中的稳定性。本次使用 BT-MP 系列 C 口 500 万像素工业镜头,型号为 BT-118C0420MP5。该镜头机构设计精巧牢固,采用大通光孔径,融合多种校正手段,光圈、焦距均有手动与自动调节两种方案,拍摄的分辨率为 1600×1200 像素,图 4-20(b)所示为本次试验所采用的工业镜头,其参数如表 4-4 所示。

| 表 4-3　相机参数 | |
| --- | --- |
| 相机型号 | **MV-EM200C** |
| 分辨率 | 1600×1200 像素 |
| 帧率 | 40FPS |
| 传感器类型 | 1/1.8 英寸 CCD |
| 输出颜色 | 彩色 |
| 输出方式 | 千兆以太网 |
| 镜头接口 | C 口 |
| 功耗 | 2.5W |

| 表 4-4　镜头参数 | |
| --- | --- |
| 镜头型号 | **BT-118C0420MP5** |
| 规格 | 1/1.8 英寸 |
| 焦距 | 4mm |
| 光圈 | $F=1:2.0\sim C$ |
| 视场角 | 82.9°×70.7°×56.7° |
| 光学接口 | C |

**2. 数据标注**

首先应安装 Labelimg 等图像标注软件。这类安装教程及安装包可在网上检索，按照其提示的步骤安装。本次数据集制作中使用的是 Labelimg，该软件是一款使用 Python 编写及 QT 制作界面的开源图像标注工具，可以使用其绘制矩形框获得检测目标的位置坐标，并且对绘制的矩形框进行对应类别标注。在本次数据集制作中，将采集来的视频与图像进行整理、挑选后，即使用 Labelimg 对采集到的图像数据进行标注，制作成为数据集。Labelimg 使用界面如图 4-22 所示，本次标注中共设置两组标签，分别为 traffic_light——交通信号灯、traffic_sign——交通标识。使用 Labelimg 软件标注后会生成对应的标签文件（xml 文件），如图 4-23所示。

图 4-22　图像标注软件 Labelimg 使用界面

```
<?xml version="1.0"?>
<annotation>
    <folder>20181016沈辽西路晴天8点到10点左右(拆分数据)</folder>
    <filename>31-276.jpg</filename>
    <path>G:\实验数据\20181016沈辽西路晴天8点到10点左右(拆分数据)\31-276.jpg</path>
 +  <source>
 -  <size>
        <width>1600</width>
        <height>1200</height>
        <depth>3</depth>
    </size>
    <segmented>0</segmented>
 -  <object>
        <name>traffic_light</name>
        <pose>Unspecified</pose>
        <truncated>0</truncated>
        <difficult>0</difficult>
     -  <bndbox>
            <xmin>159</xmin>
            <ymin>615</ymin>
            <xmax>186</xmax>
            <ymax>676</ymax>
```

图 4-23 图像标注软件 Labelimg 生成的 xml 文件

**3. 数据集整理与统计**

本次制作的多类交通标识检测数据集取名为 SUTDB。数据按照 PASCAL VOC 数据集格式进行制作,PASCAL VOC 数据集格式采用图 4-24 所示的文件夹结构存放数据。PASCAL VOC 数据集为通用的公开数据集格式,以此数据集格式式来制作数据集可方便地转换为其他数据集格式。

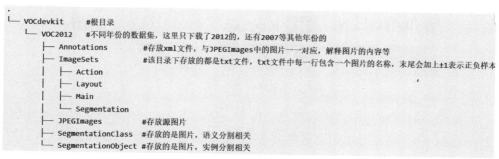

图 4-24 PASCAL VOC 数据集格式

SUTDB 数据集中总计有 13000 幅带有标注信息的真实交通场景图像。其中 3 种标签分别设为交通标识标签(traffic_sign)、交通信号灯标签(traffic_light)、停止线标签(stop_line)。本次制作中将这 13000 幅图像按照 7∶3 的比例进行分配,划分为多类交通标识训练集与测试集,如表 4-5 所示。对于多类交通标识检测数据集 SUTDB 用于训练与测试的图像使用的分配原则,本试验中是采用随机分配的。这是因为在测试过程中所使用的测试图片是可以随机增减和变更的,所以不必担心出现由于随机分配使验证集不能很好地表征我们训练出的网络综合性能的问题。

表 4-5　SUTDB 数据集

| 数 据 集 | 训 练 集 | 测 试 集 | 总 数 |
|---|---|---|---|
| SUTDB | 9100 | 3900 | 13000 |

## 4.4　深度学习框架及模型使用

深度学习框架为具体算法的实现提供了丰富的应用接口,能够根据不同的算法处理流程快速构建模型的每一层,并通过模型层间的关联构成算法的程序实现。此外,这些应用接口还包括实现深度学习算法模型训练和推理所需要的具体实现。可以说,深度学习框架为不同应用的深度学习模型发展提供了施展才华的舞台,而面向不同应用,计算机视觉、自然语言处理等应用领域的学者提出的深度学习算法模型则推动了当前人工智能技术的蓬勃发展。

### 4.4.1　主流深度学习框架

计算机视觉检测识别模型的构建和训练主要依赖于开源的深度学习框架,流行的深度学习框架包括 TensorFlow、PyTorch 和 PaddlePaddle 等(图 4-25)。

图 4-25　主流的深度学习开源框架

(1) TensorFlow 最初由谷歌的 Machine Intelligence Research Organization 中 Google Brain Team 的研究人员和工程师开发,这个框架旨在方便研究人员对机器学习的研究,并简化从研究模型到实际生产的迁移过程。Google 自开源 TensorFlow 起,投入了大量的人力、物力、财力,逐步构建了一个 AI 生态,从基础研究、AI 教育再到应用实现,而这个生态的核心就是 TensorFlow。

TensorFlow 提供全面的服务,无论是 Python、C++、Java 还是 Go,甚至是 JavaScript、Julia、C♯,几乎所有开发者都可以从熟悉的语言入手开始深度学习的旅程。TensorFlow 构建了活跃的社区、完善的文档体系,大大降低了学习成本,不过社区和文档主要以英文为主,中文支持有待加强。另外,TensorFlow 有很直观的计算图可视化呈现,模型能够快速地部署在各种硬件机器上,从高性能的计算机到移动设备,再到更小的更轻量的智能终端。TensorFlow 的缺点已经被诟病多年,相比 PyTorch、Caffe 等框架,TensorFlow 的计算速度可以说是"牛拉车"。而且通过它构建一个深度学习框架需要更复杂的代码,还要忍受重复的多次构建静态图。但综合来说,TensorFlow 依然是深度学习框架的优选方案。

(2) PyTorch 是基于 Lua 编写的 Torch 库的 Python 实现的深度学习库,它由 Facebook 创建,目前被广泛应用于学术界和工业界。随着 Caffe2 项目并入 PyTorch,PyTorch 开始威胁到 TensorFlow 在深度学习应用框架领域的地位。

PyTorch 官网的标题语简明地描述了 PyTorch 的特点以及将要发力的方向。PyTorch 在学术界优势很大,关于用到深度学习模型的文章,除了谷歌的外,其他大部分都是通过 PyTorch 进行试验的,究其原因,一是 PyTorch 库足够简单,与 NumPy、SciPy 等可以无缝连接,而且基于 Tensor 的 GPU 加速非常给力;二是训练网络迭代的核心——梯度的计算。Autograd 架构(借鉴 Chainer),基于 PyTorch,可以动态地设计网络,而无须笨拙地定义静态网络图才能进行计算,想要对网络有任务修改,都要从头开始构建静态图。基于简单、灵活的设计,PyTorch 快速成为了学术界的主流深度学习框架。

PyTorch 的劣势在于模型部署,由于对其部署难度早有耳闻,作者并未尝试过部署 PyTorch 的模型,一般是在 PyTorch 快速地试验新的模型,确认好效果再去找"现成的"的 TensorFlow 模型做简单优化。不过现在,如果稍微深入了解 TensorFlow 和 PyTorch,就会发现它们越来越像,TensorFlow 加入了动态图架构,PyTorch 致力于其在工业界更加易用。打开各自的官网,就会发现文档风格也越发相似。

(3) Keras 是一个高层神经网络 API,由纯 Python 编写而成并使用 TensorFlow、Theano 及 CNTK 作为后端。Keras 为支持快速试验而生,能够把想法迅速转换为结果。Keras 应该是深度学习框架中最易上手的一个,它提供了一致而简洁的 API,能够极大地减少一般应用下用户的工作量,避免用户重复造轮子。从严格意义上讲,Keras 并不能称为一个深度学习框架,它更像一个深度学习接口,构建于第三方框架之上。Keras 的缺点是过度封装导致灵活性较差。

(4) PaddlePaddle 是由百度自主研发的开源深度学习平台,中文名字为"飞桨"。飞桨集深度学习训练和预测框架、模型库、工具组件和服务平台于一体,拥有兼顾灵活性和高性能的开发机制、工业级的模型库、超大规模分布式训练技术、高速推理引擎以及系统化的社区服务等五大优势,致力于让深度学习技术的创新与应用更加简单。

## 4.4.2　开源模型使用方法

下面以 YOLOv3 为例介绍开源模型的训练方法。YOLO 系列算法是其作者基于 Darknet 框架开发的一系列目标检测算法。Darknet 框架是一个较为轻型的完全基于 C 与 CUDA 的开源深度学习框架，其主要特点是容易安装，没有任何依赖项，移植性非常好，支持 CPU 与 GPU 两种计算方式。以下配置过程基于 Ubuntu 18.04 操作系统。

**1. 配置 YOLOv3**

打开终端，输入以下指令：

```
git clone https://github.com/pjreddie/darknet
```

下载预训练权重文件：

```
wget https://pjreddie.com/media/files/yolov3.weights
```

测试一下，测试 data/dog.jpg 图片的结果，如果能够正确识别，则说明配置成功：

```
./darknet detect cfg/yolov3.cfg yolov3.weights data/dog.jpg
```

官网给出的是 CPU 版本的编译，如果需要使用 GPU，则需要修改 makefile 的前几行：

```
GPU = 1
CUDNN = 1
```

**2. 准备数据集**

在 scripts 文件夹下创建文件夹 VOCdevkit（因为 scripts 文件夹下有 voc_label.py 文件（该文件的作用下面会说），下面创建的文件也跟它有关），根据图 4-26 在 VOCdevkit 文件夹下创建文件，并放入相应的数据（图 4-27）。

```
01.  二级：──VOCdevkit
02.  三级：──VOC2018 #文件夹的年份可以自己取，但是要与其他文件年份一致
03.        ──Annotations #放入所有的xml文件
04.        ──ImageSets
05.        ──Main #放入train.txt,val.txt文件
06.        ──JPEGImages #放入所有的图片文件DEBUG=0
```

图 4-26　在 VOCdevkit 文件夹下创建文件

Main 中的文件分别表示：test.txt 是测试集，train.txt 是训练集，val.txt 是验证集，trainval.txt 是训练和验证集，不一定要建全。

**3. 搭建 YOLO 模型**

在 darknet 文件夹下新建 project_yolov3 文件夹，作为自己的训练数据集及配置文件的存放位置，避免与已有的文件混淆。

在 project_yolov3 文件夹下新建文件夹，结构如图 4-28 所示。

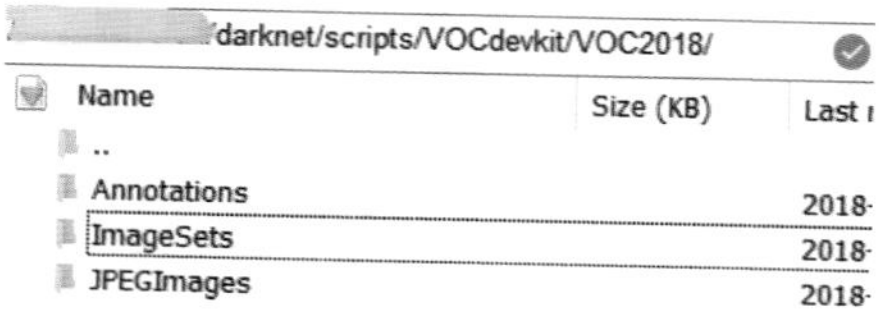

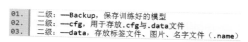

图 4-27 显示结果

图 4-28 文件夹结构

在 cfg 中，首先从 .\darknet\cfg 中根据需要复制配置文件（如 yolov3-tiny.cfg），从 .\darknet\cfg 中复制 voc.data 文件并修改名称为 .data，根据自己的目录及类别等修改里面相关内容。.cfg 修改：首先是训练，所有训练的 batch 和 subdivisions 不要注释掉（可以根据计算机配置修改这两个参数），而测试要注释掉。修改 filters（每个 yolo 层的上一层的 filters 参数要修改，其他的 filters 参数不需要修改），修改后的类别数等于（类别数目＋5）×3，修改每个 yolo 层的 classes 类别数。另外，还有一些参数可以修改，参考官网即可。

在 data 中，首先从 .\darknet\data 中复制 voc.names 并修改名称为 .names，然后按照自己的需要将类别名逐行写入；data\images 下存放所有图片；data\label 文件夹存放所有标注文件（.txt）。

4. 训练

下载预训练模型：

```
wget https://pjreddie.com/media/files/darknet53.conv.74
```

开始训练：

```
./darknet detector train /project_yolov3/cfg/.data project_yolov3/cfg/yolov3-tiny.cfg darknet53.conv.74
```

5. 测试

```
./darknet detector test cfg/coco.data cfg/yolov3.cfg yolov3.weights data/dog.jpg
```

## 4.5 交通标识与信号灯检测模型

针对 YOLOv3 目标检测算法在多类交通标识检测中检测精度低、模型参数量大不利于移动端使用等不足，对该网络进行了改进，提出了适用于多类交通标识检测的 T-YOLO 与 TM-YOLO 两种多类交通标识检测算法。

### 4.5.1 T-YOLO 模型设计要点

T-YOLO 网络在 YOLOv3 算法的基础上，增设大尺度的检测层，设计了更为贴合多类交通标识的先验框，将不同尺度的交通标识分离至对应的特征层使用对应的先验框进行检测,提高了该网络对多类交通标识等小目标的检测能力。

在 T-YOLO 网络中,输入图像经 Darknet-53 卷积层提取交通标识、交通信号灯及停止线的特征,获得原输入图像 32 倍下采样后的特征图,在此特征图的基础上进行第一次多类交通标识检测。检测时,依旧使用栅格负责检测中心落在某一栅格中的多类交通标识。为达到更好的检测性能,在设置先验框时每个栅格预设 3 种不同长宽比例的 5 种不同尺度的先验框。其次,对 32 倍下采样获得的特征图进行上采样操作,实现小尺度特征图的放大,将放大后的特征图与 Darknet-53 提取的对应尺度的特征图相融合,在融合后输出的特征图上进行第二种尺度的多类交通标识检测。重复进行两次上述操作,分别获得原图像 8 倍和 4 倍下采样特征图两种尺度的多类交通标识。最后,通过非极大值抑制算法对 4 个检测层输出的预测框进行筛选,选取出最终的边界框结果。T-YOLO 网络结构如图 4-29 所示。

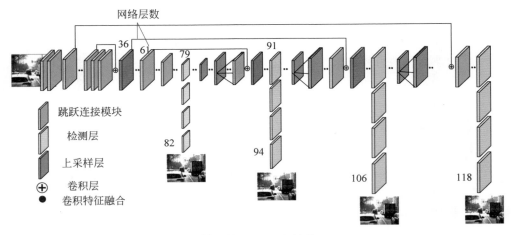

图 4-29　T-YOLO 结构

### 1. 多尺度检测

如前文所述,交通标识、交通信号灯等待测目标像素个数少,在原图像中所占比例也较小,无论按照绝对小目标还是相对小目标的标准进行划分,都必然属于小目标范畴。将这类小目标在输入深度神经网络前,还要经过尺度调整,在此基础上再进行如 YOLOv3 中的高倍数下采样,理论分析是检测不到交通标识等目标的。考虑这种因素,本次试验尝试删减以 32 倍下采样的特征图为基础的边界框检测层,使用两个预测层来进行交通标识的边界框预测,记该网络为 TL-YOLO,网络结构如图 4-30 所示。对网络检测部分修改后,使用该网络在 TT100K 数据集上进行试验,试验结果记录在表 4-6 中。

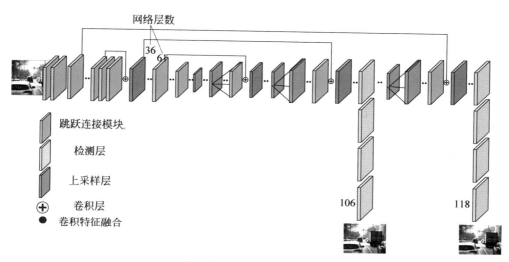

图 4-30 TL-YOLO 网络结构

表 4-6 YOLOv3 与 TL-YOLO 性能对比

| 方 法 | 召回率/% | 平均精度/% | 权重文件/MB | 帧率/FPS |
|---|---|---|---|---|
| YOLOv3 | 86.83 | 84.17 | 246.3 | 47 |
| TL-YOLO | 86.03 | 84.14 | 246.3 | 46 |

从试验结果可以看出,TL-YOLO 与 YOLOv3 网络在 TT100K 数据集上检测交通标识表现基本相同。同时,在网络训练中发现,使用 YOLOv3 进行试验时 region82 层是没有数据的,进一步说明了使用 32 倍下采样获得特征图不适宜用来检测多类交通标识等小目标。

从表 4-6 中还可以看出,单个检测层所占参数量对于整个网络的参数量影响很小,几乎可忽略不计。考虑此因素,本书最终决定保留 32 倍下采为基础的检测层,以备用于检测可能出现的大目标。同时,尝试在原有网络结构的基础上加设一个检测层。首先,在原特征提取网络的基础上进行上采样,获得原图 4 倍下采样的特征图,再与前端特征提取网络中的 4 倍下采样特征图相融合。其次,以此特征图为基础进行栅格划分、预设先验框,进行多类交通标识的定位与类别预测,记此网络为 TR-YOLO。对网络检测部分重新设计后,使用该网络在 TT100K 数据集上进行试验,试验结果记录在表 4-7 中。

表 4-7 YOLOv3 与 TR-YOLO 性能对比

| 方 法 | 召回率/% | 平均精度/% | 参数量/MB | 帧率/FPS |
|---|---|---|---|---|
| YOLOv3 | 86.83 | 84.17 | 246.3 | 47 |
| TR-YOLO | 93.44 | 90.13 | 247.4 | 46 |

从试验结果可以看出,随着检测层的增加,获得更大尺度的特征图后,对于交通标识等小目标的召回率与平均精度都有明显提升,且权重文件没有明显增加,检测速度基本与 YOLOv3 持平。

**2. 先验框设置**

先验框思想最初由 Faster R-CNN 网络引入,其主要思想是根据数据集中全部的真实边界框(Ground truth boxes)数据,统计出该数据集上最常出现的几种边界框的形状与尺寸,再由此为依据在原图像上预设一组可能出现待测目标的候选框,常称为先验框。在训练时使用先验框来逼近真实边界框,完成待测目标的预测。通过这种手段,将预先已掌握的先验知识融入模型训练中,可提高神经网络模型对待测目标的拟合能力,有利于加快网络模型的收敛速度。

YOLO 系列网络模型,在 YOLOv2 中已开始使用先验框这一手段,使该模型的召回率得到了大幅提升。T-YOLO 算法中同样是应用先验框来进行边界框的拟合任务,不同的是,T-YOLO 中不再使用 YOLOv3 的先验框,而是采用 K-Means 聚类算法对试验中所使用的多个训练集中进行逐个的聚类分析,获得更贴合待测交通标识的先验框,这样能更好地检测到待测目标位置。

1) K-Means 聚类算法

K-Means 聚类算法是一种迭代求解的聚类分析算法。其步骤是,首先根据本试验中要设置的先验框数目设置其聚类中心 K;其次,计算多类交通标识训练集中各真实边界框与各个聚类中心之间的距离,把每个待分类对象分配给离它距离最近的类别中。聚类中心以及分配给它们的对象就代表一个聚类,这个类别表述的是设置使用这个尺寸的先验框可以检测到的真实边界框的尺寸。每完成一个多类交通标识的分配,聚类中心就会根据该训练集中剩余的交通标识重新计算,这个过程将不断重复直至满足终止条件。

2) 先验框数量

为验证先验框数量与多类交通标识检测性能的关系,本节中以交通标识数据集 TT100K 与多类交通标识数据集 SUTDB 为试验数据,使用 K-Means 进行聚类算法进行聚类,通过分析设置的聚类中心个数(即网络中设置的先验框数目)与数据集中标注的真实边界框位置的 IOU 的关系,选取 T-YOLO 网络最佳预设先验框个数。试验结果如图 4-31(a)所示,显示了不同聚类中心(K)与平均 IOU 的关系,图 4-31(b)是先验框在 SUTDB 与 TT100K 数据集中图像的相对质心位置。

由图 4-31 可以看出,随着预设先验框数量的增长,预设先验框与真实边界框的 IOU 逐渐提升。但是,在增长到 5 个预设先验框后,这种增长速率逐渐下降。

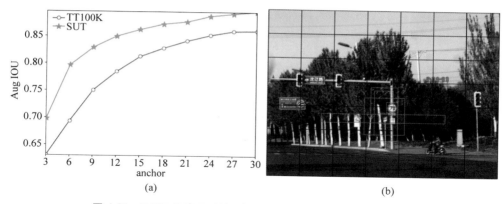

图 4-31　T-YOLO 在 TT100K 与 SUTDB 数据集上的先验框尺寸

所以,本次研究中最终将每个栅格预先设置 5 个先验框。在这 5 个先验框中,总计存在 4 种不同的长宽比率,分别为 1∶1、1∶3、3∶1、1∶15。这种设置主要是根据交通标识、交通信号灯在聚类试验时最常见比率而设置的。

3)先验框尺寸

YOLOv3 网络模型中的先验框是基于 COCO 训练集,使用 K-Means 聚类算法获得的。同时,YOLOv3 网络的先验框由 YOLOv2 的 5 种尺寸扩大到 9 种不同比例,即在 3 种不同尺度上各预设 3 种不同尺寸的先验框。其中,regions 82 层在 darknet53 基础网络之后添加一些卷积层再输出框信息,进行 32 倍下采样,图像分辨率低,感受野大,使用最大的 3 个先验框,预测待测图像中的大目标;regions 94 层进行 16 倍下采样,图像分辨率与感受野均介于 regions 的 82~106,使用 3 个中等尺寸的先验框,预测待测图像中的中等目标;在 regions 106 层中,使用下采样图像,图像分辨率高、感受野小,使用最小的 3 个先验框,预测待测图像中的小目标。

然而,在多类交通标识检测研究中,待测目标无论是按照像素值还是相对全图来讲,均属于小目标检测,不存在大、中目标。在使用 YOLOv3 的默认先验框时,采用大、中先验框的检测层是检测不到待测目标的。为使先验框能很好地检测交通标识,对将用于试验的训练集重新聚类,并与 YOLOv3 默认的先验框进行比较。

表 4-8 结果表明,使用 K-Means 聚类算法重新聚类后,获得的先验框与数据集中待测交通标识标注的真实边界框在 IOU 方面较 YOLOv3 默认的先验框有大幅度提升,以此可以推断使用 K-Means 算法在待训练数据集上重新聚类后的先验框代替原有先验框,对于交通标识的检测效果将有所提升。

表 4-8　交通标识各数据集聚类结果

| 数　据　集 | YOLOv3 IOU/% | T-YOLO IOU/% |
|---|---|---|
| TT100K | 43.28 | 87.73 |
| GTSDB | 69.16 | 93.83 |
| LaRA | 24.67 | 90.45 |
| Stopline | 60.75 | 83.91 |
| SUTDB | 50.77 | 82.54 |

为了得出本节中提到的先验框尺寸以及验证先验框数量的设置对于多类交通标识检测的影响,设置了 3 组对比试验:第一组使用 YOLOv3 的原先验框设计;第二组使用 K-Means 聚类重新设置先验框,各检测层先验框数量与原始数量相同;第三组使用 K-Means 聚类重新设置先验框,各检测层先验框数量较原始数量加 1。通过在 TT100K 数据集中进行训练,记录各网络对待测目标的召回率,试验结果如表 4-9 所示。

表 4-9　TT100K 数据集中设置不同先验框的召回率

| 组　　别 | R/% |
|---|---|
| 第一组 | 94.13 |
| 第二组 | 88.78 |
| 第三组 | 95.14 |

表 4-9 中的试验结果表明,当使用聚类算法重置先验框后的网络对 TT100K 数据集进行学习后,交通标识的检测召回率没有明显提升。但增加各检测层的先验框个数后,多类交通标识检测的召回率增加了 1%。根据试验中出现的聚类重设先验框后网络检测性能下降,与理论分析的结果不符。通过对 YOLOv3 的损失函数进行分析可以发现,当使用交通标识数据集进行重新聚类后获得先验框,其宽高值相对较小,导致先验框的面积大幅减小,这也就注定了网络在进行预测时,预测的边界框与先验框的 IOU 存在下降的可能。所以,在使用 K-Means 聚类算法进行先验框重置时,先验框的尺寸大小将是一个制约条件,要在试验中找到一个较为理想的尺寸大小。

## 4.5.2　轻量化网络设计

T-YOLO 检测精度非常高,检测速度也能满足要求。但美中不足的是该模型参数量巨大,导致权重文件大小为 240MB 左右,不利于在移动端的部署。并且,若结合多种检测与分类算法应用于实际的自动驾驶项目开发中,应尝试在多类交通标识检测任务中尽可能压缩检测时间,提升检测速度,争取为其他项目预留出更多时间。所以,本小节中采用轻量化网络替换参数量巨大的传统卷积特征提取网络,从网络结构上实现对参数量的压缩,减小权重文件大小,提升多类交通标识检测速度。

MobileNet 网络是谷歌团队在 2017 年提出的面向移动端和嵌入式设备中的轻量级卷积神经网络,深度可分离卷积是 MobileNet 的基础,其计算过程如图 4-32 所示。

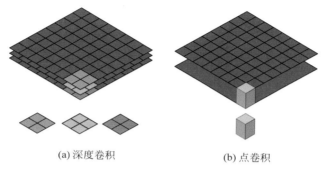

(a) 深度卷积                    (b) 点卷积

图 4-32  深度可分离卷积计算过程

在卷积神经网络中传统卷积的计算方式分为两个步骤。首先,每个卷积核与每张特征图进行按位相乘;其次,将上一步所得结果再按位进行相加。假设有 $N \times H \times W \times C$ 输入,同时有 $k$ 个 $3 \times 3$ 的卷积核。如果设置 pad=1 且 stride=1,那么普通卷积输出为 $N \times H \times W \times k$,普通卷积运算过程如图 4-33 所示。

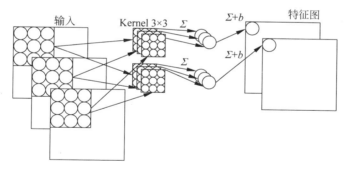

图 4-33  普通卷积运算过程

深度可分离卷积则是通过传统卷积的这两个步骤来实现。首先,使用多个深度卷积对输入特征图按通道卷积,获得不同通道的特征图;其次,使用点卷积对各通道的输出特征图进行整合。假设有一个 $N \times H \times W \times C$ 的输入,深度卷积会将 $N \times H \times W \times C$ 的输入分为 $C$ 组,然后对每一组做 $3 \times 3$ 的卷积,如图 4-34 所示。这样相当于收集了每个通道的空间特征,即深度特征。

点卷积是指对深度卷积输出的 $N \times H \times W \times C$ 的特征图进行点卷积操作,即使用 $k$ 个 $1 \times 1$ 卷积对上一步中的多通道特征图中对应位置的各通道特征进行整合,如图 4-35 所示。这样相当于收集了每个点的特征,即点卷积特征。最后通过这两次卷积操作,获得与标准卷积相同的输出。

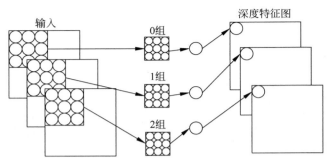

图 4-34　深度卷积计算方式

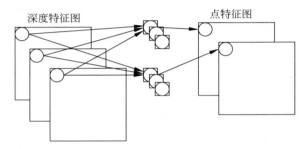

图 4-35　点卷积过程

在 MobileNetv1 网络中使用的就是这种卷积方式,并且也在网络结构上进行了调整,如图 4-36 所示,图 4-36(a)所示为带有批量归一化和激活层的标准卷积,图 4-36(b)所示是带有批量归一化和激活层的深度可分离卷积。

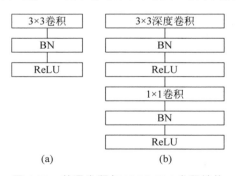

图 4-36　普通卷积与 MobileNet 卷积结构

通过对比深度可分离卷积和标准卷积的乘法次数可以发现,虽然两种卷积的输出同为 $N \times H \times W \times k$,但是图 4-33 中普通卷积计算量为 $H \times W \times C \times k \times 3 \times 3$,图 4-34 中深度卷积计算量为 $H \times W \times C \times 3 \times 3$,图 4-36 中点卷积计算量为 $H \times W \times C \times k$,相当于将普通卷积的计算量压缩为

$$\frac{\text{depthwise} + \text{pointwise}}{\text{conv}} = \frac{H \times W \times C \times 3 \times 3 + H \times W \times C \times k}{H \times W \times C \times k \times 3 \times 3}$$

$$= \frac{1}{k} + \frac{1}{3 \times 3} \tag{4-6}$$

### 4.5.3 TM-YOLO 网络

TM-YOLO 网络结构与 T-YOLO 网络结构类似,不同的是,TM-YOLO 使用 MobileNet 轻量化网络提取多类交通标识的特征;其次,使用了 4 种检测层进行边界框的回归预测与类别预测;最后,使用非极大值抑制算法对多类交通标识的预测框进行筛选。TM-YOLO 网络结构如图 4-37 所示。

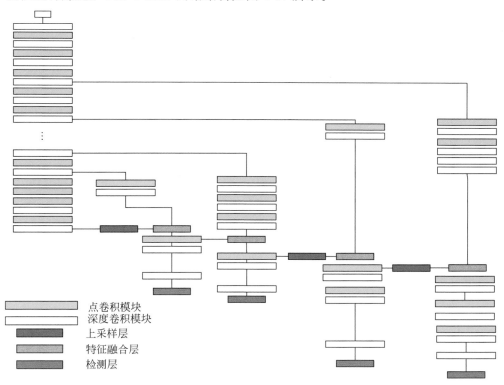

图 4-37 TM-YOLO 网络结构

#### 1. 多尺度检测

TM-YOLO 网络与 T-YOLO 网络相同,使用了如 YOLOv3 的目标检测方式将输入分为若干栅格,若待测多类交通标识的中心落入某一栅格内,则由该栅格负责预测待测交通标识,输出为类别置信度及 4 个坐标相关值。不同的是,由于 MobileNet 网络高层网络中的分辨率较低,几何信息的表征能力弱,并没有使用如

T-YOLO 中的 32 倍下采样的特征图进行预测,而是使用了两个 16 倍下采样的特征图,以保留更多的细节信息来执行多类交通标识的检测任务。在此基础上进行上采样并融合前端的特征图,使用 8 倍和 4 倍下采样特征图进行多类交通标识检测。

**2. 先验框设计**

先验框的设置与 T-YOLO 相同,使用聚类算法对 SUTDB 训练集中带有标签的数据进行聚类,设置与数据集中多类交通标识真实位置更相近的先验框尺寸。

### 4.5.4　检测模型试验

上文介绍了交通标识和信号灯检测算法的应用场景及期望达到的性能指标,接着介绍了基于深度学习的目标检测 YOLOv3 算法的改进算法 T-YOLO 与 TM-YOLO。下面对改进的算法在交通标识、交通信号灯检测数据集上进行试验验证与结果分析。

本试验的环境:硬件环境,CPU 为 Intel Core i7 8700k,GPU 为 NVIDIA GT 1080Ti,硬盘为 2TB;软件环境,操作系统为 Ubuntu 16.04,OpenCV 3.4,CUDA 10.0 Cudnn 7.4.1。本试验所采用环境如表 4-10 所示。

表 4-10　试验环境

| 硬件平台 | CPU:CPU i7-8700k,内存 32GB<br>GPU:GT-1080Ti×1<br>硬盘:2TB |
| --- | --- |
| 软件平台 | Ubuntu 16.04,OpenCV 3.4,CUDA 10.0 Cudnn 7.4.1 |
| 深度学习框架 | Darknet |
| 编程语言 | Python |

**1. 交通信号灯试验**

本章针对多类交通标识检测改进了 YOLOv3 算法,提出了 T-YOLO 与 TM-YOLO。为了验证以上两个网络对于交通信号灯的检测性能,在交通信号灯 LaRA 数据集上进行试验。检测效果如图 4-38 所示。

1) T-YOLO

在本次试验中,YOLOv3 与 T-YOLO 在相同的试验环境下进行,并且设置了相同的学习率及迭代次数。试验结果见表 4-11,其中 $R$ 代表召回率,AP 代表检测的平均精度。

图 4-38　T-YOLO 的交通信号灯检测效果

表 4-11　YOLOv3 与 T-YOLO 的检测交通信号灯性能对比

| 类　　型 | $R/\%$ | $AP/\%$ | 参数量/MB | 帧率/FPS |
|---|---|---|---|---|
| YOLOv3 | 95.93 | 92.81 | 246.3 | 74 |
| T-YOLO | 98.76 | 94.47 | 247.4 | 67 |

从表 4-11 中可以看出，T-YOLO 网络召回率高达 98.76%，精度为 94.47%。召回率及平均精度比 YOLOv3 都有明显提升。但是，以上两个网络参数量巨大，权重文件约有 250MB。虽然精度和检测速度都满足了初始设定目标，但是为使网络在移动端部署，尝试对 T-YOLO 进行二次设计，使网络在参数量及检测速度上更具优势。

2）TM-YOLO

通过对卷积方式的研究，使用深度可分离卷积替换传统卷积，会使网络参数大大下降，本书使用深度可分离卷积替换 T-YOLO 中的传统卷积，提出 TM-YOLO。T-YOLO 与 TM-YOLO 在 LaRA 数据集上实现结果如表 4-12 所示，其中 $R$ 代表召回率，AP 代表检测的平均精度。

表 4-12　TM-YOLO 与 T-YOLO 的检测交通信号灯性能对比

| 类　　型 | $R/\%$ | $AP/\%$ | 参数量/MB | 帧率/FPS |
|---|---|---|---|---|
| T-YOLO | 98.76 | 94.47 | 247.4 | 67 |
| TM-YOLO | 93.53 | 90.81 | 29 | 70 |

TM-YOLO 网络虽然在精度上有小幅度下降,但是实现了对网络模型进行压缩与对交通信号灯检测速度的提升。通过 T-YOLO 与 YOLOv3 的对比可以看出,模型权重缩小到原模型的 1/8 大小,检测速度与以上两个网络几乎相同。

**2. 交通标识试验**

与交通信号灯检测试验一样,为验证在本章中针对多类交通标识检测提出的 T-YOLO 与 TM-YOLO 网络模型对于交通标识的检测性能,在交通标识数据集 TT100K 与 GTSDB 上进行试验。检测效果如图 4-39 所示,其中 $R$ 代表召回率,AP 代表检测的平均精度。

图 4-39　交通标识检测效果

1)T-YOLO

在本次试验中,对 YOLOv3 算法与 T-YOLO 算法进行比较,试验结果如表 4-13 所示,其中 $R$ 代表召回率,AP 代表检测的平均精度。

表 4-13　YOLOv3 与 T-YOLO 的检测交通标识性能对比

| 方　法 | TT100K | | GTSDB | |
|---|---|---|---|---|
| | $R/\%$ | $AP/\%$ | $R/\%$ | $AP/\%$ |
| YOLOv3 | 86.79 | 84.23 | 86.64 | 84.33 |
| T-YOLO | 97.31 | 94.55 | 98.45 | 97.73 |

从表 4-13 中可以看出,T-YOLO 网络召回率高达 97.31%、98.45%,精度为 94.55%、97.73%。召回率及平均精度比 YOLOv3 都有明显提升。

2) TM-YOLO

T-YOLO 与 TM-YOLO 在 TT100K 交通标识数据集上对于交通标识检测结果如表 4-14 所示,其中 $R$ 代表召回率,AP 代表检测的平均精度。

表 4-14 TM-YOLO 与 T-YOLO 检测交通标识性能对比

| 方　　法 | $R$/% | AP/% | 参数量/MB | 帧率/FPS |
|---|---|---|---|---|
| T-YOLO | 97.36 | 95.22 | 243.6 | 31 |
| TM-YOLO | 75.94 | 64.76 | 29.0 | 41 |

从表 4-14 中可以看出,使用 TM-YOLO 算法检测 TT100K 数据集中的交通标识,召回率在 75% 左右。T-YOLO 存在 20% 的差距,这主要是由于 TT100K 数据集中图像尺寸为 2048×2048 像素,而数据集交通标识达 200 多种且多数交通标识像素不足 50×50,数据集的检测难度本身就高于本书中使用的其他数据集。对归一化后的输入图像使用轻量化的网络进行特征提取时,提取的特征不能很好地描述交通标识,导致检测精度难以达到 T-YOLO 网络相近水平。

# 参考文献

[1] 交通部公路科学研究所. GB 5768—2017 道路交通标识和标线[S]. 北京:中国标准出版社,2017.

[2] 范莹莹. 基于深度学习的多类交通标识检测研究[D]. 沈阳:沈阳工业大学,2020.

[3] 王聪. 基于深度学习的标志检测算法研究[D]. 北京:北方工业大学,2017.

[4] AKATSUKA H. Road signposts recognition system [J]. SAE Vehicle Highway Infrastructure:Safety Compatibility,1987:189-196.

[5] XIE Y,LIU L F et al. Unifying visual saliency with HOG feature learning for traffic sign detection[C]//IEEE intelligent vehicles symposium,2009:24-29.

[6] 刘芳,邹琪. 基于视觉注意机制的交通标识检测[J]. 计算机工程,2013,39(2):192-196.

[7] PEI D,SUN F,Liu H. Supervised low-rank matrix recovery for traffic sign recognition in image sequences[J]. IEEE Signal Processing Letters,2013,20(3):241-244.

[8] LIU C,CHANG F,CHEN Z. Rapid multiclass traffic sign detection in high-resolution images[J]. IEEE Transactions on Intelligent Transportation Systems,2014,15(6):2394-2403.

[9] CIREŞAN D,MEIER U,MASCI J. A committee of neural networks for traffic sign classification[C]//International joint conference on neural networks. IJCNN-2011,2011:1918-1921.

[10] 余进程,谢光汉,罗芳. 基于深度学习的道路交通标识数字识别技术探究[J]. 数字技术与应用,2013(12):62-63.

[11] REDMON J,DIVVALA S,GIRSHICK R,et al. You only look once:unified,real-time object detection[C]//IEEE conference on computer vision and pattern recognition,2016,

pp：779-788.

[12]　REDMON J，FARHADI A. YOLOv3：an incremental improvement[J]. arXiv preprint. arXiv：1804.02767,2018.

[13]　JIN J，FU K，ZHANG C. Traffic sign recognition with hinge loss trained convolutional neural networks[J]. IEEE Transactions on Intelligent Transportation Systems，2014，15(5)：1991-2000.

[14]　YELAL M R，SASI S，SHAFFER G R. Color-based signal light tracking in real-time video [C]. International conference on video and signal based surveillance,2006：103-107.

[15]　CHARETTE R，NASHASHIBI F. Traffic light recognition using image processing compared to learning processes[C]//IEEE/RSJ international conference on intelligent robots & systems,2007：333-338.

[16]　ZHANG J，HUANG M，JIN X，et al. A real-time Chinese traffic sign detection algorithm based on modified YOLOv2[J]. Algorithms,2017,10(4)：127.

[17]　ZHU Z，LIANG D，ZHANG S，et al. Traffic-sign detection and classification in the wild [C]//IEEE conference on computer vision and pattern recognition. IEEE，2016：2110-2118.

[18]　陈云. 深度学习框架 PyTorch 入门与实践[M]. 北京：电子工业出版社,2018.

[19]　魏溪含,涂铭,张修鹏. 深度学习与图像识别原理与实践[M]. 北京：机械工业出版社,2019.

[20]　张慧,王坤峰,王飞跃. 深度学习在目标视觉检测中的应用进展与展望[J]. 自动化学报，2017,43(8)：1289-1305.

[21]　谭乃强. 视频交通灯识别和阴影消除方法及应用研究[D]. 长沙：湖南大学,2010.

[22]　谷明琴,蔡自兴,李仪. 应用圆形度和颜色直方图的交通信号灯识别[J]. 计算机工程与设计，2012(1)：251-255.

[23]　BEHRENDT K，NOVAK L，BOTROS R. A deep learning approach to traffic lights：detection,tracking,and classification[C]//IEEE international conference on robotics & automation,2017：1370-1377.

[24]　HOWARD A G，ZHU M，CHEN B，et al. MobileNets：efficient convolutional neural networks for mobile vision applications[J]. arXiv preprint arXiv：1704.04861,2017.

[25]　王莹,王鹏. 基于深度学习的交通信号灯检测及分类方法[J]. 汽车实用技术,2018(1)：89-91.

# 第 5 章

# 双目视觉与交通标识测距

　　自动驾驶车辆的基础技术是环境感知。环境感知就是利用传感器获得车辆周围环境信息,再利用计算机技术对获得的信息进行处理,从而为车辆规划路线,控制车辆行驶,提高车辆的智能化水平。对交通标识的测距是自动驾驶环境感知研究的重要部分。交通标识是路面上最常见的道路设施,通常利用文字或符号向人们传递各种交通信息,如警告、限制、引导或指示等。

　　自动驾驶车辆环境感知常用的测距技术包括超声波测距、微波雷达测距、激光测距、红外测距和视觉测距等。超声波测距可测距离相对较近,不能满足对于交通标识的远距离测距;微波雷达测距和激光测距造价相对较高;红外线测距的应用场景受到限制,主要适用于黑夜或可见度较低的环境。视觉测距采用的是被动式测距,这与其他被动式测距算法完全不同,其不需要向待测目标发射或接收任何信号,只要采集到包含待测物体的录像或图片,就可以根据实际需要对目标物体进行距离计算。

　　视觉测距又分为双目视觉测距和单目视觉测距。双目视觉测距是利用同一目标点在两个相机中成像点不同而产生的视差,得到物体 3D 信息,计算出距离。单目视觉测距则是利用相机拍摄图像中几何关系的投影模型进行测距。测距时前者不依赖外界环境,鲁棒性更好,精度也更高;而后者的投影模型一般对环境或场景有特定要求,这也在一定程度上制约了单目视觉测距技术的发展,综合考虑,本章重点讨论双目视觉测距的原理和基本方法。

## 5.1　双目视觉

### 5.1.1　双目视觉定义

　　双目视觉原理是通过两幅图像中相同目标点在左、右视图中成像点位置不同产生的视差来获得物体 3D 信息的方法。人们在研究生物视觉体系的过程中,发现所有具有视觉的生物都是两只眼睛,由于两眼存在距离,当视觉生物观察一个目标时,目标在两眼的成像也稍有差别,位置会有些许偏差,这就形成了视差。人类利用视差融合两幅图像,从而产生远近或深度的感觉,视差对于人类的生活和生存有着非常重要的影响。

模仿生物视觉原理,建立由两个相机组成的双目测距系统,将相机间设置一定的距离,利用两台相机同时采集某一目标的两幅图像,通过图像处理技术获得同一目标点在两幅图像中的位置从而计算出视差,根据视差和双目视觉测距原理进行3D重建得到目标的距离。双目视觉有相对稳定的 4 个步骤,即相机标定、立体校正、立体匹配和 3D 重建。

**1. 相机标定**

Marr 视觉理论认为从 2D 图像还原出 3D 场景,决定性的因素是产生 2D 图像相机的相关参数,这些参数描述了相机光心位置到 2D 成像平面和真实 3D 空间的转换关系。求解参数矩阵的过程就称为相机标定,这一过程的准确性也决定了 3D 重建的精度。目前常见的相机标定的方法包括摄影测量学的传统标定方法、直接线性变换法、Tsai 两步法、基于 Kruppa 方程的自标定方法及张正友标定法。

以上标定方法中,摄影测量学方法计算十分复杂,直接线性变换法的结果精度不高,Tsai 两步法需要特殊的标定设备,基于 Kruppa 方程的自标定方法精度不高。只有张正友标定法可以使用较为普通的棋盘格标定板,先通过线性成像模型得到相机参数的初值,再使用非线性最优化方法来得到相机参数的最优解,结果鲁棒性较好、精度较高且操作简单,因此被广泛使用。

**2. 立体校正**

双目立体视觉系统在实际安装过程中,很难保证左右相机光轴严格平行,且相机处于同一水平面上,但涉及后期 3D 坐标的重建和深度估计,所以需要根据相机标定出的参数对采集到的左、右视图进行立体校正。

图像经过立体校正以后实现左、右相机成像平面共面,相同目标点在左、右视图中处于同一行上。这样在后续的立体匹配中,便可采用极线约束算法,在相同行上搜寻相同目标点在左、右视图中的位置,从而减少立体匹配的工作量和复杂程度。图像立体校正可以分为相机未标定立体校正法和相机已标定立体校正法两类方法。

1)相机未标定立体校正法

相机未标定立体校正法的代表为 Hartley 方法。该方法通过计算立体图像对之间的匹配点来求解基本矩阵。其优点是可以直接获得将极点映射到无穷远的单应性矩阵,无须知道相机内部参数。其缺点是匹配点的选取对校正精度影响较大,且计算量大。

2) 相机已标定立体校正法

相机已标定立体校正法的代表为 Bouguet 方法。该方法需要知道左侧相机和右侧相机的相机内参和两相机之间的外参,根据标定参数计算重投影矩阵。

### 3. 立体匹配

立体匹配是将双目相机拍摄的两张不同的 2D 图像进行匹配的过程,是立体视觉中最为关键的技术。左、右相机的空间位置不同,其拍摄的图像也存在差异,具体体现在两幅图像的水平和深度视差。将左、右图像中的相同点进行匹配,就可以找到差异,然后利用这些差异,根据相关算法计算出 3D 立体信息。当前的立体匹配方法主要包括区域匹配、特征匹配和相位匹配等。

(1) 区域匹配的实质是利用局部窗口之间灰度信息的相关程度来实现图像匹配。该方法在变化平缓且细节较为丰富的图像区域可以达到较高的精度,但在遮挡、弱纹理以及深度不连续区域易出现错误匹配,而且抗噪性能差。

(2) 特征匹配是对图像的灰度信息进行抽象,匹配特征包括图像中的角点、线段、轮廓和边缘等,基于特征的匹配算法稳定性强、计算量小、速度快。常用的特征匹配算法有 SURF 算法、SIFT 算法和 ORB 算法等。

(3) 相位匹配将相位信息作为匹配基元,不易受噪声影响,误匹配概率低,采用该算法的前提条件是图像对中对应点的局部相位是相等的。现有的相位匹配算法有基于极线校正的亚像素相位匹配方法、Fourier-Mellin 匹配算法等,相位匹配算法中存在的相位缠绕、相位偏差、相位奇点等问题都会影响匹配精度。

### 4. 3D 重建

3D 重建的原理类似于人们用双眼观察 3D 空间中的物体。根据前期的图像获取、相机标定、立体校正和立体匹配工作,从获得的相机内、外参数以及图像特征点的对应关系,就可以利用视差原理和三角测量原理计算出目标的 3D 坐标,恢复被测物体的深度信息,从而获得目标物体的 3D 信息。

### 5.1.2　双目视觉面临的问题

双目视觉主要面临的问题是立体匹配和视差计算方面。双目立体匹配的主要目的在于提高像素间的匹配准确度及效率,优化结果得到最终视差图,所以视差计算的问题其实也可以归因于立体匹配。由于实际环境复杂度较高,立体匹配过程中会面临各种不同的挑战。立体匹配是计算机视觉典型的难题,基线宽得到远目标测距准,而基线短得到近目标测距结果好,这就需要根据应用的需要进行折中。

立体匹配方法还可以分为全局法和局部法,实用的是局部法,因为全局法太慢。深度学习虽然可以取代全局法，但目前还不是很成熟。此外，立体匹配的实际应用中可能存在重复的区域，进而导致匹配过程产生多异性。在拍摄同一物体时就会存在部分区域被遮挡的现象，即某个待匹配像素在匹配图像中找不到对应的像素点。除了以上几点不足外，还有光照、视差不连续等因素影响最终匹配结果。这些都是需要在立体匹配时考虑的因素。

## 5.2　双目视觉的应用

双目视觉广泛应用在机器人导航、工业尺寸测量、目标跟踪和自动驾驶等领域。

### 1. 机器人导航

对于任何移动设备而言，在其环境中导航的能力都很重要。首先避免如碰撞和不安全条件（温度、辐射、暴露于天气等）的危险情况，但是如果机器人的目的与机器人环境中的特定位置有关，则必须找到这些位置。机器人导航是指机器人确定自己在参考系中的位置，然后规划通往某个目标位置的路径的能力。

导航可以定义为 3 个基本能力的组合，即自我定位、路径规划、地图构建和地图解释，一些机器人导航系统使用同步定位和地图生成周围环境的 3D 重建。机器人定位表示机器人在参考框架内建立自己的位置和方向的能力。路径规划实际上是定位的扩展，因为它需要确定机器人的当前位置和目标位置，两者都在同一参考系或坐标系内。地图构建可以采用公制地图的形式，也可以采用任何表示机器人参照系中位置的符号。基于视觉的导航是双目视觉的重要应用领域，其技术实现包括基于激光的测距仪和双目相机，以提取周围环境中定位所需的视觉特征。随着双目视觉技术的发展，机器视觉技术已越来越多地用于机器人导航技术领域。

### 2. 工业尺寸测量

工业产品的尺寸测量是工业生产中重要的工序环节，传统方法采用的都是人工视觉测量，但是常常出现测量效率低下、精度不高及损伤工件表面等问题。非接触式的双目立体视觉系统是一种测量精度高、生产效率高的测量方式，尤其重要的是，双目立体视觉配合计算机系统的控制，能够实现工件 3D 尺寸测量的智能化，因此已广泛应用于工业工件质量检测及 3D 尺寸测量方面，可以提高生产效率和产品质量、方便采集产品数据信息。

机器视觉系统的特点是提高生产的柔性和自动化程度。在一些不适合人工作业的危险工作环境或人工视觉难以满足要求的场合，常用机器视觉来替代人工视觉。此外，机器视觉易于实现检测与测量信息的集成。因此，发展更加智能化的机器视觉测量系统,特别是双目视觉测量系统能够进一步加速生产企业的智能化水平,提高企业的效率。

### 3. 目标跟踪

在计算机视觉领域,目标跟踪是一个重要的研究方向,能够进一步实现视觉系统对物理世界的理解和感知。基于立体视觉的目标跟踪算法的优点是能够实时获取跟踪过程中被跟踪目标的深度信息,对运动目标的距离信息能够给出直观描述。其单目标跟踪算法处理流程大致包括以下步骤。

(1)提取目标信息。根据双目图像的信息采集数据,在第 $N$ 帧中提取被跟踪的目标并在图像中做出标记,作为目标模板。

(2)跟踪目标。应用相关算法,在第 $N+1$ 帧中找到被跟踪的目标并做出标记,求出新目标的图像坐标并存储更新为新的目标模板。

(3)对双目图像序列中的第 $N+1$ 帧进行立体匹配,用更新过的模板重复步骤(2)和步骤(3),直到跟踪结束。

(4)输出跟踪目标在 2D 图像像素坐标中的运动轨迹图,也要输出运动目标在深度图像像素坐标系中的运动轨迹图。

### 4. 自动驾驶

在自动驾驶过程中可以利用双目视觉进行道路识别,主要是采用图像特征法和模型匹配法来进行识别。行驶过程中需要进行障碍物检测和路标路牌识别等,此时车辆上的信息采集也可以运用单目视觉或者多目视觉。相比之下,运用多目视觉更具优势,获取的图像信息可构建成 3D 空间,物体运动以及遮挡等问题对其影响较小。当然,双目视觉和多目视觉的缺点也比较明显,即采集的数据量较大,计算处理的实时性难以得到满足。

近年来,随着计算机技术及硬件的飞速发展,双目视觉成为自动驾驶中环境感知的重要方法。利用双目视觉可以实现道路中交通标识的测距、前方车辆的测距及车道线检测等。

## 5.3 双目测距原理与优化

### 5.3.1 双目视觉测距原理

图 5-1 所示为理想双目视觉测距模型的平面测距原理。其中,相机为理想模型,左侧相机和右侧相机光轴相互平行。图中,左、右两个相机焦距均为 $f$,左、右相机光学中心为 $O_L$、$O_R$,相机之间的距离为 $d$。$O_1$、$O_2$ 分别为左、右相机成像平面中心。$P$ 是待测目标点,$Z$ 为 $P$ 到相机的垂直距离,$P$ 在左、右相机上形成的像点分别是 $P_1$ 和 $P_2$,$P_1$、$P_2$ 到 $O_1$、$O_2$ 的横坐标为 $x_1$、$x_2$。

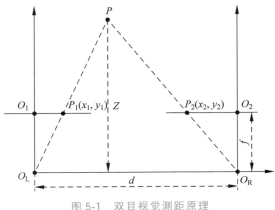

图 5-1 双目视觉测距原理

根据图 5-1,利用相似三角形性质,可得

$$\frac{d - (x_1 - x_2)}{Z - f} = \frac{d}{Z} \tag{5-1}$$

化简后,可得

$$Z = \frac{df}{x_1 - x_2} \tag{5-2}$$

式(5-2)为双目视觉测距模型的基本原理。其中 $x_1 - x_2$ 为视差,是双目立体视觉测距系统进行测距时主要求解的变量。

### 5.3.2 双目视觉测距优化

为了达到实时测距要求,需对算法进行两方面的改进,一方面是构建校正映射表,对坐标进行实时快速校正,另一方面是采用金字塔模板匹配算法完成相同目标的匹配。

**1. 构建校正映射表**

传统算法测距时一般会对全图进行立体校正,然后在校正后的图像上进行立体匹配,得到图像的深度图,这样会耗费较多的时间。传统的双目视觉测距流程如下。

(1) 对相机进行标定。

(2) 利用标定参数进行立体校正。

(3) 对校正以后的图像进行立体匹配,得到视差。

(4) 利用视差,根据双目视觉原理进行 3D 重建。

为了达到对交通标识实时测距的目的,需对传统的双目测距模型进行改进。由于针对图像中的交通标识进行实时测距,并不需要将图像所包含的所有物体都进行测距,故只需通过对原图进行匹配,得到交通标识在左、右视图中相对应的匹配点,并将匹配点单独进行校正,会大大缩短测距时间。

　　Bouguet 算法原理是通过建立两个投影矩阵:将由于实际安装过程中形成的双目相机光轴不平行和镜头不在一个水平面上等问题带来的误差,通过两个投影矩阵投影到双目相机光轴平行、镜头在同一水平面上的理想模型中。

　　利用 Bouguet 原理得到投影矩阵,并求得其反投影矩阵,在假设已知非畸变图像的情况下得到相机真实的安装模型,再利用相机的畸变原理,根据非畸变坐标求出畸变坐标,得出理想双目测距模型到实际双目测距模型的映射矩阵,通过对其进行重建,得到由实际双目测距模型到理想双目测距模型的映射表。

　　在理想相机模型中(即非畸变的情况下),有某点 $q$,其在图像中的像素坐标为 $(u,v)$,在图像中的物理坐标为 $(x,y)$,它们之间的相互转化关系为

$$u = u_0 + \frac{f}{\mathrm{d}x}\left(\frac{X_\mathrm{C}}{Z_\mathrm{C}}\right) \tag{5-3}$$

$$v = v_0 + \frac{f}{\mathrm{d}y}\left(\frac{Y_\mathrm{C}}{Z_\mathrm{C}}\right) \tag{5-4}$$

　　化简后,可得

$$u = u_0 + f_x x' \tag{5-5}$$

$$v = v_0 + f_y y' \tag{5-6}$$

式中,$f_x$、$f_y$ 为相机标定得出的在 $x$ 和 $y$ 方向的焦距;$x'$ 和 $y'$ 为归一化的世界坐标。

　　对式(5-5)和式(5-6)进行变化,可得

$$x' = \frac{u - u_0}{f_x} \tag{5-7}$$

$$y' = \frac{v - v_0}{f_y} \tag{5-8}$$

　　相机畸变校正公式为

$$x_\mathrm{d} = x(1 + k_1 r^2 + k_2 r^4) + 2p_1 xy + p_2(r^2 + 2x^2) \tag{5-9}$$

$$y_\mathrm{d} = y(1 + k_1 r^2 + k_2 r^4) + 2p_2 xy + p_1(r^2 + 2y^2) \tag{5-10}$$

式中,$x_\mathrm{d}$、$y_\mathrm{d}$ 为实际相机成像点,即畸变坐标;$x$、$y$ 为理想相机成像点,即非畸变坐标;$k_1$、$k_2$ 为相机径向畸变校正系数;$p_1$、$p_2$ 为相机切向畸变校正系数;$r$ 定义为

$$r^2 = x^2 + y^2 \tag{5-11}$$

　　把 $x'$ 和 $y'$ 代入式(5-9)和式(5-10),可得到 $p$ 点对应的相机畸变图像坐标为

$$x'' = x'(1 + k_1 r'^2 + k_2 r'^4) + 2p_1 x'y' + p_2(r'^2 + 2x'^2) \tag{5-12}$$

$$y'' = y'(1 + k_1 r'^2 + k_2 r'^4) + 2p_2 x'y' + p_1(r'^2 + 2y'^2) \qquad (5\text{-}13)$$

其中，$r'$ 的定义为

$$r'^2 = x'^2 + y'^2 \qquad (5\text{-}14)$$

将上述公式代入式(5-5)和式(5-6)，得到 $p$ 点非畸变坐标 $(u,v)$ 对应的畸变坐标为

$$u_d = u_0 + f_x x'' \qquad (5\text{-}15)$$

$$v_d = v_0 + f_y y'' \qquad (5\text{-}16)$$

式中，$(u_d, v_d)$ 为实际相机成像的畸变坐标。

由式(5-15)和式(5-16)可以计算出由理想相机成像时的非畸变坐标计算出实际相机成像时对应的畸变坐标，进而得到整幅图像 $u$ 和 $v$ 对应的映射矩阵 map $u$ 和 map $v$，计算原理如图 5-2 所示。

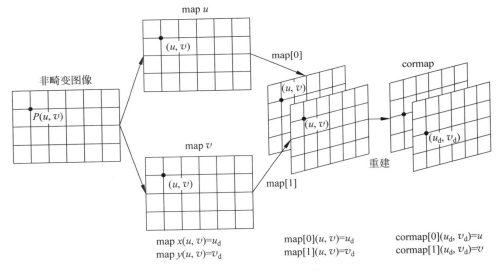

图 5-2    校正映射表原理

如图 5-2 所示，非畸变图像经过 Bouguet 计算和上述计算后，可得矩阵 map $u$ 和 map $v$，两矩阵的大小与原图一致，矩阵的索引为校正后坐标 $(u,v)$。map $u$ 中存储的内容为 $u_d$，为索引坐标中 $u$ 对应的畸变坐标。map $v$ 中存储的内容为 $v_d$，为索引坐标中 $v$ 对应的畸变坐标。再通过对 map $u$ 和 map $v$ 进行重建，得到校正映射表 cormap，其索引为畸变坐标，存储的内容为对应的校正坐标。

### 2. 金字塔模板匹配

为了降低时间复杂度，采用图像金字塔的方法来进行模板匹配是比较合适的选择。图像金字塔也叫多分辨率搜索法，其原理是构建金字塔层数相同的搜索图像 S 和模板图像 T，然后在分辨率最低的金字塔高层开始匹配，得到多个可能匹配

结果后,在高分辨率图像上对可能结果进行验证,直至找到最佳匹配结果。

　　构建图像金字塔的方法有很多,不同方法得到的采样效果也各不相同。相对简单的是隔点采样法,实现也比较简单,但其容易在匹配过程中出现误匹配,因为该采样方法会产生锯齿效应,导致梯度信息的丢失;均值滤波也有缺陷,它在做下采样时图像细节会被破坏,从而导致图像变得模糊;高斯滤波能够有效保留采样信息,所以本书采用高斯滤波方法构建金字塔图像。图 5-3 所示为高斯金字塔示意图,每层的尺寸从下至上依次减小。

　　高斯降采样的原理:对于一幅灰度图像 $F(x,y)$,其大小为 $M \times N$,令高斯金字塔 $L_0$ 层图像为

$$L_0(x,y) = F(x,y) \qquad (5\text{-}17)$$

则 $L_l$ 层图像为

图 5-3　高斯金字塔示意图

$$L_l(x,y) = \sum_{m=-2}^{2} \sum_{n=-2}^{2} w(m,n) L_{l-1}(2x+m, 2n+y) \qquad (5\text{-}18)$$

式中,$w(m,n)$ 为高斯加权函数。

　　经过高斯金字塔降采样得到的图像尺寸会缩减,此时得到的特征点坐标需要与原图进行关联。假设原图中 $p$ 点的坐标为 $(x,y)$,创建第 $L$ 层高斯金字塔,此时特征点坐标 $p^L(x,y)$ 与原图的关系为

$$p^L(x,y) = p\left(\frac{x}{2^L}, \frac{y}{2^L}\right) \qquad (5\text{-}19)$$

　　采用高斯滤波创建的图像金字塔的效果如图 5-4 和图 5-5 所示。

(a) S(1)

(b) S(2)

(c) S(3)

图 5-4　高斯滤波搜索图下采样

(a) T(1)　　　　　　　(b) T(2)　　　　　　　(c) T(3)

图 5-5　高斯滤波模板图下采样

由图 5-4 和图 5-5 可以看出,经过高斯滤波采样后的 S(3) 和 T(3),虽然分辨率降低,但是图像细节和图像轮廓仍然比较清晰。

金字塔模板匹配时,需对每层图像都进行模板匹配,本书采用的相似度量函数是 NCC 算法。金字塔模板匹配具体流程如下。

(1)采用高斯降滤波方法对模板图像 T 和搜索图像 S 进行下采样,构建图像金字塔,且金字塔层数一致。

(2)从金字塔的最顶层 T(3) 和 S(3) 间进行模板匹配,匹配算法选择基于灰度匹配的归一化互相关算法,由于像素较低,容易产生误匹配,因此保留置信度在 70% 以上的多个位置。

(3)将步骤(2)中保留的位置还原到 T(2) 层中,并在 T(2) 层与 S(2) 层间进行匹配,保留置信度在 80% 以上的位置。

(4)重复步骤(3),在 T(1) 层与 S(1) 层间进行匹配,取置信度最大值处作为模板匹配的结果。

金字塔模板匹配算法通过在低像素图像上匹配,快速筛选出可能的匹配结果,还原到原图后,只需在可能的结果上再次进行匹配,便可找到模板在搜索图中的位置,有效缩短了匹配时间。

## 5.4　交通标识测距

针对交通标识实时计算测距法设计分为以下四部分。

(1)相机标定及校正映射表计算:主要为相机标定试验并根据标定结果进行校正映射表的计算。

(2)图像预处理:对采集到的测距图像进行预处理。

(3)模板匹配:利用金字塔模板匹配算法对交通标识进行匹配。

(4)坐标校正及测距:把模板匹配得到的交通标识坐标通过校正映射表进行校正,根据双目视觉测距原理进行距离计算。

### 5.4.1　相机标定及校正映射表计算

#### 1. 相机标定

采用传统的张正友标定法。在标定前首先要拍摄用于标定的图像,拍摄标定图像时要尽量使标定板成像位置在移动的过程中占据相机视野的每一个位置,且在不同位置有一定的角度,这样做是为了给张正友算法提供更多不同的角点,有利于求解。图 5-6 和图 5-7 分别展示了用于标定左侧相机和右侧相机的部分图像。

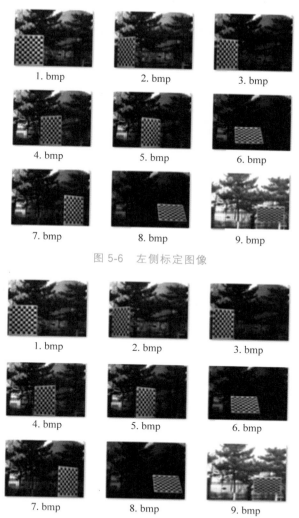

图 5-6　左侧标定图像

图 5-7　右侧标定图像

标定过程采用的是 MATLAB 2016 软件,它具有封装好的 Stereo Camera Calibrator 工具箱,该工具箱标定结果稳定,且可视化功能较强。图 5-8 所示为 Stereo Camera Calibrator 工具箱标定流程。

表 5-1 所示为左侧相机标定后得到的相机内部参数和畸变参数。

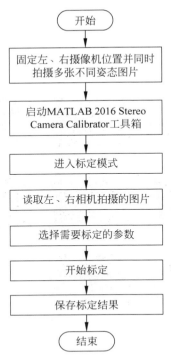

图 5-8　工具箱标定流程框图

表 5-1　左侧相机内部参数

| 参 数 名 称 | 参 数 数 值 |
|---|---|
| 焦距$(f_x, f_y)$ | (5662.03,5648.27) |
| 图像中心坐标$(u_0, v_0)$ | (599.56,569.88) |
| 畸变系数$k_c$ | (0.10021608, -1.03592668, -0.00470609, -0.0112025) |

表 5-2 所示为右侧相机标定后得到的相机内部参数和畸变参数。

表 5-2　右侧相机内部参数

| 参 数 名 称 | 参 数 数 值 |
|---|---|
| 焦距$(f_x, f_y)$ | (5665.82,5655.74) |
| 图像中心坐标$(u_0, v_0)$ | (582.30,540.54) |
| 畸变系数$k_c$ | (0.11282374, -1.18606006, -0.00477237, -0.01115696) |

得到相机内部参数后,根据单应性矩阵,对相机的外部参数进行求解,结果为

$$\boldsymbol{T} = \begin{bmatrix} -359.08218 & 2.84432 & 37.08946 \end{bmatrix} \tag{5-20}$$

$$\boldsymbol{R} = \begin{bmatrix} 0.99974 & -0.00457 & 0.02191 \\ 0.00455 & 0.99998 & 0.00103 \\ -0.02192 & -9.38133 \times 10^{-4} & 0.99975 \end{bmatrix} \tag{5-21}$$

根据标定得到的参数建立重投影矩阵,可得到用于标定的每张图像的重投影误差和所有标定图像的平均重投影误差,如图 5-9 所示。

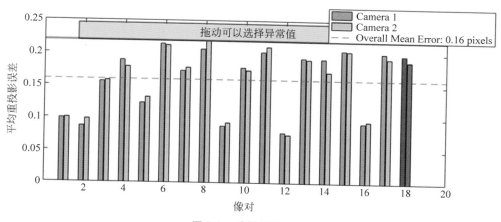

图 5-9　重投影误差表

重投影误差是评判相机标定结果好坏的一个重要标准,若最后平均重投影误差在 0.5 以内,表示标定结果相对准确,能够用于后续的测距程序。若平均重投影误差大于 0.5,则建议重新拍摄标定图像;否则会影响后续测距程序。

MATLAB 工具箱可以根据得到的相机参数进行逆投影变换,重建出相机与标定物之间的位置关系,如图 5-10 所示。

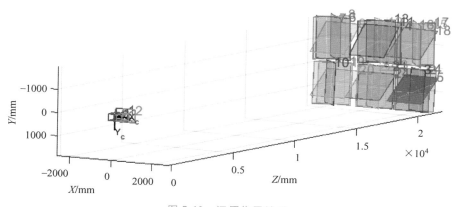

图 5-10　还原位置关系

从图中 5-10 中可以看出,相机与标定板之间的位置关系和两个相机之间的位置关系符合实际相机的安装情况。

MATLAB 中用于双目标定的 Stereo Camera Calibrator 工具箱实用性比较高,在标定的同时,可以随时观察重投影误差,并单击误差较大的图像进行删除,重新进行标定,直至得到理想的结果。

**2. 校正映射表计算**

当得到相机参数后,根据本小节介绍的原理计算校正映射表,得到 $\mathrm{cormap_L}$ 和 $\mathrm{cormap_R}$,其分别为左侧视图和右侧视图对应的校正映射表,畸变坐标对应的校正后坐标为

$$u_\mathrm{L} = \mathrm{cormap_L}(u,v)[0] \tag{5-22}$$

$$u_\mathrm{R} = \mathrm{cormap_R}(u,v)[0] \tag{5-23}$$

式中,$(u,v)$ 为畸变坐标;$u_\mathrm{L}$ 和 $u_\mathrm{R}$ 分别为左侧视图和右侧视图中 $u$ 对应的校正后坐标,因为视差只与 $u$ 有关,所以不对 $v$ 进行校正。

### 5.4.2　图像预处理

图像预处理主要针对在车载环境中出现的曝光过度或曝光不足的问题,提出相应的解决方法,从而增强算法的鲁棒性。首先对图像进行灰度化,以减少计算量;然后建立判断条件,判断图像是否存在曝光过度或曝光不足,对需要预处理的图像进行直方图均衡化和拉普拉斯图像锐化。

**1. 曝光问题与灰度化**

车载环境采集图像时,有时会出现动态范围较窄的情况。CCD 或 CMOS 相机在采集图像时,由于背景与拍摄目标反差过大而导致高亮区域图像细节变得模糊,低亮区域曝光不足而过于黑暗的情况,如图 5-11(a)和图 5-11(b)所示。

图 5-11(c)所示为曝光不足对应的灰度直方图,图 5-11(d)所示为曝光过度对应的灰度直方图,由直方图可以看出图像有溢出现象,图像溢出会给后期模板匹配造成很大的干扰。所以,对于这种图像,在进行测距之前,需要进行预处理。为了加快预处理时的处理速度,对采集到的图像要先进行图像灰度化。

在现实生活中颜色的种类数不胜数,但经过研究发现,所有的颜色都可以由红、绿、蓝 3 种颜色按一定的比例组成。根据这一原理,相机采集到的图像也由 3 个通道组成,每个通道都有 0～255 共 256 个数量级,因此在彩色图像中的每个像素点数占据的 3 个通道可由 $(0,0,0)$～$(255,255,255)$ 来表示,共约 1600 多万种颜色。在直接对彩色图像进行处理的情况下,尽管有信息丰富的优点,但会产生巨大的计算量,这难以满足实时性的要求。在处理图像的过程中,首先进行将彩色图像转换到灰度图像的操作,灰度图像里面的每个像素点仅包含一个分量,像素值在 0～255 内进行变化,即灰度图像是特殊的彩色图像。转换为灰度图像后会明显减小相应的计算量,从而使处理图像的过程变得相对简单,同时灰度图像也可以显示彩色图像中色度和亮度的相关信息。将彩色图像转换为灰度图像主要有以下 3 种

(a) 曝光不足图像

(b) 曝光过度图像

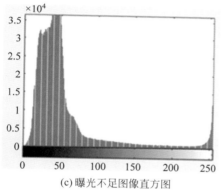
(c) 曝光不足图像直方图

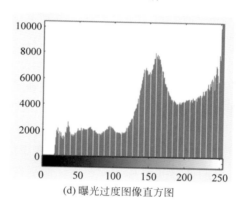
(d) 曝光过度图像直方图

图 5-11　曝光不足和曝光过度图像

方法。

（1）对比像素点上的 3 种颜色，将亮度最大的颜色分量定义为该像素的新灰度值，该方法为最大值法。

$$\text{gray}(i,j) = \max(R(i,j), G(i,j), B(i,j)) \tag{5-24}$$

（2）将像素点上的 3 种颜色分量相加求平均值，将平均值定义为新的灰度值，该方法为平均值法。

$$\text{gray}(i,j) = \frac{R(i,j) + G(i,j) + B(i,j)}{3} \tag{5-25}$$

（3）由于人眼观察物体时，对 3 种颜色的敏感程度不同，模仿人眼对 3 种颜色的敏感程度，对 3 种颜色赋予权值，将加权后的图像亮度值定义为新的灰度值，该方法为加权平均法，3 种颜色的权值为分别为 0.299、0.587、0.114。

$$\text{gray}(i,j) = 0.299R(i,j) + 0.587G(i,j) + 0.114B(i,j) \tag{5-26}$$

本书采用加权平均法对图像进行灰度化，效果如图 5-12 所示。

经过灰度化处理的图像，利用一个分量的灰度信息代替 3 个分量的彩色数据

(a) 原图

(b) 灰度图

图 5-12    灰度化效果

信息,能够有效减少图像处理时的数据计算量。

**2. 判断是否存在曝光问题**

图像灰度化以后,需要建立判断机制,判断图像是否存在曝光过度或曝光不足的现象。并非所有图像都存在曝光过度或曝光不足,如果存在曝光过度或者曝光不足,需进行后续预处理;如果不存在,则不处理。本书拟通过计算直方图中最大灰度级数、最小灰度级数以及灰度均值之间的关系来确定图像是否需要预处理。计算图像直方图右端像素数量低于总像素数 5% 的最小灰度级数 $G_{\max}$,左端像素数量低于总像素数 5% 的最大灰度级数 $G_{\min}$、图像灰度均值 $G_{\mean}$,得到直方图两端像素个数低于 5% 区域所占的比例关系 $E_{rat}$,即

$$E_{rat} = \frac{G_{\min} + 1}{255 - (G_{\max} - G_{\min} - 1)} \tag{5-27}$$

当 $E_{rat} \geqslant 0.5$ 且 $G_{mean} \geqslant 128$ 时,认为图像曝光过度,需要进行预处理;当 $E_{rat} \leqslant 0.5$ 且 $G_{mean} \leqslant 128$ 时,认为图像曝光不足,需要进行预处理。其他情况下,图像效果比较满意,则不需要进行预处理。

**3. 直方图均衡化**

直方图均衡化就是对整幅图像的灰度值进行重新分配。由于图像的采集过程光线不均匀,导致图像的某些灰度级数的像素数量过多或某些灰度级数的像素数量过少,将这些灰度级数进行非线性拉伸,降低像素数量多的灰度级数、增大像素数量少的灰度级数,从而使整幅图像的灰度值在一定范围内分布均匀。以图 5-11(c)为例,横坐标代表灰度级数,用 $r$ 表示,纵坐标代表该灰度级数的像素个数,用 $r_i$ 表示,出现灰度级数 $r$ 的概率用 $p_r(r_i)$ 表示,即

$$p_r(r_i) = \frac{r_i}{图像像素总个数} \tag{5-28}$$

式中,$\sum_{i=0}^{k-1} p_r(r_i) = 1$,$k$ 为一幅图像对应的灰度级数。

对 $r$ 进行归一化,则图像的灰度级数应分布在$[0,1]$区间内,所以任意一灰度级数 $r$ 都可以产生一个 $s$ 值,按 $s = T(r)$ 变换。

假定 $s = T(r)$ 满足两个条件:一是在 $0 \leqslant r \leqslant 1$ 区间内有 $0 \leqslant T(r) \leqslant 1$;二是在 $0 \leqslant r \leqslant 1$ 区间内是单调增加函数,那么 $r = T^{-1}(S)$ 也应满足上述条件。同时假定 $F_s(s)$ 为随机变量 $s$ 的分布函数,其表达式为

$$F_s(s) = \int_{-\infty}^{s} p_s(s)\mathrm{d}s = \int_{-\infty}^{r} p_r(r)\mathrm{d}r \tag{5-29}$$

又由式(5-29)推导出 $\mathrm{d}s = p_r(r)\mathrm{d}r$,假定 $p_s(s) = 1$,两边积分得

$$s = T(r) = \int_{-\infty}^{r} p_r(r)\mathrm{d}r \tag{5-30}$$

用灰度级数频率 $L$ 来代替概率,其离散形式的变换函数 $T(r_k)$ 可表示为

$$s_k = T(r_k) = (L-1)\sum_{i=0}^{k} p_r(r_i) = (L-1)\sum_{i=0}^{k} \frac{n_i}{n} \tag{5-31}$$

式中,$0 \leqslant r_k \leqslant 1$,$k = 0; 1, \cdots, L-1$。

直方图均衡化后的结果如图 5-13 所示。

(a)曝光不足图像均衡化结果      (b)曝光过度图像均衡化结果

图 5-13 图像直方图均衡化后的结果

由于像素被均匀拉伸,经过直方图均衡化后的图像灰度分布更加均匀,但同时均衡化后的图像会有一定程度的模糊,需对其进行图像锐化。

**4. 图像锐化**

图像锐化(Image Sharpening)的原理是根据图像像素的变化程度,也就是说,依据像素点与周围像素的突变程度,强调突变像素点达到使图像清晰的目的。一般像素值发生明显变化的位置在灰度跳变处和图像边缘处,其余位置像素值的变化相对比较平缓,为了使图像变得清晰,可以增强图像的灰度跳变处和边缘处,即

强调灰度跳变处和边缘处的像素值。

图像锐化的依据是函数的一阶微分和二阶微分，图像像素值向哪个方向变化是由函数的一阶微分描述的，即一阶微分描述了像素值的增长或者降低趋势；图像像素增长速度的快慢、下降速度的快慢则是由二阶微分描述的。

1）Robert 算子

Robert 是基于一阶微分的算子，其定义为

$$g_x = f(x+1,y) - f(x,y+1) \tag{5-32}$$

$$g_y = f(x,y) - f(x+1,y+1) \tag{5-33}$$

常用的检测模板为

$$\boldsymbol{g}_x = \begin{bmatrix} 0 & 1 \\ -1 & 0 \end{bmatrix} \tag{5-34}$$

$$\boldsymbol{g}_y = \begin{bmatrix} 1 & 0 \\ 0 & -1 \end{bmatrix} \tag{5-35}$$

对交通标识进行边缘锐化试验，结果如图 5-14 所示。

(a) 原图　　　　　　　　　　(b) Robert锐化结果

图 5-14　Robert 锐化结果

2）Sobel 算子

Robert 交叉算子的尺寸是偶数，偶数尺寸滤波器没有对称中心，计算效率较低，所以通常滤波器的模板尺寸设计的都是奇数。Sobel 算子的卷积模板都是奇数的，有对称中心，理论上计算效率应比 Robert 算子快。

Sobel 算子定义为

$$g_x = (f(x-1,y-1) + 2f(x-1,y) + f(x-1,y+1)) - \\ (f(x+1,y-1) + 2f(x+1,y) + f(x+1,y+1)) \tag{5-36}$$

$$g_y = (f(x-1,y-1) + 2f(x,y-1) + f(x+1,y-1)) - \\ (f(x-1,y-1) + 2f(x,y+1) + f(x+1,y+1)) \tag{5-37}$$

利用上述公式可以得到以下两个卷积模板,分别计算图像在 $x$ 方向和 $y$ 方向的梯度,卷积模板为

$$\boldsymbol{g}_x = \begin{bmatrix} -1 & -2 & -1 \\ 0 & 0 & 0 \\ 1 & 2 & 1 \end{bmatrix} \tag{5-38}$$

$$\boldsymbol{g}_y = \begin{bmatrix} -1 & 0 & 1 \\ -2 & 0 & 2 \\ -1 & 0 & 1 \end{bmatrix} \tag{5-39}$$

对交通标识进行边缘锐化试验,结果如图 5-15 所示。

(a) 原图

(b) Sobel锐化结果

图 5-15　Sobel 锐化结果

3）Laplacian 算子

二阶微分算子的代表就是拉普拉斯算子,定义为

$$\nabla^2 f(x,y) = f(x+1,y) + f(x-1,y) + f(x,y+1) + f(x,y-1) - 4f(x,y) \tag{5-40}$$

其得到的模板为

$$\boldsymbol{g} = \begin{bmatrix} 0 & 1 & 0 \\ 1 & -4 & 1 \\ 0 & 1 & 0 \end{bmatrix} \tag{5-41}$$

对交通标识进行边缘锐化试验,结果如图 5-16 所示。

4）Log 算子

Log 算子是拉普拉斯算子与高斯低通滤波相结合的算子,Log 定义为

$$\nabla^2 G = \frac{\partial^2 G}{\partial x^2} + \frac{\partial^2 G}{\partial y^2} = \frac{-2\sigma^2 + x^2 + y^2}{2\pi\sigma^6} e^{-(x^2+y^2)/2\sigma^2} \tag{5-42}$$

常用模板为

(a) 原图　　　　　　　　　　　　(b) Laplacian锐化结果

图 5-16　Laplacian 锐化结果

$$\boldsymbol{g} = \begin{bmatrix} 0 & 0 & 1 & 0 & 0 \\ 0 & 1 & 2 & 1 & 0 \\ 1 & 2 & -16 & 2 & 1 \\ 0 & 1 & 2 & 1 & 0 \\ 0 & 0 & 1 & 0 & 0 \end{bmatrix} \tag{5-43}$$

对交通标识进行边缘锐化试验,结果如图 5-17 所示。由图 5-14～图 5-17 可以看出,这 4 种算子都能有效地提取交通标识的边缘,其中 Robert 算子和 Sobel 算子的检测效果相对更加清晰,但需要考虑运算时间。对 4 种算子运行时间进行对比,如表 5-3 所示。

(a) 原图　　　　　　　　　　　　(b) Log锐化结果

图 5-17　Log 锐化结果

表 5-3　算子运行时间对比表

| 算　　子 | 运行时间/ms |
|---|---|
| Robert | 25.4 |
| Sobel | 2.7 |
| Laplacian | 0.4 |
| Log | 23.3 |

从表 5-3 可以看出，Laplacian 算子速度最快，Robert 算子运行速度最慢，综合考虑锐化结果和运行时间，决定采用 Laplacian 算子对图像进行锐化。

对直方图均衡化后的图像采用 Laplacian 算子进行锐化，锐化结果如图 5-18 所示。

(a) 曝光不足锐化结果　　　　　　　　　　(b) 曝光过度锐化结果

图 5-18　锐化结果

由图 5-18 可以看出，经过锐化后的图像，明显比均衡化后的图像清晰很多。而经过预处理操作以后，交通标识明显较原图更加清晰。

5．预处理流程及试验

1）预处理流程

采集到图像以后，首先对图像进行灰度化，然后通过判断机制，判断图像是否需要预处理，若需要则进行直方图均衡化和 Laplacian 锐化，流程如图 5-19 所示。

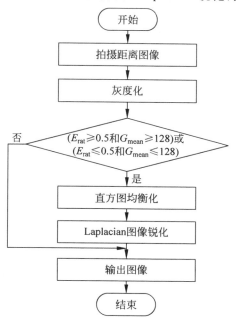

图 5-19　预处理流程框图

2）预处理试验

为了验证预处理算法是否真的能有效解决曝光过度或曝光不足问题,减少因为曝光过度或曝光不足对模板匹配带来的影响,进行试验验证,匹配结果如图 5-20 所示。

(a) 未处理图像1　　　　　　　　　　　(b) 处理后图像1

(c) 未处理图像2　　　　　　　　　　　(d) 处理后图像2

(e) 未处理图像3　　　　　　　　　　　(f) 处理后图像3

图 5-20　预处理试验结果

图 5-20(a)、图 5-20(c)、图 5-20(e)所示为在未经过预处理的曝光过度或曝光不足图像上进行的模板匹配结果,图 5-20(b)、图 5-20(d)、图 5-20(f)所示为经过预处理以后模板匹配的结果。

由图 5-20 可以看出,未经预处理的曝光过度或曝光不足图像匹配不出图中的交通标识,而经过预处理后的图像能匹配到,说明预处理算法有效增加了算法的鲁棒性。

### 5.4.3 金字塔模板匹配

金字塔模板匹配时,手动获取左侧视图中交通标识的位置坐标,对其进行裁剪作为模板图像,根据金字塔模板匹配原理在右侧视图上进行匹配,匹配结果如图 5-21(c)所示。

(a) 左侧交通标识模板　　　　　　　(b) 右侧视图　　　　　　　(c) 模板匹配结果

图 5-21　模板匹配结果

### 5.4.4 坐标校正及测距

得到左侧视图和右侧视图中交通标识坐标后,可以直接根据校正映射表读出其校正后坐标。考虑到距离主要根据视差进行计算,为了排除单一坐标点校正坐标可能出现的误差,所以选择交通标识中心坐标周围的 24 个坐标一起进行校正求平均值,再根据双目视觉测距原理求距离,即

$$\bar{u}_L = \frac{1}{25} \sum_{i=-2}^{2} \sum_{j=-2}^{2} \mathrm{cormap}_L(u+i, v+j)[0] \tag{5-44}$$

$$\bar{u}_R = \frac{1}{25} \sum_{i=-2}^{2} \sum_{j=-2}^{2} \mathrm{cormap}_R(u+i, v+j)[0] \tag{5-45}$$

式中,$\bar{u}_L$、$\bar{u}_R$ 分别为左侧视图和右侧视图中 $u$ 对应的校正后坐标的平均值。

根据双目视觉测距原理进行测距,有

$$Z = \frac{d f_{xL}}{\bar{u}_L - \bar{u}_R} \tag{5-46}$$

式中,$d$ 为双目相机之间的距离,本书为 $359\mathrm{mm}$;$f_{x\mathrm{L}}$ 为相机标定出的左侧相机在 $x$ 轴方向的焦距(像素)。

### 5.4.5　测距流程

本书针对交通标识设计的测距算法流程如图 5-22 所示。运行测距程序时首先对系统进行初始化,根据标定好的相机参数计算出校正映射表;然后读取右侧视图,判断是否需要预处理,读取左侧视图,截取交通标识作为模板图像;接着利用金字塔模板匹配算法在右侧图像中匹配到交通标识的位置坐标,再结合校正映射表得到左侧视图和右侧视图中交通标识校正后的位置坐标;最后根据双目测距原理计算出距离。

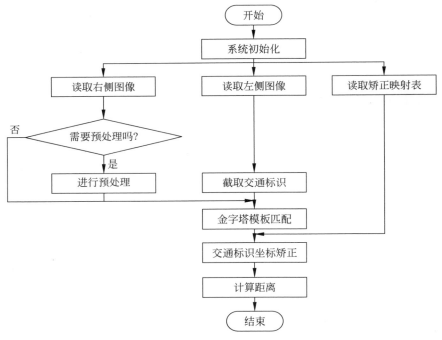

图 5-22　测距流程框图

## 5.5　试验与结果分析

双目视觉测距试验的基础是传感器设备,视觉传感器的选择影响采集图像质量的高低,所以要选择与算法和应用场景相适合的视觉传感器。车载环境下一般采用嵌入式系统,试验还要验证双目测距系统和算法在嵌入式系统下的测距时间及测距精度是否能够满足自动驾驶车辆的要求。

### 5.5.1 双目视觉传感器

双目视觉测距系统主要由软件和硬件两部分构成。软件部分由视觉处理算法和软件开发环境组成。硬件部分由计算机和视觉传感器组成,视觉传感器如图 5-23 所示,车载环境下的配置如图 4-19 所示。视觉传感器由相机和镜头两部分构成。本书的应用场景为对远距离小目标交通标识进行拍摄,视觉传感器选择如图 4-20 所示。

远距离交通标识进行测距时,常见的测距标识有直行、环岛、左转弯、右转弯等,一般标准尺寸为 120cm×120cm,在远距离成像中所占的像素一般很少,所以尽量选择畸变小、远距离成像清晰、视场角较小的镜头和相机。镜头的参数如表 4-3 和表 4-4 所示。利用上述设备,采集 60m 处的交通标识时,交通标识在图像中大约占 55×55 像素,可以有效地进行模板匹配,从而进行测距。

图 5-23 视觉传感器

### 5.5.2 视觉传感器参数计算

使用的相机采用的是手动调节光圈和对焦,所以需确定光圈从而确定对焦平面,以保证相机在成像清晰的情况下有最大的景深。

光圈半径越大,进光量就越大,为了能够保证相机在阴天、多云和晴天的情况下都能对 60m 处的交通标识有清晰的成像,同时又不过多增加曝光(相机增加曝光的同时会降低采集帧率),光圈的半径不能太小,但也不能太大,光圈半径过大将影响景深的有效范围(光圈半径越大景深越小),最终经过多次试验测试后,决定采用光圈相对较大的 $F=2.8$。

确定光圈后计算相机的对焦平面,光圈与景深的关系为

$$\Delta_1 = \frac{g^2 \zeta}{2a - g\zeta} \tag{5-47}$$

$$\Delta_2 = \frac{g^2 \zeta}{2a + g\zeta} \tag{5-48}$$

式中,$\Delta_1$、$\Delta_2$ 分别为后景深和前景深;$g$ 为对焦面到相机的距离;$\zeta$ 为人眼明视距离,值为 0.00029;$2a$ 为光圈直径。

光圈 $F$ 与光圈半径的关系为

$$F = \frac{f}{2a} \tag{5-49}$$

令 $2a-g\zeta=0$，便可得到唯一的一个对焦平面，其后景深的有效范围为无穷远。如果当相机的光圈和焦距确定以后，对焦时不对在焦面 $g$ 处，而是对焦在别的距离上，景深将会大幅度缩小，所以采用在 $g$ 处对焦。

光圈为 $F=2.8$ 时，由式(5-48)、式(5-49)可得

$$2a=\frac{f}{F}=\frac{25}{2.8}\text{mm} \tag{5-50}$$

$$g=\frac{2a}{\zeta}=\frac{25}{2.8\times 0.00029}\text{m}=30.788\text{m} \tag{5-51}$$

由上述公式可知，当采用 25mm 镜头、光圈设置为 $F=2.8$ 时，在 30.788m 处对焦将有最大的景深。采用上述设备对距离相机 60m 的交通标识进行拍摄，如图 5-24 所示。

(a) 左侧视图　　　　　　　　　　　　　　　　(b) 右侧视图

图 5-24　采集图像

### 5.5.3　车载环境试验与分析

车载环境下的嵌入式系统硬件为 Nvidia Jetson TX2，软件为 Ubuntu 18.04 定制版。车载环境下整体设备安装如图 4-19 所示。在该车载环境下，在 20～60m 内对交通标识进行随机测距，测距结果如表 5-4 所示。

表 5-4　车载环境测距结果表

| 实际值/m | 测量值/m | 绝对误差/m | 相对误差/% |
| --- | --- | --- | --- |
| 20.50 | 20.81 | 0.31 | 1.512 |
| 27.15 | 27.47 | 0.32 | 1.178 |
| 37.60 | 38.15 | 0.55 | 1.462 |
| 39.70 | 39.62 | 0.08 | 0.201 |
| 41.80 | 41.40 | 0.4 | 0.956 |
| 42.00 | 42.04 | 0.04 | 0.095 |

续表

| 实际值/m | 测量值/m | 绝对误差/m | 相对误差/% |
|---|---|---|---|
| 44.00 | 43.83 | 0.17 | 0.386 |
| 45.10 | 44.79 | 0.31 | 0.687 |
| 48.35 | 47.91 | 0.44 | 0.910 |
| 51.40 | 51.51 | 0.11 | 0.214 |
| 54.70 | 54.22 | 0.48 | 0.877 |
| 59.50 | 58.86 | 0.64 | 1.075 |

由表 5-4 可知,在嵌入式环境下,本书算法测距最大误差为 1.512%,整体误差略比实验室环境下大一些,是由于在实际车距测量过程中,移动的车辆随机停止,用卷尺测量前方交通标识至车辆上采集设备的距离,在操作过程中车载上双目设备到交通标识的距离无法被准确测量。因此,实际交通标识测距时存在标准差不准从而引入的人为误差较大,但整体满足对交通标识的测距精度需求。

算法在车载嵌入式环境下完成一次测量的时间在 20ms 以内,能够实现实时测距,满足在自动驾驶车辆中对交通标识进行实时测距的要求。

# 参考文献

[1] 黄鹏程,江剑宇,杨波.双目立体视觉的研究现状及进展[J].光学仪器,2018,40(4):81-86.

[2] 裴文慧.面向自动驾驶的交通标识测距[D].沈阳:沈阳工业大学,2020.

[3] 赵勋杰,李成金.双目立体实时测距系统的关键技术研究[J].激光与红外,2006(9):874-877.

[4] 祝琨,杨唐文,阮秋琦,等.基于双目视觉的运动物体实时跟踪与测距[J].机器人,2009,31(4):327-334.

[5] 李海军.基于双目视觉的自动跟踪系统应用[J].火力与指挥控制,2010,35(1):150-152.

[6] 朱先锋.基于双目视觉的工件尺寸三维测量[D].舟山:浙江海洋学院,2014.

[7] ZHANG Z. A flexible new technique for camera calibration [J]. IEEE Transactions on Pattern Analysis and Machine Intelligence,2000,22(11):1330-1334.

[8] DELCLÒS-ALIÓ X, MARQUET O, MIRALLES-GUASCH C. Keeping track of time: a smartphone-based analysis of travel time perception in a suburban environment[J]. Travel Behaviour and Society,2017,9:1-9.

[9] TOULMINET G,BERTOZZI M,MOUSSET S,et al. Vehicle detection by means of stereo vision-based obstacles features extraction and monocular pattern analysis [J]. IEEE Transactions on Image Processing,2006,15(8):2364-2375.

[10] 韩峻峰,王帅.基于双目立体视觉技术的汽车测距系统实现[J].计算机应用与软件,2016,33(9):227-230.

# 第6章

# 车道线检测

## 6.1 车道线检测

车道线检测是无人驾驶的基础技术,是无人驾驶系统中基于视觉感知实现系统功能的重要组成部分。利用视觉算法实现车道线检测是无人驾驶系统的通用解决方案。车道线检测是一项具有挑战性的任务,原因在于车道线种类繁多、道路上车道线可能存在的磨损以及恶劣天气的影响,此外,当道路上存在多个车辆时产生的遮挡也会影响到车道线的正常检测。

车道线检测能够帮助车辆保持在正确的行驶路线上,从而避免交通事故的发生,这一功能对于自动驾驶来说至关重要。不仅如此,在目前具有 L2 级别自动驾驶功能的车辆上,也大多配备了车道偏离预警系统(Lane Departure Warning System,LDWS),能够通过车道线的检测,警示司机进行安全驾驶,甚至自动采取制动措施以确保车辆的安全。

基于计算机视觉的车道线检测系统有两种技术实现路线,一种是采用传统的图像处理方法,通常采用 3 个步骤进行处理。首先对图像进行预处理得到感兴趣区域,预处理过程包括图像去畸变操作,普通相机拍摄的照片一般都会存在畸变,包含径向畸变和切向畸变,使车道线发生扭曲和失真。所以,一般先对图片进行去畸变处理;然后预测车道线,根据车道线的特征(如形状、纹理等)设计特殊的滤波器和去噪策略,从而提取出车道线的信息;最后在该区域进行车道模型拟合,因为识别的目标是"线",故而需要进行直线或曲线拟合处理,通常采用的是 Hough 变换,为了提升稳定性,在帧间还会进行跟踪平滑处理。

另一种车道线检测系统的实现方法是采用深度学习技术。深度学习技术近年来在计算机视觉的各个领域,无论是精度还是鲁棒性上都优于传统视觉方案。同时,传统视觉方案的车道线检测技术对于比较老旧的道路、车道线不明显的情况识别效果一般。另外,传统方案对光线的依赖性太强,只能在天气晴好、无遮挡的状况下才能表现良好。

为了满足 ADAS 系统对车道线检测精度的需求,采用深度学习技术进行车道线检测是未来的发展方向。根据深度学习技术的特点,车道线检测过程基本上也包括 3 个阶段,分别是车道线数据准备、车道线检测模型训练以及实时车道线检测。在上述过程中,车道线数据的规模以及数据标注的准确度会对车道线检测模型的训练产生关键的影响。车道线检测模型和算法是提升车道线检测精度和实时性的关键。

# 6.2 车道线检测研究进展

## 6.2.1 传统视觉检测方法

传统视觉检测方法在车道线检测应用上的处理流程如图 6-1 所示。首先对输入图像进行去畸变处理;然后提取车道线特征;最后经过车道线线性拟合以及帧间跟踪平滑处理,输出车道线信息。

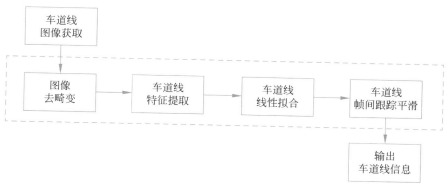

图 6-1 基于视觉处理的车道线检测流程框图

传统视觉检测方法在实现上,可以通过 OpenCV 等视觉处理环境进行应用开发和系统实现。首先在一系列单独的图像上开发测试,然后应用于视频流处理。

基于 OpenCV 的传统视觉车道线检测流程为灰度图片转换、高斯滤波、边缘检测、感兴趣区域提取、直线检测、车道线拟合和车道线信息输出。其中,车道线拟合是一个难点,因为一般情况下车道线拟合可以看作直线拟合问题。但是,在车道线为非直线的情况下,直线拟合的误差就会变得非常明显。

传统视觉检测方案虽然运行效率高,但是存在的局限也比较明晰,主要体现在对于车道线不明显的情况下识别效果不够理想,而这种情况恰恰是日常道路中的常见现象。同时,传统方案对光线的依赖性太强,只能在天气晴好,光线充足无阴影、无遮挡的状况下才能表现良好。

### 6.2.2　深度学习检测方法

在自动驾驶应用需求中,车道线检测必须保持实时,同时对精度也有一定的要求。随着深度学习技术在计算机视觉领域的飞速发展和广泛应用,为了满足这一需求,采用深度学习技术的车道线检测技术获得了广泛研究和长足进展。

Neevn 等提出一种基于实例分割的车道检测方法,其中每个车道在车道类中形成自己的实例。该方法思路是采用基于 ENet 编解码结构的网络进行车道线分割提取,再用 H-Net 进行透视变换矩阵的估计,将两者进行结合从而得到车道线识别结果。该算法能够抵抗由上下坡引起的图像视野变化。在配置 1080TI GPU 的计算平台上,算法运行速度为 50 帧/秒,在 TuSimple 数据集上进行了验证,可以处理不同数量的车道并应对车道变化,获得了不错的结果。

通常将车道检测视为语义分割任务,其中为图像中的每个像素分配一个二进制标签以指示其是否属于车道。但这样会导致模型过度依赖车道分割图作为监控信号。由于带注释的车道像素数量远远少于背景像素,从如此细微和稀疏的注释中学习成为训练任务深入模型的主要挑战。为了降低网络对数据的依赖,以及打造轻量型的车道检测网络,Hou 等提出了 SAD 模型。该方法采用了自注意力蒸馏(SAD)技术,允许车道检测网络无须其他标签和外部监督即可加强自身的表示学习。此外,它不会增加基本模型的推理时间。SAD 允许网络利用从其自身的层派生的注意力图作为其较低层的蒸馏目标。

Ko 等提出了一种深度学习车道检测方法,可以对任意数量的车道进行检测,比其他最近的车道检测方法有更低的误报率。该方法的体系结构共享特征提取层并拥有多个分支用于检测和嵌入到集群车道。所提出的方法可以在车道生成精确的点,并且针对生成的点将聚类问题作为一个点云实例分割问题。PINet 网络训练程序包括 3 个主要部分。大小调整为 $512 \times 256$ 的输入数据由大小调整层压缩,并将压缩的输入传递到特征提取层。在每个沙漏(Hourglass)块的末尾有 3 个输出分支,分别预测每个网格的置信度、偏移量和实例特征。损失函数可以根据每个沙漏块的输出来计算。

车道线检测需要更好的检测精度和效率来满足更高级别的自动驾驶需求,因此车道线检测算法不仅需要有效,而且还需要高效。Tabelini 等提出了一种用于车道线检测的新方法——PolyLaneNet,一种用于端到端车道线检测估计的卷积神经网络。PolyLaneNet 从安装在车辆中的前视摄像头获取输入图像,并通过深度多项式回归输出代表图像中每个车道标记的多项式,以及域车道多项式和每个车道的置信度得分。该方法与现有的最新方法相比具有竞争优势,同时速度更快,不需要后处理即可获得车道估算值。

Qin 等提出了将车道线检测过程视为使用全局特征的基于行的选择问题,使用全局特征在图像的预定义行中选择车道的位置,而不是基于局部接受域分割车道的每个像素,从而大大降低车道检测的计算成本。此外,由于在全局特征上使用较大的接受域,同时可以处理具有挑战性的场景。论文在两个车道线检测基准数据集上的大量试验表明,这种方法可以在速度和准确性方面达到最先进的性能。轻量级版本甚至可以以相同的分辨率达到300FPS以上的处理速度。

Lu 等提出了一种实时车道线检测系统,称为"场景理解物理增强实时"算法。该方法包括两个主要模块:①作为场景特征提取器的分层语义分割网络;②用于车道线推理的物理增强型多车道参数优化模块。在分割网络设计上,采用了多级分类器设计,通过多级标签,能够将多数据集复合训练,并根据界标信息,增加道路信息,相当于增加了标签真值。论文设计了相关的 Cost 函数来反映车道线的物理特性。给定相机的内、外参数,和道路/车道线的点可以从图像视图转为 BEV 坐标,从而将车道线表示为多项式形式。

Efrat 等提出了一种基于相机的新型 DNN 方法,用于带不确定性估计的 3D车道线检测。该方法基于半局部 BEV(鸟瞰视角)的网格表示形式,其将车道线分解为简单车道线段。该方法结合了线段学习的参数化模型和聚类线段成为全车道线的深度特征嵌入。这种结合可以将该方法推广到复杂的车道拓扑结构、曲率和曲面几何。此外,该方法是第一个为车道线检测任务提供基于学习估计不确定性的方法。

Shao-Yuan Lo 等提出了特征尺寸选择和递减扩张块方法,将改进后的 EDA(Efficient Dense Modules)网络进行多车道线分类识别。在 ITRI 数据集上,输入图像大小为(480,720)时,该算法达到了 75.9% 的精度和 110FPS 的检测速度。

庞彦伟采用基于边缘特征融合和跨连接的语义分割网络进行车道线分割;对基础网络的编码器并联一个边缘特征提取网络,边缘特征采用 Sobel 边缘检测算子提取,逐层融合边缘特征图和原始特征图增强车道线特征。该算法将传统视觉的边缘检测算法与卷积神经网络提取的特征进行融合,在 Tesla P40 运算硬件的支持下,1280×1024 像素大小的输入图像,单帧检测耗时 66ms。增加分割精度的同时,降低了运行速度。

从相关领域研究现状看,在 2012—2016 年,对车道线以及斑马线的分割方法多为阈值分割或边缘检测方法。该方法虽然在理想条件下能够准确分割车道线,但在复杂环境下略微增加些干扰因素,车道线的分割结果会受很大影响,无法在实际应用中采用。而 2017—2019 年已经开始向基于深度学习的语义分割方法转变。

深度卷积神经网络与传统检测器使用的手工描述符相比,深度卷积神经网络从原始像素到高级语义信息生成层次特征表示,这些特征表示从训练数据中自动学习,在复杂环境中具有更强的识别表达能力。此外,深度卷积神经网络得益于强大的学习能力,可以在较大的数据集上获得更好的特征表示,而传统视觉描述符的学习能力是固定的,当有更多的数据可用时并不能得到改善。这些特性使设计基于深度卷积神经网络的目标检测算法成为可能。

研究试验表明,基于深度学习的检测算法得到的试验效果总体上优于基于特征提取的识别方法,解决了部分因光照阴影的影响而造成的目标无法识别,因此深度学习的方法更适用于实际复杂路况应用。

# 6.3    基于传统视觉的车道线检测

基于传统视觉的车道线检测系统处理流程如 6.2.1 小节所述,为了阐述系统实现流程,对其中每一部分详细分析如下。

一般来说,考虑单目相机的情况会利用车载摄像机拍摄前方道路视频,完成车道线的检测后输出结果视频,输入图像如图 6-2(a)所示,车道线识别结果如图 6-2(b)所示。

(a) 车道线检测输入                    (b) 车道线检测结果

图 6-2    车道线检测输入图像及检测结果

基于传统视觉的算法主要根据地面的亮度信息进行车道线检测,主要实现步骤如下。

(1)沿着车道,选择 4 个透视变换点,将图像转换为俯瞰图。

(2)将俯瞰图转换为灰度图,计算图像均值,用俯瞰图灰度图减去均值图像,得到差值图像。

(3)对差值图像进行动态阈值提取车道线,再经过形态学处理,得到车道线与停止线区域。

(4)利用最小二乘法对车道线进行拟合,得到车道曲线方程,将车道区域标记于原图中。

下面对以上步骤的详细处理过程进行图示和代码分析。

### 6.3.1 透视变换

选定 4 个透视变换点,选择点的顺序依次为左下、左上、右上和右下。通过透视变换将图片转换至俯瞰图,如图 6-3 所示。

(a) 选定透视变换点　　　　　　　　　　　　　　(b) 俯瞰图

图 6-3　透视变换

对应代码如图 6-4 所示,调用 OpenCV 的 getPerspectiveTransform 函数进行相应视图转换。

```
##########以下透视变换点改变部分###############
# src=np.float32(points_in)#选定点带入

src = np.float32([(298, 710), (641, 473), (857, 480), (1151, 708)])  #
# src = np.float32([(346, 705), (603, 509), (845, 506), (1076, 712)])#

dst = np.float32([[(320, 720), (320, 0), (960, 0), (960, 720)]])#720
M = cv2.getPerspectiveTransform(src, dst)#正变换
Minv = cv2.getPerspectiveTransform(dst,src)#反变换
```

图 6-4　对应代码

### 6.3.2 动态阈值提取车道线

通过动态邻域阈值提取车道,得到图 6-5(a),将图像像素按照垂直方向累加,得到的水平灰度直方图如图 6-5(b)所示。

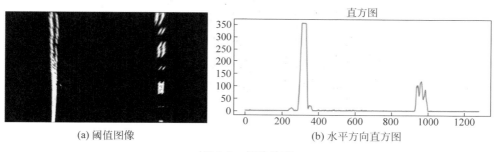

(a) 阈值图像　　　　　　　　　　　　　　(b) 水平方向直方图

图 6-5　阈值处理

对应代码如图 6-6 所示，使用 OpenCV 的直方图相关处理函数实现数值计算。

```
# plt.show()
histogram = np.sum(binary_warped[binary_warped.shape[0]//2:,:], axis=0)#
# Find the peak of the left and right halves of the histogram
# These will be the starting point for the left and right lines
# Create empty lists to receive left and right lane pixel indices
left_lane_inds = []
right_lane_inds = []
midpoint = np.int(histogram.shape[0]/2)#横轴中点
leftx_base = np.argmax(histogram[:midpoint])#左边最大值x坐标
rightx_base = np.argmax(histogram[midpoint:]) + midpoint#右边最大值x坐标
```

图 6-6　对应代码

### 6.3.3　车道线方程拟合

车道线方程拟合基于上述计算结果，由图 6-7(b)找到水平灰度直方图的最大值所在的水平坐标，以此作为起点，从图 6-7(a)下方开始用固定宽高的矩形框去包含车道线像素点，求取每个矩形框内像素点的均值坐标，作为下一次新矩形框的横坐标值，新的矩形框纵坐标值等于上一次矩形纵坐标减去矩形的宽度。重复这一过程，直至矩形框纵坐标到达 0。将矩形框包含的所有点用于最小二乘拟合，求出车道线的曲线方程，如图 6-7(c)所示。

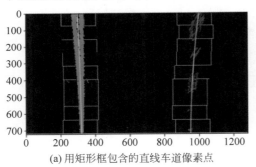

(a) 用矩形框包含的直线车道像素点

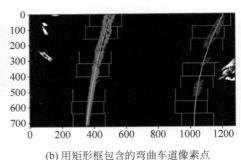

(b) 用矩形框包含的弯曲车道像素点

$$f_{\text{right}}(y) = A_{\text{right}}y^2 + B_{\text{right}}y + C_{\text{right}}$$

$$f_{\text{left}}(y) = A_{\text{left}}y^2 + B_{\text{left}}y + C_{\text{left}}$$

(c) 最小二乘拟合车道曲线方程

图 6-7　车道线方程拟合

车道线曲线方程的拟合会遇到异常情况,通过曲线方程系数 $A$、$B$、$C$ 的取值范围、跃变程度(梯度)来限制异常曲线。将相邻 3 次的曲线方程,通过低通滤波处理,从而限制异常突变情况,保持车道线的稳定输出,异常曲线形状如图 6-8 所示。

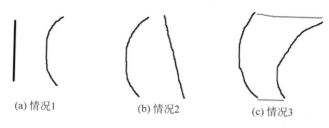

(a) 情况1        (b) 情况2        (c) 情况3

图 6-8 异常车道曲线

通过限制曲线 $A$、$B$、$C$ 系数的值、变化快慢的程度,进而得到稳定的车道曲线输出。

### 6.3.4 平滑输出方法

在车道线检测时,由于图像环境的变化,不能保证每帧图像都能检测输出车道线方程。为了进行平滑输出,在检测到车道线时,输出当前车道线方程;未检测到车道线时,输出预测车道线方程结果。

车道线预测方法采用对车道线方程的增量式预测输出实现。增量式预测原理如下:输入数据 $A$、$B$,对 $A$、$B$ 的未来 $m$ 次数据进行预测。其中,时间 $t=0$ 为当前时刻;$t<0$ 为过去时刻;$t>0$ 为未来时刻。假设需要预测未来 $m=5$ 次的数据。已知数据 $A$ 和数据 $B$ 当前时刻之前的 5 次数据。计算步骤如下。

(1) 计算增量 inc,用相邻两次数据做差,即

$$\text{inc} = A(t) - A(t-1) \tag{6-1}$$

(2) 计算增量均值 mean_inc,将所有增量均值累加,并除以增量值个数,即

$$\text{mean\_inc} = \frac{\sum_{t=0}^{n-1} \text{inc}_t}{n} \tag{6-2}$$

(3) 预测值 $\text{pre}_m$,当前时刻值加上累加的增量,即

$$\text{pre}_m = A(t_0) + m \times \text{mean\_inc} \times p \tag{6-3}$$

式中,$m$ 为需要预测第几次数据;$p$ 为增量系数,可取值范围为 $[0.1, 1.0]$。

将车道线方程曲线系数 $a$、$b$、$c$ 进行增量式预测,结合前 5 次结果,计算增量均值(增量系数设为 0.1),然后计算 $n$ 次后输出。平滑输出后,车道线显示效果连续,抵抗部分帧丢失车道线的情况,如图 6-9 所示。

图 6-9　车道线平滑输出

　　基于传统视觉的车道线检测方法,基本思路是对图像中车道线的几何特征提取,该识别方法在理想路况、光照良好且地面的交通标识印制清晰的条件下,能够完整提取、识别目标。对于实际应用场景,图像引入了噪声干扰,面对较差的图像质量,该方法的检测效果较差或完全失效,因此基于传统视觉的检测方法在实际路况复杂场景应用中有一定的局限性。

# 6.4　基于深度学习的车道线检测

　　深度学习的发展为车道线检测的功能提升带来新的机遇,但是当前基于深度学习的检测方法计算量大,只有在车载高性能计算系统中才能勉强达到实时。为了达到检测速度与精度的平衡,对比了多个轻量化语义分割网络的性能指标,决定采用轻量化 DAB-Net 语义分割网络,在百度无人驾驶挑战赛提供的地面交通标识数据进行训练测试。将网络模型进行量化加速,将算法进行多线程并行处理,以提高运行速度,最后再将算法部署于嵌入式系统中。

## 6.4.1　语义分割网络与车道线检测

　　语义分割算法可以对图像进行像素级分类,可以实现不规则几何形状目标的检测。语义分割网络中一种比较流行的结构是编码-解码结构,编码部分通过下采样降低输入图像的分辨率,从而生成一个低分辨率的特征映射。而解码结构对这些特征描述进行上采样,将其恢复成全分辨率的原图。下采样降低了分辨率与运算的同时丢失了部分空间信息,而空洞卷积则提供一种增加感受野但又能保证空间分辨率的方法。

Mean Intersection Over Union(MIOU,平均交并比)用于语义分割评估模型的度量。由于分割目标是不规则图形,因此目标常被分割成多边形。如图 6-10 所示,图像中目标的真实值集合 $G$,而经过分割网络模型预测的目标集合 $P$。IOU 定义为 $P$ 与 $G$ 的交集比 $P$ 与 $G$ 的并集。作用于二分类时,即前景类和背景类的关系。而对于图像中包含多个目标,需要对每一个目标求取 IOU,求取当前类别 IOU 时,当前类别作为前景正例,其他类别作为背景负例。求取多个类别 IOU 后求取类别的平均值,得到 MIOU 作为语义分割的评价指标。

图 6-10　交并比示意图

实际计算的过程中,采用像素点的分类正确与否进行计算,如 TP(真正)表示预测结果是正类,真实结果为正类。FP(假正)表示预测结果是正类,真实结果是负类。FN(假负)表示预测结果是负类,真实结果是正类。TN(真负)表示预测结果是负类,真实结果是负类。则 MIOU 计算公式为

$$MIOU = \frac{1}{k} \sum_{i=1}^{k} \frac{P \bigcap G}{P \bigcup G}$$

$$= \frac{1}{k} \sum_{i=1}^{k} \frac{TP}{TP + FN + FP} \tag{6-4}$$

FCN 网络是 Jonathan Long 等于 2015 年提出的,是最早的语义分割网络。对于一般的分类网络,都会在网络最后端加入全连接层,然后经过 softmax 层对图片进行分类。但对于像素点的多类别分类,FCN 提出了全卷积网络进行识别。该网络前端利用 AlexNet 作为编码器,采用反卷积层实现上采样恢复分辨率作为解码器,实现端到端训练的全卷积网络,网络后端多通道的类别特征图,完成了不规则几何形状目标的语义分割。

U-Net 网络是 Ronneberger 等于 2015 年通过扩张解码器模块容量的方式改进了 FCN 全卷积结构。新的 U-Net 结构"包括捕获上下文的收缩路径和实现精确定位的对称扩展路径",U-Net 结构分割精度高的原因在于使用了不同层的通道拼接特征融合。深层的语义信息通过反卷积上采样,再与低层的特征图进行融合,这种方式已经被拓展至多种分割问题上。但由于其计算量大,故应用场景有限。

DeepLabv1 网络是来自谷歌的 Liang-Chieh Chen 等于 2015 年提出的语义分

割网络,随后更新了 DeepLabv2 和 DeepLabv3 网络。该系列网络提出了空洞卷积,将多个空洞卷积组成了 ASPP(Atrous Spatial Pyramid Pooling)结构,如图 6-11 所示。在不增加计算量的前提下,通过使用多个不同采样率的空洞卷积来增加感受野。DeepLabv2 网络后端使用了全连接条件随机场(Conditional Random Field,CRF)模块,能够进一步提升网络的分割精度,但其方式并不是端到端输出的最终结果,需要 CRF 后处理结构,不适合实时应用。

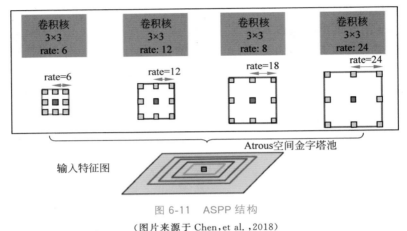

图 6-11　ASPP 结构

(图片来源于 Chen,et al.,2018)

而 DeepLabv3 系列网络引入了 Xception 模型,ASPP 模块中使用了 4 个不同 rate 的空洞卷积,额外使用了一个全局平均池化。而在 ASPP 和解码模块中使用了深度可分离卷积,其上采样方式采用了反卷积。由于 DeepLabv3+使用了较深的 Xception 主干网络,同时使用了反卷积及多层信息融合再输出的方法,如图 6-12 所示,该网络精度在 PASCAL VOC 2012 上高达 87.8% MIOU,但计算速度较慢。

PSP 网络是由 Hengshuang Zhao 等于 2017 年提出的语义分割算法,该算法提出了金字塔池结构代替 ASPP 结构,如图 6-13 所示。同时引入了分支辅助损失函数来提升特征的拟合能力,在 Cityscapes 上达到了 80.2% MIOU。

以上提到的网络都具有计算量大的特点,难以达到实时应用的目的。因此,针对语义分割繁重的网络,又发展出了轻量化的语义分割方法。EDA 网络是由 Shao-Yuan Lo 等于 2019 年提出的轻量化语义分割网络结构,如图 6-14 所示。

该网络的 EDA 模块中采用了深度可分离卷积、卷积分解、空洞卷积的方法,大幅度提高了检测速度。网络又使用了大量的跨层通道特征拼接来缓解因轻量化卷积带来的精度下降,在 Cityscapes 数据集上获得 67.3% 的精度和 82FPS 的检测速度。从此语义分割踏上了实时检测的发展道路。

BiSeNet 网络是 Changqian Yu 等于 2018 年提出的语义分割网络,如图 6-15 所示,该网络提出空间路径和上下文路径来增加语义分割的分割精度。在 ARM 模

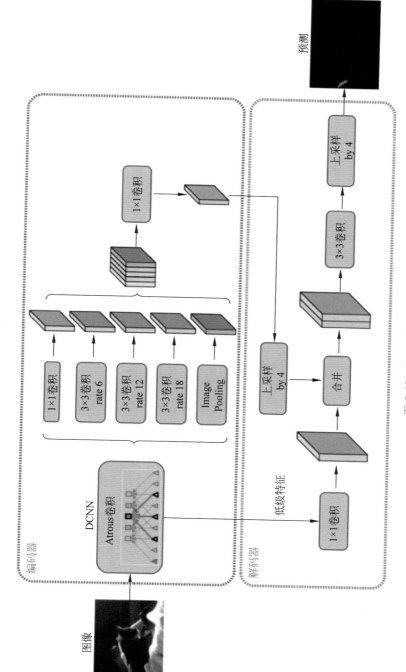

图 6-12 DeepLabv3＋网络
（图片来源于 Chen，et al.，2018）

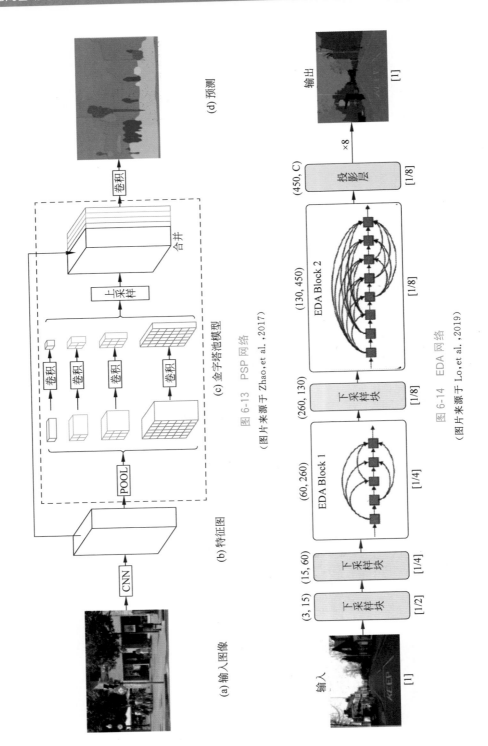

(a) 输入图像

(b) 特征图

(c) 金字塔模型

(d) 预测

图 6-13 PSP 网络

（图片来源于 Zhao，et al.，2017）

图 6-14 EDA 网络

（图片来源于 Lo，et al.，2019）

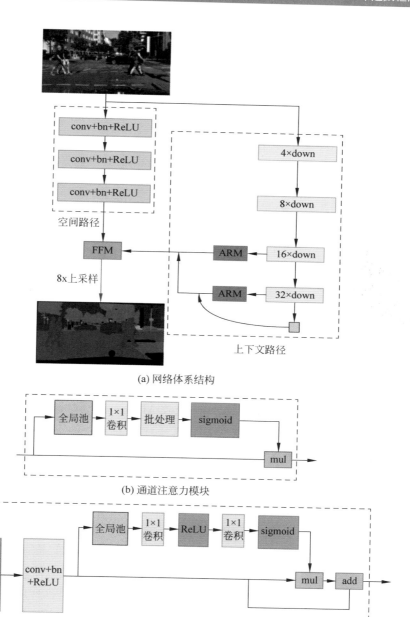

(a) 网络体系结构

(b) 通道注意力模块

(c) 特征融合模块

图 6-15 BiSeNet 网络

（图片来源于 Yu，et al.，2018）

块中添加了通道注意力用于指导学习通道特征的重要性，FFM 模块通过设计特征融合模块来融合当前空间与上层特征。BiSeNet 其 Backbone 采用 Xception39，在

CityScapes 数据集上获得 68.4％ 的精度和 105FPS 的运行速度。BiSeNet 首次在分割中引入了通道注意力，且没有带来检测速度的降低。

　　Fast S-CNN 网络是由 Rudra P. K. Poudel 于 2019 年提出的速度最快的语义分割网络，如图 6-16 所示。该网络结合了轻量化模型设计，在网络中使用了通道分离的卷积，同时设计了瓶颈结构减少通道特征图数量，降低分辨率。使用金字塔池化后，通过上采样恢复分辨率，利用双分支融合浅层与深层的特征，最后经过分类层将像素点进行分类。Fast S-CNN 使用了当前轻量化卷积的设计方式，又通过不同层特征融合重新组合特征，在 CityScapes 上获得 68％ 的精度和 124FPS 的速度。

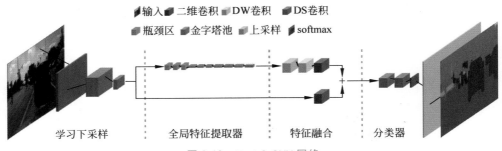

图 6-16　Fast S-CNN 网络

（图片来源于 Poudel，et al.，2019）

　　DAB-Net 网络是由 Gen Li 等于 2019 年提出的结合深度分离与非对称瓶颈结构（Depth-wise Asymmetric Bottleneck，DABNet）的实时语义分割网络。整体网络层数为 20 层，参数量仅为 0.76M。在 CityScapes test 评测 MIOU 为 70.1％，检测速度为 102FPS，检测精度高且检测速度快，适合实时应用。如图 6-17（a）所示，DAB-Net 包含了两组 DAB Block，每组 DAB Block 包含多个 DAB Module。在 DAB Module 中包含了现如今所有的轻量化卷积设计方式，延续了 EDA-Net 中使用的轻量化卷积、卷积分解与空洞卷积。在 DAB 模块中，首先使用瓶颈结构降低特征数量，如图 6-17（b）所示，再采用分解卷积，将 $3\times3$ 的卷积替换为 $1\times3$、$3\times1$ 的卷积，同时结合尺度为 $[4,4,8,8,16,16]$ 空洞卷积提高了感受野，进一步减小了参数量大小，提高了计算速度。其中 $D$ 为空洞卷积，$w$ 为图像特征通道数。而在 DAB Block 的末端又使用特征的通道维度拼接，为提高网络特征提取能力，DAB-Block1 模块中将每一个 DAB 模块进行 3 次堆叠，又采用拼合方式将浅层特征与深层特征进融合。DAB-Block2 模块将每一个 DAB 模块进行 6 次堆叠，也采用拼接方式进行特征融合，组合了浅层与深层的语义信息。由于 DAB-Net 使用了轻量化网络的设计方式，提高检测速度的同时也会降低一部分精度。DAB-Net 没有融入

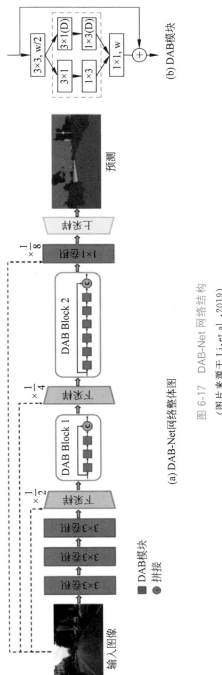

(b) DAB 模块

(a) DAB-Net 网络整体图

图 6-17 DAB-Net 网络结构

（图片来源于 Li, et al., 2019）

通道特征图之间的关联,且缺乏局部特征关联,因此可以在此方向上做进一步的精度提升。

迄今为止,语义分割网络仍然在精度与速度之间权衡,若提高网络的分割精度,必定会使网络结构复杂,从而提高运算量、降低检测速度。而对于提高检测速度,采用多种加速优化方法后会不可避免地降低检测精度。截至目前,轻量化快速实时的分割网络在 CityScapes 上精度普遍接近 70% MIOU,而精度高的网络约在80%。针对本书研究对象是自动驾驶领域的地面交通标识识别,因此应该在检测精度能接受的条件下,选择检测速度较高的网络进行试验。

### 6.4.2　基于 DAB-Net 的改进模型

人类的视觉系统能够通过对整幅图片的快速扫描,划分出需要重点关注的目标区域,然后在复杂的视觉场景中重点关注目标区域,投入更多的注意力资源,这是人类进化过程中最大化地使用注意力资源从视觉系统中获取有价值信息的手段。为了优化网络结构,提升网络性能,借鉴注意力机制用于语义分割网络 DAB-Net 的改进。首先介绍基于空间位置与通道的注意力机制,然后介绍上下层信息融合的 DAB 网络的具体改进方案。下面分别从 SE 通道注意力机制、DA 与 CC 局部注意力机制、OCR 上下层信息融合以及自设计的 MIF 模块等方面进行详细介绍,然后结合改进后的网络完成试验。

#### 1. 结合通道注意力的 DAB-Net

为获得特征图通道之间的关联性,本书在 DAB 模块中添加了 SE(Squeeze and Excitation)模块。添加位置如图 6-18(a)所示,SE 模块结构如图 6-18(b)所示。SE 模块在仅增加少许参数的情况下,对重要特征信号进行放大,抑制次要特征信号,显著提升了网络精度。多项试验表明,在图像分类,目标检测领域,SE 模块能够为基础网络带来显著的性能提升。

首先,SE 模块将输入特征图 $u_c^{(C \times H \times W)}$ 按照式(6-5)求取全局平均值得到 $z_c^{(C \times 1 \times 1)}$,即

$$z_c = \boldsymbol{F}_{sq}(\boldsymbol{u}_c) = \frac{1}{H \times W} \sum_{i=1}^{H} \sum_{j=1}^{W} u_c(i,j) \tag{6-5}$$

式中,$H \times W$ 为图像大小;$C$ 为通道数。将 $z_c^{(C \times 1 \times 1)}$ 通过两层全连接层进行非线性激活映射,得到每个通道特征图的重要性排序结果 $s_c$,即

$$s_c = \boldsymbol{F}_{ex}(z_c, W) = \sigma(W_2 \delta(W_1 z_c)) \tag{6-6}$$

式中,$W_1$、$W_2$ 为全连接层的权重参数;$\sigma$ 为 sigmoid 激活函数;$\delta$ 为 ReLU 函数。最后将重要性结果尺度因子 $s_c$ 与原特征图 $\boldsymbol{u}_c^{(C \times H \times W)}$ 进行点乘,得到按照通道重要性排序的特征图 $X_c$ 作为最终输出,即

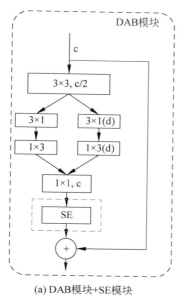
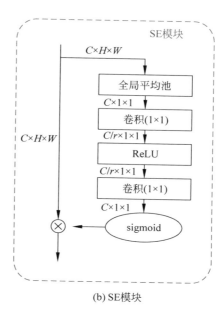

(a) DAB模块+SE模块　　　　(b) SE模块

图 6-18　SE 注意力机制添加位置

$$X_c = \boldsymbol{F}_{\text{scale}}(\boldsymbol{u}_c, s_c) = s_c \boldsymbol{u}_c \tag{6-7}$$

**2. 结合局部注意力的 DAB-Net**

**1）DA 局部注意力**

为增加特征图内的局部注意力，本书在 DAB-Net 网络中添加 DA（Dual Attention）局部注意力，添加位置如图 6-21 所示。DA 注意力机制考虑到单张特征图内每个像素点之间的相关性，如图 6-19 所示。输入特征图为 $A \in \mathbb{R}^{C \times H \times W}$，对其采用卷积后得到特征图 $\{B, C\} \in \mathbb{R}^{C \times H \times W}$。对 $\{B, C\} \in \mathbb{R}^{C \times H \times W}$ 转换成 $\{B, C\} \in \mathbb{R}^{C \times N}$ 单行单列矩阵，此时 $N = H \times W$。对 $\{B, C\} \in \mathbb{R}^{C \times N}$ 进行矩阵乘法，再根据式（6-8）求取 softmax 的到位置关联的注意力图 $S = \mathbb{R}^{N \times N}$。$s_{ij}$ 的定义为第 $i$ 个位置对第 $j$ 个位置的影响。对 $A \in \mathbb{R}^{C \times H \times W}$ 特征图采用卷积运算后得到 $D \in \mathbb{R}^{C \times H \times W}$，调整至 $D \in \mathbb{R}^{C \times N}$ 后与 $s_{ij}$ 的转置矩阵进行相乘得到 $s_{ji} D_i$。最后通过

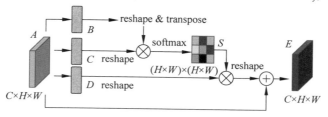

图 6-19　DA 注意力结构

式(6-9)得到最终的输出 $E \in \mathbb{R}^{C \times H \times W}$。其中 $\alpha$ 初始化为 0,学习训练的过程中逐步增加其权重。由于每个像素点考虑到了图像中的所有其他像素点,因此具有全局语境,根据空间位置注意力图自动聚合语境信息。计算 $\{B, C\} \in \mathbb{R}^{C \times N}$ 矩阵乘法时,图像越大则其运算量和占用显存就会越大。

$$s_{ji} = \frac{\exp(B_i, C_j)}{\sum\limits_{i=1}^{N} \exp(B_i, C_j)} \tag{6-8}$$

$$E_j = \alpha \sum_{i=1}^{N} (s_{ji} D_i) + A_j \tag{6-9}$$

2) CC 横向纵向注意力

为了提取更多的上下文信息,本书在 DAB-Net 网络中添加了 CC(Criss-Cross Attention)模块,添加位置如图 6-21 所示,CC 模块结构如图 6-20 所示。CC 模块能够在有效提供像素点之间关联性的同时,又不会像 DA 模块那样占用巨大的显存资源。

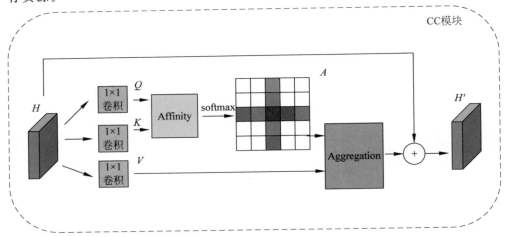

图 6-20　CC 注意力模块

首先,输入特征图为 $H_u$,CC 注意力机制模块利用两次 $1 \times 1$ 卷积进行通道调整获得 $Q$、$K$。从特征图 $Q$ 中提取每一个位置 $u$ 的特征记为 $Q_u \in R^{c'}$。再从特征图 $K$ 中 $u$ 的位置提取特征记为 $\boldsymbol{\Omega}_u \in R^{(H+W-1) \times C'}$,$\boldsymbol{\Omega}_{i,u} \in R^{C'}$ 为 $\boldsymbol{\Omega}_u$ 的第 $i$ 部分。通过式(6-10)进行关联(Affinity)运算,即

$$d_{i,u} = Q_u \times \boldsymbol{\Omega}_{i,u}^{\mathrm{T}} \tag{6-10}$$

式中,$d_{i,u} \in D$ 为 $Q_u$ 与 $\boldsymbol{\Omega}_{i,u}$ 的关联度。$i = [1, H+W-1]$,$D \in R^{(H+W-1) \times W \times H}$。将 $D$ 在通道维度上进行 softmax 得到横向与纵向的注意力图 $A$。

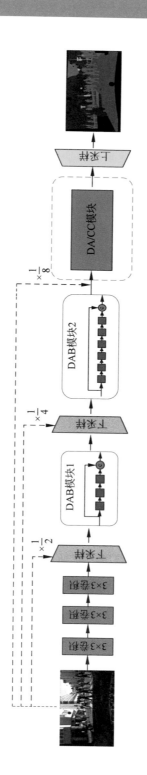

图 6-21 DA 与 CC 模块添加位置

用另一组 $1 \times 1$ 卷积核对 $H_u$ 进行特征提取得到另一组特征图 $V$。从特征图 $V$ 提取每个 $A_{i,u}$ 位置的特征信息记为 $\phi_u \in R^{(H+W-1) \times C}$。通过式（6-11）进行聚合（aggregation）计算得到 $H_u'$，即

$$H_u' = \sum_{i \in \phi_u} A_{i,u} \phi_{i,u} + H_u \qquad (6-11)$$

式中，$H_u'$ 为最终特征图输出表示单个像素点的横向与纵向方向的注意力相关性特征图；$H_u$ 为输入原始特征图。文献表明，通过堆叠 CC 模块可以在不带来额外参数量的同时，进一步扩大像素点的关联性区域，带来更好的分割性能提升。

**3. OCR 两层信息融合的 DAB-Net**

为了融合上下层的特征信息，本书采用 OCR（Object-Contextual Representations）模块对上下层信息进行特征融合。OCR 模块如图 6-22（a）所示，将特征图进行空间位置的 softmax 得到局部区域的最大响应特征图 $M$，$M$ 再与特征图 $X$ 进行矩阵相乘，得到基于空间位置的局部响应图 $F$。将 $F$ 与 $X$ 进行矩阵相乘，将得到的结果在通道维度上做 softmax 得到通道响应的特征图 $W$。将 $W$ 与 $F$ 进行矩阵相乘，得到的结果经过 $1 \times 1$ 卷积通道组合得到 $Y$。将 $Y$ 与原特征图 $X$ 进行通道维度的张量拼接，再通过通道调整组合得到最终的输出 $Z$。其中本节将 DAB-Net 中的 DAB 模块 1 输出作为 Layer1 的浅层特征图输入，将 DAB-Net 中的 DAB 模块 2 的输出作为 Layer2 的深层特征图输入，将浅层特征与深层特征进行 OCR 方式的特征融合，提高网络上下层信息的流通能力，从而提高网络性能。

**4. MIF 多层信息融合的 DAB-Net**

网络模型浅层提取为线条形状特征，深层提取复杂的语义信息。若进一步融合来自不同层次的特征，会增加目标特征表示，进而提升网络的精度。针对 OCR 上下层信息融合模块参数量大的情况，本书设计了简易的多层信息融合模块（Multilayer Information Fusion，MIF），如图 6-23（a）所示。Layer1、Layer2、Layer3 分别来自不同层的输出特征图，通过下采样使浅层的特征图 Layer1 与深层的特征图 Layer3 的尺寸一致，再利用拼接对不同层的特征图进行通道维度的张量合并，最后利用 $1 \times 1$ 的卷积对拼接后的特征图进行通道组合输出融合浅层与深层信息的特征图。MIF 模块参数量少，仅使用 $1 \times 1$ 的卷积核进行通道融合，计算速度快，可方便添加至其他网络中用于融合多层特征图。本书将 MIF 模块添加至 DAB-Net 网络中，添加位置如图 6-23（b）所示，通过 MIF 模块，本书融合了 3 层 DAB-Net 不同位置的特征图输出，能够更全面地描述目标特征。

**5. 模型改进试验结果及分析**

为了验证改进模块对网络性能提升的有效性，本书在公有数据集 CityScapes 上进行试验。CityScapes 数据集是用于城市街景场景理解的数据集，由 40 类目标组成。其中只有 19 类目标具有细标注数据。数据集包含 5000 张高质量精细标注

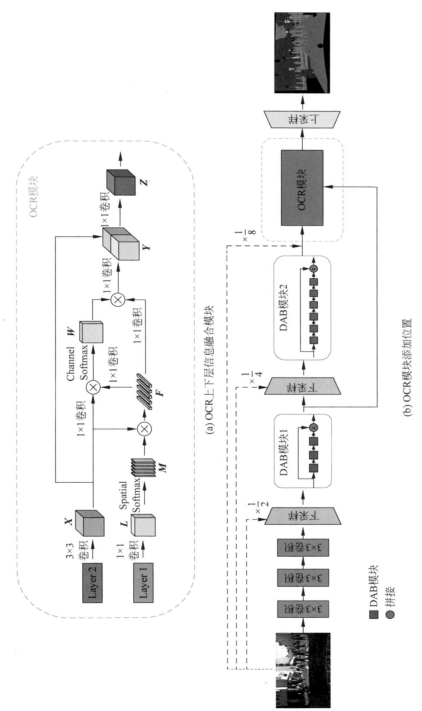

(a) OCR上下层信息融合模块

(b) OCR模块添加位置

图 6-22 两层信息融合的 DAB-Net 改进模型

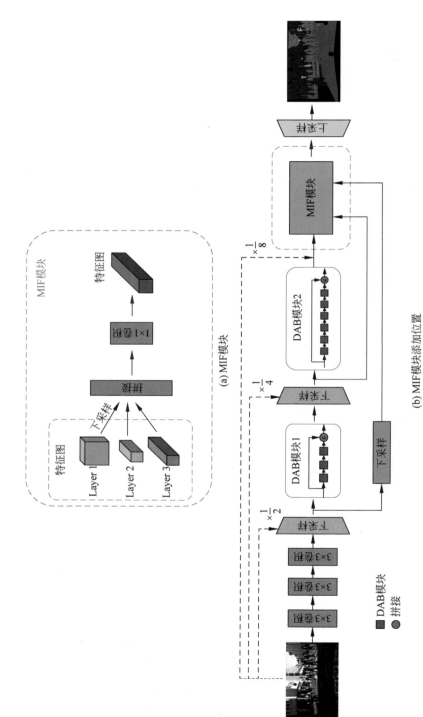

(a) MIF模块

(b) MIF模块添加位置

图 6-23　多层信息融合模块

的图像数据与粗略标注的 2 万张图像数据。图像大小为 1024×2048 像素。其中 5000 张细标注数据被划分为 2975 张训练数据、500 张验证数据、1525 张测试数据。试验中本书采用 5000 张细标注数据,19 类目标。选用 2975 张数据用于训练,500 张数据用于验证。由于测试数据的标注信息不公开,需要将测试数据分割完毕后在官网上传验证。

　　本书运行试验的平台环境是 1080Ti GPU、CUDA10.0、cudnn v7 与 PyTorch 框架。为了和基准中的训练环境一致,本书在训练超参数的设置中与基准采用同样的设置,Cityscapes 试验中本书使用 2975 张数据用于训练,500 张数据用于验证。采用了随机梯度下降(SGD)的优化方法,batch size 为 8,动量为 0.9,权重衰退为 0.0001。使用二项式衰减策略,初始化学习率为 0.045,动量为 0.9,损失函数选用 ohem 交叉熵损失。所有试验中,本书未选用任何数据进行预训练,完全从零开始训练。输入图像大小剪裁为 512×1024 像素,最大迭代次数设置为 1000epochs,单次试验训练时间约为 50h。数据预处理部分,本书将输入图像的缩放尺度设置为{0.75,1.0,1.25,1.5,1.75,2.0},同时使用了水平镜像翻转、去均值、随机位置裁剪等。

　　经过试验验证,本书将试验数据进行记录汇总,得到表 6-1 所示的 Cityscapes val 验证集试验结果。表中 GFlops 是输入图像为(512,1024)时,经过模型的前向传播后计算得到。选取试验分割结果差异较明显的 3 张原图像作为输入,得到 6 组分割结果图,如图 6-24 所示。

表 6-1　Cityscapes val 验证集试验结果

| ID | 模　　型 | MIOU/% | FPS | 参数/M | GFlops |
|---|---|---|---|---|---|
| ① | DAB-baseline[18] | 69.1 | 102 | 0.76 | 10.1 |
| | DAB+SE(reduction=8) | 71.27 | 94 | 0.786 | 10.6 |
| | DAB+SE(reduction=16) | 70.47 | 94 | 0.772 | 10.6 |
| | DAB+CC(recurrence=1) | 71.44 | 84 | 1.132 | 13.6 |
| | DAB+CC(recurrence=2) | 72.11 | 77 | 1.132 | 13.6 |
| | DAB+OCR | 72.08 | 75 | 1.649 | 17.3 |
| | DAB+MIF | 70.46 | 99 | 0.874 | 11.5 |
| | DAB+SE+CC+OCR | 72.61 | 42 | 2.03 | 20.4 |
| | DAB+SE+CC+MIF | 73.67 | 70 | 1.26 | 14.67 |
| ⑩ | DAB+DA | 68.99 | 45 | 1.132 | 31.8 |

1) DAB+SE 试验

　　在基础的 DAB-Net 网络内部的 DAB 模块中添加了 SE 模块,其中 SE 模块内 reduction 参数设置为 8 或 16。如表 6-1 所示,试验说明 SE 模块在增加少量参数的情况下,对分割模型的精度有显著提升。由于网络的特征图通道数为 64 或者

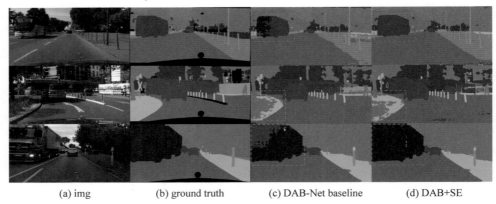

|  |  |  |  |
| :---: | :---: | :---: | :---: |
| (a) img | (b) ground truth | (c) DAB-Net baseline | (d) DAB+SE |
| (e) DAB+CC | (f) DAB+OCR | (g) DAB+SE+CC+OCR | (h) DAB+SE+CC+MIF |

图 6-24　Cityscapes val 分割结果

128,通道数较少,reduction 设置过大后,SE 模块内部的全连接隐藏层输出单元数目减少,导致非线性激活能力下降。因此,SE 模块中的 reduction 需要根据特征图的通道数目进行调整设置。

2）DAB+CC 试验

由表 6-1 中试验⑩数据得知,在添加 DA 注意力机制后,运算量 GFlops 提升至 31.8,是原网络的 3 倍,而检测速度降低为 45FPS,并且精度并没有明显提升。DA 注意力考虑到了每张特征图像素点之间的关联性,其运算量与关系表达是复杂的,网络也难以收敛。

与之相比,CC 注意力试验效果却有显著改善。试验结果如表 6-1 所示,其中试验 CC 模块中的 recurrence 参数取 1 与 2,即对 CC 模块进行堆叠,进一步扩大垂直与水平方向的注意力。当 recurrence 等于 2 时,模型的分割精度较原网络提升3%。且由图 6-24(e)所示的分割结果表明,CC 模块的添加能够显著提升卡车与草地的分割精度。

3）DAB＋OCR 试验

结合多层信息能够有效提升网络的性能,如 FPN 结构。因此,本书在基础的 DAB-Net 网络后部添加了 OCR 模块,其中 OCR 模块的浅层 Layer1 输入来自于 DAB 模块 1 的输出,深层次 Layer2 输入来自于 DAB 模块 2。经过试验验证后,如表 6-1 所示,改进后的网络在 val 的测试精度达到 72.08%。图像的分割结果如图 6-24(f)所示。

4）DAB＋MIF 试验

在基础的 DAB-Net 网络后端添加了 MIF 模块,融合了浅层与深层的特征信息。表 6-1 中试验表明,在增加很少的参数量情况下,MIF 模块将验证集精度 69.1%提升至 70.46%。速度仅下降 3FPS。

5）DAB＋SE＋CC＋OCR 试验

为了同时增加通道的重要性注意力,基于空间位置的纵向、横向注意力以及上下层信息融合。本书将多种改进方式融合进 DAB-Net 网络中,观察性能的提升。SE 增加特征图通道之间的信息传递,CC 模块将单张特征图内的横向、纵向的像素点之间关联增强。OCR 与 MIF 则是跨层融合信息,将浅层特征信息与深层特征信息进行融合,增加特征的表示能力。由表 6-1 中试验可见,本书的 DAB＋SE＋CC＋OCR 方式在验证集上精度达到 72.61%,速度为 42FPS。由表 6-1 中试验参数得知,融入 OCR 模块后,网络的参数量增加、计算量大,导致检测速度大幅度降低。在测试数据集上,如表 6-2 所示,DAB＋SE＋CC＋OCR 方式精度为 72.2%。精度提升 2.1%,速度从 102FPS 衰减至 42FPS。从分割结果中,本书可以直观看

表 6-2　Cityscapes test 测试集试验结果

| 模　　型 | MIOU/% | FPS | 参数/M | 输入尺寸 | 预训练 | GPU |
|---|---|---|---|---|---|---|
| DeepLabv2 | 70.4 | <1 | 44 | 512×1024 | ImageNet | TitanX |
| PSPNet | 78.4 | <1 | 65.7 | 713×713 | ImageNet | TitanX |
| SegNet | 56.1 | 14.6 | 29.5 | 360×640 | ImageNet | TitanX |
| ENet | 58.3 | 76.9 | 0.36 | 512×1024 | No | TitanX |
| ESPNet | 60.3 | 112 | 0.36 | 512×1024 | No | TitanXP |
| ContextNet | 66.1 | 65.5 | 0.85 | 512×1024 | No | TitanX |
| ERFNet | 68.0 | 41.7 | 2.1 | 512×1024 | No | TitanX |
| ICNet | 69.5 | 30.3 | 26.5 | 1024×2048 | ImageNet | TitanX |
| BiSeNet | 68.4 | 105 | 5.8 | 768×1536 | ImageNet | TitanXP |
| Fast-Scnn | 68 | 123 | 1.11 | 1024×2048 | No | TitanXP |
| DAB(baseline) | 70.1 | 102 | 0.76 | 512×1024 | No | 1080TI |
| DAB＋SE＋CC＋OCR | 72.2 | 42 | 2.03 | 512×1024 | No | 1080TI |
| DAB＋SE＋CC＋MIF | 73.15 | 70 | 1.26 | 512×1024 | No | 1080TI |

到图 6-24(g)与图 6-24(c)相比有了显著的分割精度提升,降低了分割错误率。图 6-24(g)与图 6-24(d)、(e)、(f)相比分别在火车、汽车等不同目标的分割正确率上有一定程度提高,同时可以看到已经显著地融合了 3 种机制的优点。为了提高检测速度,本书简化了上下层信息融合模块,设计 MIF 模块,添加 DAB+SE+CC+MIF 试验。

6)DAB+SE+CC+MIF 试验

由表 6-1 中试验可见,另一组 DAB+SE+CC+MIF 的方式在验证集上精度达到 73.67%,速度提高为 70FPS。由于 MIF 模块内部仅有一个 $1\times1$ 的卷积,与 OCR 模块内部的多个卷积相比,不仅显著降低了运算量、提高了检测速度,同时又能融合多层信息。在测试数据集上,如表 6-2 所示,精度为 73.15%。通过组合多种改进方式,成功地提升了分割网络的精度。表 6-1 中试验说明,本书提出的 MIF 模块能在更少参数量的情况下,能够完成多层信息融合,分割效果优于与 OCR 的组合方式且运算速度更快。从分割结果可知,图 6-24(h)与图 6-24(g)相比分别在草地、火车的分割错误率上进一步降低。改进后精度最高的网络是 DAB+SE+CC+MIF,下一步将对车道线标志数据集进行重新标定,用于检测试验。

上述网络改进及试验证明了增加图像的特征关联与信息融合能够有效提升轻量化网络的分割精度。为了增加特征之间的关联性,在通道维度方面本书在轻量化的 DAB-Net 网络中添加了 SE 通道注意力机制。在单张特征图内本书增加了 CC 纵向与横向的空间位置注意力。从多层的信息融合角度,本书增加了融合上、下层信息的 OCR 模块与 MIF 模块。改进后的 DAB-Net 网络分割性能 MIOU 从 0.701 提升至 0.7315,超过 IC 与 ERF 网络。对于 OCR 模块的参数量大、计算慢的缺点,本书又设计了简易的上、下层信息融合 MIF 模块,通过试验验证,在增加少量参数的情况下能够融合多层信息特征,从而有效地提高了网络分割精度。

# 参考文献

[1] 徐佳锋.地面交通标识识别方法及应用[D].沈阳:沈阳工业大学,2021.

[2] NEVEN D, BRABANDERE D B, GEORGOULIS S, et al. Towards end-to-end lane detection: an instance segmentation approach[C]//2018 IEEE Intelligent Vehicles Symposium,2018:286-291.

[3] HOU Y,MA Z,LIU C,et al. Learning lightweight lane detection CNNs by self attention distillation[C]//Proceedings of the IEEE/CVF International Conference on Computer Vision,2019:1013-1021.

[4] KO Y,LEE Y,AZAM S,et al. Key points estimation and point instance segmentation approach for lane detection[J]. IEEE Transactions on Intelligent Transportation Systems,2021,early access.

［5］ TABELINI L，BERRIEL R，PAIXÃO T M. PolyLaneNet：Lane Estimation via Deep Polynomial Regression［C］//2020 25th International Conference on Pattern Recognition，2021：6150-6156.

［6］ QIN Z，WANG H，LI X. Ultra Fast Structure-aware Deep Lane Detection［C］//European conference on computer vision，2020：1-15.

［7］ LU P；CUI C；XU S，et al. SUPER：a novel lane detection system［J］. IEEE Transactions on Intelligent Transportation Systems，2021，6（3）：583-593.

［8］ Efrat N，BLUVSTEIN M，GARNETT N，et al. Semi-Local 3D Lane Detection and Uncertainty Estimations［J］. arXiv preprint arXiv：2003.05257，2020.

［9］ LO S Y，HANG H M，CHAN S W，et al. Multi-class lane semantic segmentation using efficient convolutional networks［C］//IEEE 21st international workshop on multimedia signal processing，2019：1-6.

［10］ 庞彦伟,修宇璇.基于边缘特征融合和跨连接的车道线语义分割神经网络［J］.天津大学学报(自然科学与工程技术版),2019,52(8)：779-787.

［11］ LI G，YUN I，KIM J，et al. Dabnet：depth-wise asymmetric bottleneck for real-time semantic segmentation［J］. arXiv preprint arXiv：1907.11357，2019.

［12］ CHEN L C，PAPANDREOU G，KOKKINOS I，et al. DeepLab：semantic image segmentation with deep convolutional nets，atrous convolution，and fully connected CRFs ［J］. IEEE Transactions on Pattern Analysis and Machine Intelligence，2018，40（4）：834-848.

［13］ CHOLLET F. Xception：deep learning with depthwise separable convolutions［C］//IEEE Conference on Computer Vision and Pattern Recognition，2017：1251-1258.

［14］ CHEN L C，ZHU Y，PAPANDREOU G，et al. Encoder-decoder with atrous separable convolution for semantic image segmentation［C］//European Conference on Computer Vision，2018：801-818.

［15］ ZHAO H，SHI J，QI X，et al. Pyramid scene parsing network［C］//IEEE Conference on Computer Vision and Pattern Recognition，2017：2881-2890.

［16］ LO S Y，HANG H M，CHAN S W，et al. Efficient dense modules of asymmetric convolution for real-time semantic segmentation［C］//Proceedings of the ACM Multimedia Asia，2019：1-6.

［17］ YU C，WANG J，PENG C，et al. Bisenet：bilateral segmentation network for real-time semantic segmentation［C］//European Conference on Computer Vision，2018：325-341.

［18］ POUDEL R P K，LIWICKI S，CIPOLLA R. Fast-SCNN：fast semantic segmentation network［J］. arXiv preprint arXiv：1902.04502，2019.

［19］ CORDTS M，OMRAN M，RAMOS S，et al. The Cityscapes dataset for semantic urban scene understanding［C］//IEEE Conference on Computer Vision and Pattern Recognition，2016：3213-3223.

# 第7章

# 面向自动驾驶的嵌入式系统

## 7.1 嵌入式系统构成

自动驾驶系统利用安装于车上的各类传感器,第一时间收集车内外的环境数据,进行静、动态物体的辨识、侦测与追踪等技术上的处理,从而能够让驾驶者在最快时间内察觉可能发生的危险,以引起注意和提高安全性的主动安全技术。自动驾驶系统采用的传感器主要包括摄像头、激光雷达、毫米波雷达和超声波雷达等。实现传感器信息处理的模块称为自动驾驶中央域控制器,也可以称为智能驾驶计算平台,是整个自动驾驶汽车的运算决策中心。

自动驾驶系统的核心是环境感知。车载摄像头是自动驾驶系统的关键组成部分,担负着为系统提供车辆周围视觉信息的任务。计算模块将环境感知传感器的实时数据处理之后,提供给自动驾驶系统进行决策控制,以实现其预定功能。基于视觉的自动驾驶系统能够实现的功能包括停车辅助(Parking Assistance,PA)、交通标识识别(Traffic Sign Recognition,TSR)、车辆检测(Vehicle Detection,VD)、车道偏离报警(Lane Departure Warning,LDW)、前向碰撞报警(Forward Collision Warning,FCW)、行人检测(Pedestrian Detection,PED)等。图 7-1(a)给出了具有自动驾驶系统功能的嵌入式系统结构,图 7-1(b)则说明了传感器在自动驾驶系统中的功能划分。

图 7-1(a)表明,面向自动驾驶的嵌入式系统在计算平台上有其特殊性,可能是单一计算架构,也可能是多种计算架构的组合。为了满足自动驾驶的功能需求,系统的输入模块连接着视觉、超声波、雷达等各类传感器,如图 7-1(b)所示,实现各类数据输入,以利于计算系统的处理和数据融合,将计算结果发送给车辆控制系统。另外,自动驾驶系统还应具有联网和定位功能,能够实现更高层次的数据交互和信息融合,以实现更高层级的车联网和智慧交通系统。

计算机视觉的核心算法可以归类为 2D/3D 目标检测问题。而随着深度学习

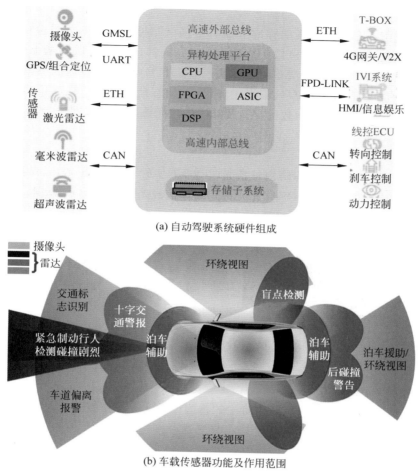

(a) 自动驾驶系统硬件组成

(b) 车载传感器功能及作用范围

图 7-1 自动驾驶系统的关键部件及其传感器功能示意图

特别是卷积神经网络在计算机视觉领域的发展,基于视觉的自动驾驶检测识别算法大都转向基于深度学习的实现。本章主要研究基于视觉的自动驾驶系统实现所需要的软/硬件功能和性能,分析嵌入式平台的技术路线,调研产业格局和产品,以及前述各章的交通标识视觉感知在嵌入式计算平台上的实现方法。

## 7.2 车载摄像头

车载摄像头是最接近人类视觉的传感器部件,对于实时环境感知起着非常重要的作用,能够实现 360°全方位视觉感知,如果将来 AI 技术的发展能够增强到视觉场景的理解,那么视觉传感器也将发挥更为重要的作用,视觉传感器可以看作自动驾驶领域的关键设备之一。

当前我国在车载摄像头的标准方面有全国汽车标准化技术委员会(SAC/TC 114)提出和规划的《汽车用摄像头》(QC/T 1128—2019)标准,适用基于可见光成像技术的摄像头产品。在《汽车用摄像头》(QC/T 1128—2019)标准中,车载摄像头的图像质量度量包括对帧率、信噪比(SNR)、动态范围(DR)、视场角、自动增益控制、白平衡、色彩还原等参数的定义及其图像性能评判和测试方法。

### 7.2.1 车载摄像头组成

车载摄像头主要的硬件结构包括光学镜头(由光学镜片、滤光片、保护膜等组成)、图像传感器(CCD/CMOS 感光元件)、图像信号处理器(ISP 或 DSP)、串行器、连接器等器件,其结构如图 7-2 所示。

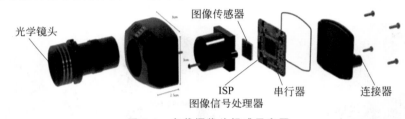

图 7-2　车载摄像头组成示意图
(图片来源于安森美半导体,2021)

**1. 光学镜头**

光学镜头负责聚焦光线,将视野中的物体投射到成像介质表面,根据成像效果的要求不同,可能要求多层光学镜片。滤光片可以将人眼看不到的光波段进行滤除,只留下人眼视野范围内的实际景物的可见光波段。

**2. 图像传感器**

图像传感器可以利用光电器件的光电转换功能将感光面上的光像转换为与光像成相应比例关系的电信号,主要分为 CCD 和 CMOS 两种。CCD 和 CMOS 虽然都是利用光电效应通过光产生电子信号,但是 CCD 与 CMOS 图像传感器光电转换的原理相同。当前,随着 CMOS 图像传感器的技术日趋进步,同时具有成像速度快、功耗少、成本低的优势,所以现在车载摄像头大部分使用的都是 CMOS 的图像传感器。

**3. 图像信号处理器(ISP 或 DSP)**

ISP 或 DSP 主要使用硬件结构完成图像传感器输出的图像视频源 RAW 格式数据的前处理,可转换为 YCbCr 等格式。ISP 或 DSP 还可以完成图像缩放、自动曝光、自动白平衡、自动聚焦等多种工作。

**4. 串行器和连接器**

串行器将处理后的图像数据进行串/并转换以利于信号传输,可用于传输 RGB、YUV 等多种图像数据种类。连接器用于连接固定摄像头。

车载摄像头在制造工艺及可靠性要求方面也要高于工业摄像头和商用摄像头,由于汽车需长期工作在恶劣环境中,车载摄像头需要在高低温环境、强振动、高湿热等复杂工况环境下稳定工作,对于工艺制造方面的要求比较高。

汽车电子委员会(Automotive Electronics Committee,AEC)总部设在美国,最初由三大汽车制造商(克莱斯勒、福特和通用汽车)建立,目的是建立共同的零部件资格和质量体系标准。AEC-Q100 是一种基于封装集成电路应力测试的失效机制。AEC-Q100 主要依靠环境温度来划分质量标准,达到最低的 3 级产品,需要在 $-40\sim85$℃的环境中能正常工作。

## 7.2.2　车载摄像头性能参数

**1. 焦距及镜头**

焦距是指镜头的中心点到感光元器件 CMOS/CCD 上所形成的清晰影像之间的距离,它反映了一个光学系统对物体聚焦的能力。镜头是一个能够接收光信号并汇聚光信号于感光器件的装置,一般用多片镜片组合,根据需要通过调整镜头能够获得成像时需要的焦距,即自动变焦镜头。

**2. 视场角(FOV)**

该参数表示一个光学系统中,以光学系统的镜头中心为顶点,被测目标的物像可通过镜头的最大范围的两条边缘构成的夹角,即车载摄像头的可视角度。角度越大,则该光学系统所能成像的范围越宽;反之则越窄。

**3. 像素大小**

有源像素阵列由许多微小的单个感光像素组成。每个像素由光电二极管、晶体管和其他元件构成,像素大小以 $\mu$m 为单位。像素尺寸越大的图像传感器,收集的光越多,信号越强。图像传感器尺寸较大,会占用更多的电路板空间。像素尺寸较小的图像传感器,收集的光较少。但可以将更多的图像传感器封装在一起,从而提高分辨率。在 CMOS 图像传感器厂商的努力下,经历了多次研发迭代,像素大小在不断减小,到 2018 年,最先进的技术已经能够实现 $0.9\mu$m 的像素大小。

**4. 分辨率**

当传感器摄取等间隔排列的黑白相间条纹时,在监视器(比传感器的分辨率要高)上能够看到的最多线数称为该传感器的分辨率,当超过这一线数时,屏幕上就只能看到灰蒙蒙的一片,而不能再分辨出黑白间的线条。

**5. CCD/CMOS 靶面尺寸**

CCD/CMOS 传感器靶面尺寸的规格沿用自光导射线管的规格单位。型号为

1/1.8 英寸的 CCD 或 CMOS,表示其成像面积与一根直径为 1/1.8 英寸的光导摄像管的成像靶面面积近似。对于相同分辨率的相机,CCD/CMOS 传感器面积越大,则其单位像素的面积也越大,成像质量也会越好。同样的 500 万像素的摄像头,2/3 英寸的传感器成像质量就要优于 1/2 英寸的。

### 6. 帧率

一帧就是一幅图片,连续帧的图片就形成视频。帧率是指在单位时间内拍摄图片的帧数,通常用每秒钟帧数(Frames Per Second,FPS)表示。每一帧都是静止的图像,快速连续地显示多个帧便形成了物体当时运动的影像。每秒钟帧数越多,所显示的动作就会越流畅,当前先进的车载摄像头帧率一般为 45~60FPS。

### 7. 最低照度

最低照度即视觉传感器对环境光线的敏感程度,或者说是视觉传感器正常成像时所需要的最暗光线。它是当被摄物体的光照逐渐降低时,视觉传感器的视频信号电平低于标准信号最大幅值一半时的景物光照度值。

### 8. 信噪比 SNR

在车载摄像头性能参数中,信噪比是指视频信号的大小与噪声信号(无用信号)大小的比例,以 dB 为单位。

### 9. 动态范围

动态范围是指摄像设备能够记录的从最黑到最白之间的最大影调范围。动态范围越大,说明拍摄的影像层次越分明。所有超出动态范围之外的曝光值都只能记录为黑或白。它实际上描述了摄像设备记录影像灰阶等级的能力,可用灰阶测试图卡的灰阶级数表达。

## 7.3　嵌入式硬件计算平台

车载嵌入式计算平台是自动驾驶系统的核心部件,是计算机技术在自动驾驶领域的具体应用,担负着自动驾驶系统"大脑"的功能,还需要满足车载系统对实时、高性能和低功耗的需求。

### 7.3.1　各类计算平台的性能和功耗

基于广泛使用的 KITTI 数据集,当前典型的 CNN 处理算法为满足实时性要求的带宽处理速度在 100~1000GOPS 范围内。考虑到图像数量的增长以及处理精度的提高,未来的计算平台处理速度应该为 10~100TOPS。随着 CNN 算法的发展,近年来出现了在各种计算平台上对视觉 ADAS 应用 CNN 的加速研究,图 7-3 给出了在不同计算平台上的 CNN 加速对比。

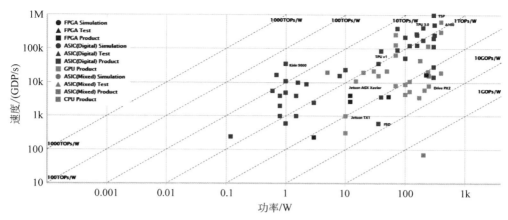

图 7-3　不同计算平台上的 CNN 加速对比

（图片来源于 Guo,et al.,2021）

图 7-3 表明,NVIDIA 的 A100 能够在 300W 功率的情况下达到 312TOPS 的计算性能。NVIDIA 的嵌入式 Jetson Xavier 平台也能在 30W 功率下达到 30TOPS 的计算性能。深鉴科技基于 Xilinx ZU9 FPGA 平台的 Aristotle 系统在 12W 功率时达到 4.1TOPS 的计算性能。而 ASIC 芯片则都能达到 100GOPS/W～10TOPS/W 的水平,显示了最高的性能功耗比。

车载系统的处理器总功耗应限制在 30W 内,因此,理想的 ADAS 计算平台应该在功耗不超过 40W 的范围内,能够提供 200GOPS 的计算速度,这是对计算平台的性能和功耗需求。

### 7.3.2　不同计算平台优、缺点分析

GPU 计算系统能够提供 TOPS 级别的计算性能,如 NVIDIA 的 Drive PX2 系统。此外,CUDA 和 cuDNN 等开发环境的支持使基于 GPU 的计算平台方便易用。GPU 凭借其强大的计算能力以及对深度学习应用的有力支持,正逐渐成为自动驾驶技术开发的主流计算平台。但其缺点是功率太大（一般在 200～300W 内）,这成为 GPU 系统应用于车载计算平台的唯一瓶颈。

FPGA 平台具有可重构特性。主流 FPGA 厂商如 Xilinx 和 Altra 都推出了面向 ADAS 的 SoC 系统,如 ZYNQ-7000 和 Cyclone-V 等,这些系统的峰值性能在 100GOPS 左右而功耗仅为 10W。FPGA 系统的缺点包括:硬件描述语言学习门槛较高,开发调试耗时较长;同时,开发基于 CNN 的视觉 ADAS 算法也存在一定的难度。

ASIC 系统一般不提供二次开发的功能,主要面向特定功能的实现上。ASIC 芯片可基于 FPGA 平台之上进行流片。Qualcomm、Intel、Infineon 和 TI 等推出了

面向 ADAS 的 ASIC 芯片。Intel Mobileyes EyeQ4 芯片性能达到 2.5TOPS 左右，功耗仅为 3～5W。对于一般公司而言，ASIC 芯片开发难度大，开发周期长。另外，ASIC 专用系统也难以适应正在进化的深度学习算法。

基于专用 SoC 的 ADAS 嵌入式计算系统也由各大 DSP 提供商研发出来，如 TI 公司的 TDA2x 系列 SoC、瑞萨的 R-Car V3M SoC、恩智浦的 S32V234 芯片、ADI 的 Blackfin 系列处理器等。与典型的混合式 CPU/GPU 的处理架构方案相比，基于 DSP 架构的 CNN 引擎能提供高达近 3 倍的性能。而且，DSP 引擎除了所需电源比 GPU 小 30 倍外，所需的内存带宽也只有 GPU 的约 1/5。CNN 算法属于乘法和加法（Multiply-ACcumulate，MAC）密集型，因此本质上十分适合运用 DSP。也就是说，若要在嵌入式系统中实现 CNN，DSP 不仅可能取代 GPU 和 CPU，而且成本和功耗更低。

恩智浦提供面向 ADAS 的专用系统 BlueBox 和最新的 S32 系统，包含丰富的车辆接口，系统基于 Linux 进行了裁剪定制，采用高级语言 C/C++进行系统开发，功耗仅为 30W。该类系统当前的软件开发流程和工具还不是很完善，因此开发使用都具有一定难度。

### 7.3.3　产业格局及代表产品

ADAS 的兴起对处理芯片的性能提出了更高要求，NVIDIA 和 Intel 凭借在处理器芯片领域的长期积累同时配合产业并购，已然形成了领跑之势。当前主要车厂使用的平台基本上是 NVIDIA 和 Mobileye(Intel)的，两者形成了自动驾驶芯片领域的第一集团。下面分别介绍相关公司的主要产品及性能。

#### 1. NVIDIA

NVIDIA 自动驾驶芯片始于 2015 年年初推出的 Drive PX 系列。在 2015 年 1 月 CES 上 NVIDIA 发布了第一代 Drive PX。Drive PX 搭载 Tegra X1 处理器和 10GB 内存，能够同时处理 12 个 200 万像素摄像头每秒 60 帧的拍摄图像，单浮点计算能力为 2TOPS，深度学习计算能力为 2.3TOPS。可支持 L2 高级辅助驾驶计算需求。

2016 年 1 月的 CES 上 NVIDIA 又发布了新一代产品 Drive PX2。Drive PX2 基于 16nm FinFET 工艺制造，TDP 达 250W，采用水冷散热设计，支持 12 路摄像头输入、激光定位、雷达和超声波传感器。其中，CPU 部分由两颗 NVIDIA Tegra 2 处理器构成，每颗 CPU 包含 8 个 A57 核心和 4 个 Denver 核心；GPU 部分采用两颗基于 NVIDIA Pascal 架构设计的 GPU。单精度计算能力达到 8TFLOPS，深度学习计算能力达到每秒 24 万亿次，在单精度运算速度上是 Drive PX 的 4 倍，深度学习速度是 Drive PX 的 10 倍，可以满足 L3 自动驾驶的运算要求。

NVIDIA Drive Xavier 自动驾驶处理器,最早在 2016 年欧洲 GTC 大会上提出,2018 年 1 月的 CES 上正式发布。同时发布的还有全球首款针对无人驾驶出租车打造的车载计算机 Drive PX Pegasus。在配置方面,Xavier 基于一个特别定制的 8 核 CPU、一个全新的 512 核 Volta GPU、一个全新深度学习加速器、全新计算机视觉加速器以及全新 8K HDR 视频处理器而打造。每秒可运行 30 万亿次计算,功耗仅为 30W,能效比上一代架构高出 15 倍,可以满足 L3/L4 自动驾驶的计算需求。

Drive PX Pegasus 是针对 L5 级全自动驾驶出租车的 AI 处理器,搭载了两个 Xavier SoC 处理器。SoC 上集成的 CPU 也从 8 核变成了 16 核,同时增加了两块独立 GPU。计算速度达到 320TOPS,相当于 Drive Xavier 的 10 倍,计算能力能够支持 L5 完全自动驾驶系统,但其功耗也达到 500W。

NVIDIA 最新推出的 ADAM 超级计算平台内核由 4 颗 NVIDIA Orin 芯片组成,其总算力高达 1016TOPS。4 颗 Orin 芯片包含了 48 个 A78 ARM 核心、256 个第三代张量核心、8096 个 CUDA 核心,晶体管数量达到 680 亿。NVIDIA 官方表示,Orin 芯片是当下车规级芯片中性能最强的自动驾驶处理器之一。

Jetson 系列产品是 NVIDIA 推出的嵌入式人工智能超级计算平台,可以部署在诸多终端之上,使终端具备人工智能计算能力。而“嵌入式”则可以很好地解决这些终端要具备人工智能计算能力所要面临的带宽不足、延迟等问题。NVIDIA TX2 所提供的性能是之前版本的 2 倍,且功率低于 7.5W。这样的性能可让 TX2 在终端应用上运行更庞大、更深度的神经网络,让终端设备更加智能化,同时在执行图像分类、导航和语音识别等任务时在更短的时间内达到更高的精度。

NVIDIA Jetson Xavier 是 Jetson 平台的新成员,它可作为 AI 计算机,在 30W 以下的嵌入式模块中提供 GPU 工作站的性能。凭借 10W、15W 和 30W 的多种工作模式,Jetson Xavier 的能效比其之前的 Jetson TX2 高出 10 倍以上,性能超过 20 倍。单以 CPU、GPU、晶体管数量与最高性能来看,Jetson Xavier 可以说与车用处理器 Drive Xavier 完全相同,差别仅在周边规格、界面与聚焦的应用不同而已。表 7-1 给出了与 NVIDIA 相关 GPU 产品的配置对比。

**2. Intel**

与 NVIDIA 基于自主 GPU 研发自动驾驶芯片的思路不同,Intel 在自动驾驶领域主要是通过并购来完成布局。2015 年 6 月以 167.5 亿美元收购 FPGA 巨头 Altera;2016 年 9 月收购计算机视觉处理芯片公司 Movidius;2017 年 3 月以 153 亿美元收购以色列自动驾驶汽车技术公司 Mobileye。

通过上述收购,Intel 在自动驾驶处理器上的布局已较完善,包括 Mobileye 的 EyeQ 系列芯片(ASIC)、Altera 的 FPGA 芯片、Movidius 的视觉处理单元 VPU

表 7-1　NVIDIA 公司上述产品信息对比表

| 信息 | Drive PX | Drive PX2 | Drive Xavier | Jetson TX2 | Jetson Xavier |
|---|---|---|---|---|---|
| 第几代 | 第 1 代 | 第 2 代 | 第 3 代 | 第 2 代 | 第 3 代 |
| 公布时间 | 2015.01 | 2016.08 | 2018.01 | 2017.03 | 2018.01 |
| 计算单元 | 2xTegra X1 | 2 × Tegra Parker + 2 × Pascal GPU | 1×Tegra Xavier | 1×Tegra Parker | 1×Tegra Xavier |
| CPU 核数 | 8×Cortex A57 8×Cortex A53 | 4×Denver 8×Cortex A57 | 8×Custom ARM64 | 2x Denver +4x Cortex A57 | 8×Custom ARM64 |
| GPU | 4 SMM Maxwell 512 CUDA Cores | 2×Parker GPGPU(2×2 SM Parscal, 512 CUDA Cores)+2×dedicated MXM modules | 1×Volta GPGPU 512 CUDA Cores | 1×Parker GPGPU(2×1 SM Parscal, 256 CUDA Cores) | 1×Volta GPGPU 512 CUDA Cores |
| 计算性能/TOPS | 2.3 | 24 | 30 | 1.5 | 30 |
| 功耗/W | 80 | 80 | 30 | 7.5 | 30 |
| 购买渠道 | — | 官网申请 | 官网申请 | 电商购买 | 电商预售 |
| 参考价格/元 | — | 9.8W | — | 5200 | 11999 |

以及 Intel 的 CPU 处理器,可以形成自动驾驶的整体硬件解决方案。

奥迪新 A8 自动驾驶计算单元 zFAS 中所使用的芯片包括 Mobileye 的 EyeQ3 和 Altera 的 FPGA 芯片 CycloneV,内嵌了 Movidius 的视觉算法。在该方案中,EyeQ3 主要负责视觉数据处理,CycloneV 则负责毫米波雷达与激光雷达数据处理。而 Intel 即将推出的"Intel Go 自动驾驶平台解决方案"则包含了两个 Mobileye EyeQ5 芯片(一个用来进行视觉处理,另一个用于融合/规划)以及一个 Intel 的 8 核凌动芯片,如图 7-4 所示。

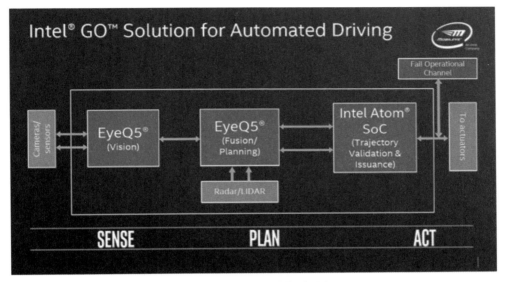

图 7-4 Intel GO 自动驾驶平台

Mobileye 的 EyeQ 系列芯片最初是和意法半导体公司共同开发,第一代芯片 EyeQ1 从 2004 年开始研发,2008 年上市;EyeQ2 则于 2010 年上市。最初的两代产品仅提供 L1 辅助驾驶功能,EyeQ1 的算力约 0.0044TOPS,EyeQ2 则约 0.026TOPS,功耗均为 2.5W。2014 年量产的 EyeQ3 基于其自主 ASIC 架构自行开发,使用了 4 颗 MIPS 核心处理器、4 颗 VMP 芯片,每秒浮点运算为 0.256 万亿次,功耗为 2.5W,可以支持 L2 高级辅助驾驶计算需求。

第四代 EyeQ4 芯片于 2015 年发布,2018 年量产上市,采用 28nm 工艺。EyeQ4 使用了 5 颗核心处理器(4 颗 MIPSi-class 核心和 1 颗 MIPSm-class 核心)、6 颗 VMP 芯片、2 颗 MPC 核心和 2 颗 PMA 核心,可以同时处理 8 部摄像头产生的图像数据,每秒浮点运算可达 2.5 万亿次,功耗为 3W,最高可实现 L3 级半自动驾驶功能。

Mobileye 的 EyeQ5 于 2018 年出工程样品,2020 年实现量产,采用 7nm FinFET 工艺。该产品对标 NVIDIA 的 Drive Xavier 芯片,定位于 L4/L5 全面自

动驾驶计算需求。单颗芯片的浮点运算能力为 12TOPS,TDP 是 5W。EyeQ5 系统采用了双路 CPU,使用了 8 颗核心处理器、18 核视觉处理器,浮点运算能力为 24TOPS,TDP 是 10W。

### 3. Xilinx

Xilinx 是著名的 FPGA 公司,其产品被广泛应用于各个领域。FPGA 的好处是可编程以及较为灵活的配置功能,同时还可以提高整体系统性能,比单独开发芯片的周期要短,但缺点是价格较高、尺寸较大。在汽车 ADAS 应用上,Xilinx 应用最广泛的产品是 Zynq-7000 All Programmable SoC。该系统(SoC)平台可帮助系统厂商加快在环绕视觉、3D 环绕视觉、后视摄像头、动态校准、行人检测、后视车道偏离警告和盲区检测等 ADAS 应用的开发时间。

Zynq 采用单一芯片即可完成 ADAS 解决方案的开发。Zynq-7000 All Programmable SoC 大幅提升了性能,便于各种捆绑式应用,能实现不同产品系列间的可扩展性。其次,它实现了 ADAS 优化的平台,可以让汽车制造商和汽车电子产品供应商在平台上添加自己的 IP 以及 Xilinx 汽车生态系统提供的现成的 IP,从而能够创建出独有的差异化系统。

XYLON 公司基于 ZYNQ 芯片,开发出了 ADAS 研究原型产品 logiADAK Automotive Driver Assistance Kit,如图 7-5 所示。该开发平台主开发板为 Xilinx Zynq-7000 AP SoC ZC706,通过 FMC 子板卡连接最多 6 个摄像头。视觉传感器芯片采用 OmniVision OV10635、Sunex DSL219 或 DLS947 镜头。

图 7-5　logiADAK ADAS 开发平台

Aldec 公司基于 ZYNQ 芯片也开发出 ADAS TySOM-2 研究开发平台。该平台采用德国 First Sensor 的摄像头 DC3K-1-LVD,采用 HSD 接口。

### 4. 恩智浦

作为汽车电子龙头厂商,恩智浦在自动驾驶方向的积累相比高通深厚很多。2016 年 5 月,恩智浦发布了 BlueBox 平台,该平台集成 S32V234 汽车视觉和传感器融合处理器、S2084A 嵌入式计算处理器和 S32R27 雷达微控制器,最多支持 8 路摄像头输入,能够为汽车制造商提供 L4 级自动驾驶计算解决方案。S32V234 是 NXP 的 S32V 系列产品中 2015 年推出的 ADAS 处理芯片,在 BlueBox 平台上负责视觉数据处理、多传感器融合数据处理及机器学习。这款芯片拥有 CPU(4 颗 ARM Cortex-A53 和 1 颗 M4)、3D GPU(GC3000)和视觉加速单元(2 颗 APEX-2vision accelerator),能同时支持 4 路摄像头,GPU 能实时 3D 建模,计算能力为 50GFLOPS。同时,S32V234 芯片预留了支持毫米波雷达、激光雷达、超声波的接口,可实现多传感器数据融合,最高可支持 ISO 26262 ASIL-C 标准。

恩智浦还有一款专门的雷达信息处理芯片 MPC577XK。这是一款面向 ADAS 应用的 Qorivva 32 位 MCU,基于 Power 架构,能够支持自适应巡航控制、智能大灯控制、车道偏离警告和盲点探测等应用。

BlueBox 3 是该系列的最新产品,它结合了 Layerscape LX2160A 嵌入式计算处理器以及支持 ASIL D 的 S32G2 汽车网络处理器,用于汽车服务型网关、域控制器、安全协处理器及扩展选件,可帮助开发其他感知和加速解决方案。

### 5. 瑞萨电子

与恩智浦类似,瑞萨在 2017 年 4 月也发布了一个 ADAS 及自动驾驶平台 Renesas Autonomy,主打开放策略,目的在于吸引更多一级供应商以扩大生态系统。同时发布的还有 R-Car-V3M SoC,该芯片配有 2 颗 ARM CortexA53、双 CortexR7 锁步内核和 1 个集成 ISP,可满足符合 ASIL-C 级别功能安全的硬件要求,能够在智能摄像头、全景环视系统和雷达等多项 ADAS 应用中进行扩展。

从瑞萨的芯片系列来看,R-Car 系列是其在自动驾驶方向的主要产品线:第一代产品(R-CarH1/M1A/E1)在 2011—2012 年推出,可支持初级的巡航功能;第二代产品(R-CarH2/M2/E2)相比第一代性能基本翻倍,可支持 360° 环视等 ADAS 功能;第三代产品(R-CarH3/M3)在 2015 年以后陆续推出,符合 ASIL-B 级安全要求;同时期推出的还有 R-CarV3M、R-CarV2H 等 ASSP 处理器,这类产品基本可支持 L2 等级的自动驾驶应用需求,如图 7-6 所示。

除 R-Car 系列产品外,跟恩智浦一样,瑞萨也有针对雷达传感器的专业处理器芯片如 RH850/V1R-M 系列,该产品采用 40nm 内嵌 eFlash 技术,优化的 DSP 能快速地进行 FFT 的处理。

R-Car V3U SoC 是瑞萨电子基于 R-Car 的第四代架构,是其 Renesas Autonomy 平台的最新产品,适用于 ADAS 和自动驾驶应用。R-Car V3U 灵活的架构可以处

图 7-6　瑞萨电子 R-Car H3 及其综合开发平台

理任何最先进的神经网络,可提供高达 96k DMIPS 和 60TOPS,它提供了高度灵活的 DNN 和 AI 机器学习功能。R-Car V3U 具有最新的集成开发环境,使客户能够利用 R-Car 平台内置硬件、低功耗和确定性的实时软件优势,实现计算机视觉和基于深度学习解决方案的快速上市。

6. TI

TI 在 ADAS 处理芯片上的产品线主要是 TDAx 系列,目前有 TDA2x、TDA3x、TDA2Eco 等 3 款芯片。其中,TDA2x 于 2013 年 10 月发布,主要面向中到中高级市场,配置 2 颗 ARM Cortex-A15 内核与 4 颗 Cortex-M4 内核、2 颗 TI 定浮点 C66xDSP 内核、4 颗 EVE 视觉加速器核心以及双核 3DGPU。TDA2x 主要是前置摄像头信息处理,包括车道报警、防撞检测、自适应巡航以及自动泊车系统等,也可以用来多传感器融合数据。图 7-7 所示为 TDA2x 开发套件及视觉传感器,芯片选用 OmniVision Cameras OV10635-EAAE-AA0A。

TDA3x 于 2014 年 10 月发布,主要面向中到中低级市场。TDA3x 芯片中不包括双核 A15 及 SGX544GPU,保留 C66xDSP 及 EVE 视觉加速器核心。从功能上看,TDA3x 主要应用在后置摄像头、2D 或 2.5D 环视等。

TDA2Eco 是 2015 年发布的另一款面向中低级市场的 ADAS 处理器,相比于 TDA2x,TDA2Eco 去掉了 EVE 加速器,保留了 1 颗 Cortex-A15、4 颗 Cortex-M4、DSP、GPU 等内核。TDA2Eco 支持高清 3D 全景环视,由于 TDA3x 主要应用于 2D 或 2.5D 环视,所以 TDA2Eco 填补了中低级市场对于高清 3D 全景环视应用的需求。

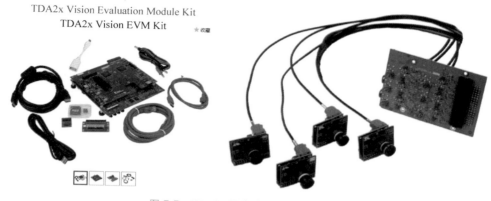

图 7-7 TDA2x 开发套件及视觉传感器

### 7. ADI

相比于上述芯片公司,ADI 在 ADAS 芯片上的策略主打性价比。针对高、中、低档汽车,ADI 有针对性地推出一项或几项 ADAS 技术,降低了成本。

在视觉 ADAS 上 ADI 的 Blackfin 系列处理器被广泛采用,其中,低端系统基于 BF592,实现 LDW 功能;中端系统基于 BF53x/BF54x/BF561,实现 LDW/HBLB/TSR 等功能;高端系统基于 BF60x,采用了流水线视觉处理器(PVP),实现了 LDW、HBLB、TSR、FCW、PD 等功能。集成的视觉预处理器能够显著减轻处理器负担,从而降低对处理器的性能要求。

### 8. 特斯拉

特斯拉的自动驾驶系统 Autopilot 中先后使用过 Mobileye EyeQ3 和 NVIDIA Drive PX2。2019 年 4 月,特斯拉发布"全自动驾驶计算机"(Full Self-driving Computer,FSD 计算机),Autopilot 也迎来了其硬件 3.0 的更新。

FSD 计算机的投入使用使特斯拉开始使用自研的车载 AI 芯片,在计算层拥有了完全掌控力。FSD 采用双芯片设计,算力达到 144TOPS,其最大特点是双芯片设计形成冗余,减少了功能区故障隐患,同时提高了图像处理的安全性与精准性。从单个处理器来看,FSD 处理器由 1 块负责通用数据处理的中央处理器 CPU、1 块负责图形处理的 GPU、2 块负责深度学习和预测的神经处理单元 NPU 和 1 块内置图像处理器 ISP 组成。

### 9. 地平线

国内 AI 芯片初创公司中像地平线、深鉴科技、寒武纪、西井科技等都有智能驾驶/自动驾驶方向的产品规划。地平线的自动驾驶 AI 芯片"征程"已正式发布。在参数上,征程能够以 1.5W 的功耗实现 1TFLOPS 的算力,每秒处理 30 帧 4K 视频,对图像中超过 200 个物体进行识别,能够实现 FCW、LDW、JACC 等高级别辅助驾驶功能,满足 L2 的计算需求。对比 NVIDIA 的 DrivePX2,其采用 16nm

FinFET 工艺,单精度计算能力为 8TFLOPS,深度学习计算能力为 24TFLOPS,官方 TDP 是 250W;从性能功耗比来看,征程还是有明显优势的。同时,由于 ASIC 不是 GPU 类的通用计算,内部直接封装了算法,数据交换只是底层 I/O,因此其计算的时延也会比 GPU 更低。

征程®5 是地平线的第三代车规级产品,也是国内首颗遵循 ISO 26262 功能安全认证流程开发,并通过 ASIL-B 认证的车规级 AI 芯片。该产品基于最新的地平线 BPU 贝叶斯®架构设计,单芯片最大功耗 30W,可提供高达 128TOPS 等效算力,可接入超过 16 路高清视频输入,不仅能够利用最先进图像感知算法加速,还可支持激光雷达、毫米波雷达等多传感器融合。

### 10. 华为

针对自动驾驶对计算平台的需求,华为认为每一辆汽车都将是一个装在车轮上的移动数据中心(Mobile Data Center,MDC)。华为 MDC 解决方案集成了自研的 Host CPU 芯片、AI 芯片、ISP 芯片与 SSD 控制芯片,并通过底层的软硬件一体化调优,在时间同步、传感器数据精确处理、多节点实时通信、最小化底噪、低功耗管理、快速安全启动等方面达到较为先进的水平。

华为于 2021 年发布了 MDC 810 平台,该产品采用华为自研的昇腾芯片,其最大算力可达 400TOPS。可搭载硬件 16 个摄像头、12 个 CANs、8 个车载以太。此外,华为 MDC 产品线还包括主要用于矿、港以及高速物流的 MDC 300 以及用于中低端车的 MDC 210 和用于高端车的 MDC610 平台等。

华为 MDC 是一套开放的平台,具备组件服务化、接口标准化、开发工具化的特性,基于 MDC 平台可快速开发、调测、运行自动驾驶算法与功能。同时针对不同级别的自动驾驶算法,采用一套软件架构和不同硬件配置,支持自动驾驶算法的平滑演进升级。此外,华为 MDC 智能驾驶计算平台兼容 AUTOSAR 与 ROS,提供配套的工具链与 HIL 仿真平台,方便用户快速开发不同级别的智能驾驶应用。

## 7.4　嵌入式系统软件环境

嵌入式系统硬件平台提供了系统开发需要的计算和数据资源,系统开发的灵活性由系统软件环境提供支持。

### 7.4.1　计算平台中的开发环境

基于 DSP、定制 SoC 和 FPGA 的计算平台提供商一般都会提供优化的集成编程环境以利于用户的智能驾驶应用开发和算法集成。Xylon 公司提供的基于

Xilinx ZYNQ-7000 的 logiADAK 自动驾驶开发平台中,提供了面向 ADAS 系统的完整开发框架、软件驱动、相关 API 和后处理库以及人脸检测与跟踪、3D 图形引擎等多个参考设计。

瑞萨电子提供了面向 R-Car 平台的 $e^2$ Studio 集成开发环境。$e^2$ Studio 基于开源和广泛应用的开发环境 Eclipse,能够充分发挥 R-Car SoCs 中的多核 CPU 以及高速通信带宽的效能,通过连接到开发板上的 CoreSight 硬件,检索(并存储)跟踪数据,并提供各种查看结果的选项。在可视化方面,使用了名为 Trace Compass 的开源跟踪框架。在编程环境上,通过由 Eclipse 提供的统一 GUI,提供了支持 IMP-X5 内置 64 线程处理器的多线程编程环境。当前,使用 $e^2$ Studio 集成开发环境能够用于 NCAP 的前置智能摄像头、3D 可视化环绕视图,驾驶员监控系统等功能的快速开发实现。

NVIDIA 为了方便开发者基于 Jetson 系列平台进行开发,推出了与之配套的 JetPack 软件开发包,包含的开发工具非常齐全,大大降低了开发者的准入门槛。NVIDIA JetPack 3.0 软件开发包是与 Jetson TX2 平台配套的软件环境,包含在 JetPack 3.0 中的视觉工具包 VisionWorks 其实是在 OpenVX 标准上实现了很多机器视觉的底层操作,提供编程框架,便于使用者能够使用该环境进行基于计算机视觉的应用开发。

在 Jetson 嵌入式系统硬件上,JetPack SDK 提供了 CUDA、Linux4Tegra(面向 Tegra 系统的 Linux)以及 ROS 的支持,如图 7-8 所示。CUDA 工具包为 C 和 C++开发人员构建 GPU 加速应用提供了全面的开发环境。该工具包中包括一个针对 NVIDIA GPU 的编译器、多个数学库以及多款用于调试和优化应用性能的

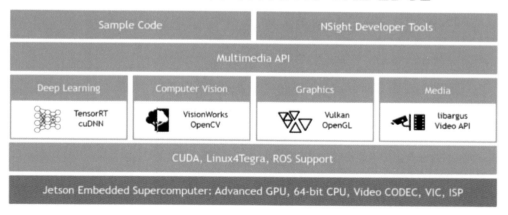

图 7-8　NVIDIA JetPack SDK 组织结构

工具。在这些编程基础和操作系统上,包括运行深度学习、计算机视觉、图像和多媒体的相关支持框架。

TensorRT 是用于图像分类、分割和物体检测神经网络的高性能深度学习推理运行时。TensorRT 依托于 CUDA 而构建,是 NVIDIA 的并行编程模型,支持优化各种深度学习框架的推理过程,它包含深度学习推理优化器和运行环境,可让深度学习推理应用实现低延迟和高吞吐量。cuDNN 是 CUDA 深度神经网络库为深度学习框架提供了高性能基元,它可大幅优化标准例程(如用于前向传播和反向传播的卷积层、池化层、归一化层和激活层)的实施。上层应用通过调用这些框架,能够完成基于嵌入式系统的各类计算任务。

基于视觉的 ADAS 系统整个数据处理过程遵循:视频流输入—视频解码—使用人工智能的手段识别目标并框选—编码、完成本地处理—存储到云端或者显示在监控屏幕上。首先是通过超级计算机(如 DGX-1)训练海量数据,构建神经网络,一方面可以将其放到数据中心;另一方面是放入 Jetson 平台,也就是人工智能终端,包括无人机、摄像头及汽车。而且,这个过程是不断演进、自我学习深化的。

下面以运行于 Jetson TX2 的 JetPack 系统为例,分析其 Linux4Tegra 系统,也就是定制的 Ubuntu 系统,对软硬件配置需要的相关技巧和知识点。

**1. 相关软件在 Linux4Tegra 系统中的位置(表 7-2)**

表 7-2 软件在 Linux4Tegra 系统中的位置

| JetPack 组成部分 | 参考文件系统上的示例位置 |
|---|---|
| TensorRT | /usr/src/tensorrt/samples/ |
| cuDNN | /usr/src/cudnn_samples_< version >/ |
| CUDA | /usr/local/cuda-< version >/samples |
| MM API | /usr/src/tegra_multimedia_api |
| VisionWorks | /urs/share/visionworks/sources/samples/<br>/usr/share/visionworks-tracking/sources/samples/<br>/usr/share/visionworks-sfm/sources/samples/ |
| OpenCV | /usr/share/OpenCV/samples/ |

**2. 查看和配置 Jetson TX2 系统硬件状态**

Jetson TX2 由一个 GPU 和一个 CPU 集群组成。CPU 集群由双核丹佛 2 处理器和 4 核 ARM Cortex-A57 组成,通过高性能互连架构连接。Jetson Tegra 系统的应用涵盖范围越来越广,相应地,用户对性能和功耗的要求也呈现多样化。为此 NVIDIA 提供一种新的命令行工具,可以方便地让用户配置 CPU 状态,以最大限度地提高不同场景下的性能和能耗。表 7-3 列出了 CPU 内核的模式以及正在使用的 CPU 和 GPU 的最大频率。

表 7-3 Jetson TX2 运行模式及各模式下的处理器状态

| 模式 | 模式名称 | Denver 2 | 主频/GHz | ARM A57 | 主频/GHz | GPU 频率/GHz |
|------|----------|----------|---------|---------|---------|-------------|
| 0 | Max-N | 2 | 2.0 | 4 | 2.0 | 1.30 |
| 1 | Max-Q | 0 | — | 4 | 1.2 | 0.85 |
| 2 | Max-P Core-All | 2 | 1.4 | 4 | 1.4 | 1.12 |
| 3 | Max-P ARM | 0 | — | 4 | 2.0 | 1.12 |
| 4 | Max-P Denver | 2 | 2.0 | 0 | — | 1.12 |

Jetson TX2 默认采用模式 1,即 Max-Q 模式,此模式下,2 块丹佛处理器不工作,4 块 ARM A57 工作,GPU 工作频率为 0.85GHz,可以看到该模式是比较均衡/节能的模式,如果想要充分发挥 TX2 性能,可以采用 Max-N 模式,该模式下,6 个 CPU 均工作,GPU 频率达到 1.3GHz。

系统运行模式及详细运行状态相关命令如下:

```
$sudo nvpmodel – q              #查询当前运行模式
$sudo nvpmodel – m 0            #设置为 mode 0,最大性能
$~/tegrastats                   #查看当前 RAM、CPU 详细运行状态
```

其中,RAM 是内存占用;CPU 是 CPU 占用率。EMC(External Memory Controller)是外存控制器,单位为 bus%@MHz;AVP(Audio/Video Processor)为 TX2 自带的音频/视频 ASIC 处理器,单位 processor%@MHz;VDE(Video Decoder Engine)为 TX2 带有视频编/解码 hevc 的加速器,%MHz;GR3D-GPU,processor,GPU 的主频,%@MHz。

### 3. 系统运行频率改变及恢复相关命令

```
$sudo   ~/jetson_clocks.sh -- store      #保存系统运行频率参数
$sudo   ~/jetson_clocks.sh               #开启系统最大频率,开启风扇
$sudo   ~/jetson_clocks.sh -- restore     #恢复系统运行频率参数,关闭风扇
```

Jetson TX2 的风扇在开机之后是默认关闭的,所以每次重启后在需要以高频率运行复杂程序时都要运行上述指令后开启最大主频并打开风扇。

### 7.4.2 Jetson TX2 中配置深度学习框架

深度学习的研究和实现中,如果没有统一的框架或者通用的 API,则每个深度学习研究者都需要编写大量的重复代码。为了提高工作效率,有许多机构和个人研究者就将这些代码写成了开源框架放到网上供所有研究者交流使用。随着时间的推移,最为好用的几个框架被大量的研究人员使用从而流行起来。当前最为流行的深度学习框架包括 PyTorch、Tensorflow、PaddlePaddle、Caffe、MXNet 等。

深度学习框架的详细情况在第 4 章已经做了介绍,这里不再赘述,主要从比较

的角度略作分析。TensorFlow 有很直观的计算图可视化呈现,模型能够快速部署在各种硬件机器上,从高性能的计算机到移动设备,再到更小、更轻量的智能终端,因此在商用领域有较为广泛的应用。PyTorch 支持动态计算图,为更具数学倾向的用户提供了更低层次的方法和更多的灵活性。此外,PyTorch 库足够简单,与NumPy、SciPy 等可以无缝连接,而且基于 Tensor 的 GPU 加速较为强大,使PyTorch 成为学术界的主流深度学习框架。PaddlePaddle 拥有强大的多端部署能力,支持服务器端、移动端等多种异构硬件设备的高速推理,预测性能有显著优势。PaddlePaddle 已经实现了 API 的稳定和向后兼容,具有完善的中英文双语使用文档,形成了易学易用、简洁高效的技术特色,因此成为国内领先的深度学习框架。

开放神经网络交换(Open Neural Network Exchange,ONNX)格式最初由微软和 Facebook 于 2017 年 9 月联合发布。后来亚马逊也加入进来,并在 12 月发布了 V1 版本,宣布支持 ONNX 的公司还有 AMD、ARM、华为、IBM、Intel、Qualcomm 等。ONNX 是一个表示深度学习模型的开放格式,它使用户可以更轻松地在不同框架之间转换模型,从而在不同的深度学习框架之间架起了一座变换的桥梁。例如,它允许用户构建一个 PyTorch 模型,然后通过转换使用 MXNet 运行该模型来进行推理。

在 Jetson TX2 硬件和 Linux4Tegra 系统中,通过网络下载安装各类深度学习框架,然后才能进行基于深度学习的各类应用开发调试。下面以较为流行的TensorFlow 1.8.0 和 PyTorch 1.8.0 为例,介绍其安装方法及注意事项。

**1. TensorFlow 的安装**(源码编译安装)

(1)将系统中已有的 TensorFlow 版本卸载;否则会在后面的安装过程中报错,试验版本为 JetPack 3.3:

```
$sudo pip3 uninstall tensorboard tensorflow *
```

(2)检查相关模块版本:CUDA 9.0、cuDNN 7.1.5、TensorRT 4.0 GA。

(3)设置以下环境变量:

```
$export LD_LIBRARY_PATH = /usr/local/cuda/extras/CUPTI/lib64: $LD_ LIBRARY_PATH
```

(4)安装 Java 环境:

```
$sudo apt - get install openjdk - 8 - jdk
```

(5)安装以下 pip3 包文件:

```
$sudo pip3 install six mock h5py enum34
```

(6)安装 bazel 0.15.2(bazel 是一个开源构建和测试工具):

```
$cd ~/Downloads
```

```
$wget https://github.com/bazelbuild/bazel/releases/download/0.15.2/bazel-0.15.2-
dist.zip
$mkdir -p ~/src
$cd ~/src
$unzip ~/Downloads/bazel-0.15.2-dist.zip -d bazel-0.15.2-dist
$cd bazel-0.15.2-dist
$./compile.sh
$sudo cp output/bazel /usr/local/bin
$bazel help
```

（7）下载 TensorFlow-1.8.0 源代码：

```
$cd ~/Downloads
$ wget https://github.com/tensorflow/tensorflow/archive/v1.8.0.tar.gz -O
tensorflow-1.8.0.tar.gz
$cd ~/src
$tar xzvf ~/Downloads/tensorflow-1.8.0.tar.gz
```

（8）配置 TensorFlow，可以关闭 GCP、AWS 等云端平台的支持。需特别注意 cuDNN 和 TensorRT 的安装路径在/usr/lib/aarch64-linux-gnu。配置过程从略：

```
$cd ~/src/tensorflow-1.8.0
$./configure
```

（9）编译 TensorFlow，这一步是比较耗时的，在 Jetson TX2 系统上一般需要 4～5h：

```
$bazel build --config=opt --config=cuda --local_resources 8192,2.0,1.0 //
tensorflow/tools/pip_package:build_pip_package
```

（10）编译 pip wheel 文件：

```
$bazel-bin/tensorflow/tools/pip_package/build_pip_package wheel/ tensorflow_pkg
```

（11）使用 pip3 安装 TensorFlow：

```
$ sudo pip3 install ~/src/tensorflow-1.8.0/wheel/tensorflow_pkg/tensorflow-
1.8.0-cp35-cp35m-linux_aarch64.whl
```

**2. PyTorch 的安装**（已编译 wheel 包）

（1）PyTorch 1.8.0 需要较新版本的 JetPack 支持，试验环境是其最低支持的 JetPack 4.4。首先需要下载已经编译好的 whl 安装包，命令如下：

```
$wget https://nvidia.box.com/shared/static/p57jwntv436lfrd78inwl7iml6p13fzh.whl
-O torch-1.8.0-cp36-cp36m-linux_aarch64.whl
$sudo apt-get install python3-pip libopenblas-base libopenmpi-dev
$pip3 install Cython
$pip3 install numpy torch-1.8.0-cp36-cp36m-linux_aarch64.whl
```

（2）安装 torchvision，torchvision 包含一些常用的数据集、模型、转换函数等。

```
$sudo apt - get install libjpeg - dev zlib1g - dev libpython3 - dev libavcodec - dev
libavformat - dev libswscale - dev
$git clone -- branch v0.9.0 https://github.com/pytorch/vision torchvision    # see
below for version of torchvision to download
$cd torchvision
$export BUILD_VERSION = 0.9.0    # where 0.x.0 is the torchvision version
$python3 setup.py install -- user
$cd ../    # attempting to load torchvision from build dir will result in import error
$pip install 'pillow < 7'    # always needed for Python 2.7, not needed torchvision
v0.5.0 + with Python 3.6
```

（3）验证 PyTorch 是否正确安装，在 Python 命令行中运行以下语句，如果返回正确的版本号及计算结果，说明安装成功：

```
>>> import torch
>>> print(torch.__version__)
>>> print('CUDA available: ' + str(torch.cuda.is_available()))
>>> print('cuDNN version: ' + str(torch.backends.cudnn.version()))
>>> a = torch.cuda.FloatTensor(2).zero_()
>>> print('Tensor a = ' + str(a))
>>> b = torch.randn(2).cuda()
>>> print('Tensor b = ' + str(b))
>>> c = a + b
>>> print('Tensor c = ' + str(c))

>>> import torchvision
>>> print(torchvision.__version__)
```

### 7.4.3　基于 TensorRT 的模型量化压缩

TensorRT 是一个高性能的深度学习推理（Inference）优化器，可用于对超大规模数据中心、嵌入式平台或自动驾驶平台进行推理加速，可以为深度学习应用提供低延迟、高吞吐率的推理部署。TensorRT 现已支持 TensorFlow、Caffe、MXNet、PyTorch 等几乎所有的深度学习框架，将 TensorRT 和 NVIDIA 的 GPU 结合起来，能在几乎所有的框架中进行快速和高效的推理部署。TensorRT 对于激活值的量化是不饱和映射，计算过程如表 7-4 所示。

结合算法流程表 7-4，TensorRT 的量化方式将激活值划分为 2048 个区间，遍历选取截断位置 $i$，将截断位置外的样本全部加在最后一个区间的频率统计上，然后计算每层特征图激活值截断后 $P(0,i)$ 分布与量化后 $Q(0,i)$ 分布的相对熵，选取相对熵最小的截断位置记录为 $m$，根据公式得到截断因子 scale，保存为量化表。对于步骤（b），$P$ 的长度为 $i$，$Q$ 的长度为 128，需扩展 128～$i$ 才能计算相对熵。截断

表 7-4　TensorRT 量化流程

| 输入： | 校准数据 |
| --- | --- |
| 输出： | 每层的截断 scale |
| (1) | 传入校准数据，经过模型的前向传播后，计算每层特征图激活值的最大值与最小值 |
| (2) | 收集每层特征图激活值的分布，根据浮点 float32 激活值的最大值和最小值，等间隔划分 2048 个区间 bin[0]…bin[2047]，统计落入每个区间内的数据出现频率。记录间隔宽度为 $w$ |
| (3) | for i in range(128,2048) |
| (4) | 统计截断区间 $i$ 以内的频率分布 $P(0,i)=[\text{bin}[0]\cdots\text{bin}[i-1]]$ |
| (5) | 计算落在截断 $i$ 区间以外的样本次数 count$=$sum(bin$[i]\cdots$bin$[2047]$) |
| (6) | 更新频率分布 $P[i-1]+=$count　计算 $P(0,i)/=$sum$[P(0,i)]$ |
| (7) | 截断区间以内的值等间隔映射至 $0\sim128$ 范围，$Q(0,127)=$quantize$[$bin$[0]\cdots$bin$[i-1]]$ |
| (8) | 扩展 $Q(0,127)$ 至 $i$ 长度 $Q(0,i)$　计算 $Q(0,i)/=$sum$[Q(0,i)]$ |
| (9) | 求取相对熵 divergence$[i]=$KL_divergence$(P(0,i),Q(0,i))$ |
| (10) | 寻找最小的 divergence$[i]$ 记录 $m=i$ |
| (11) | endfor　$T=(m+0.5)*w$　　scale$=T/127$ |

$T$ 为绝对值，正值涵盖了浮点绝对值的最大值，负值将部分浮点进行截断舍弃，将截断区间以内$(-T,+T)$的浮点值进行量化映射至$(-127,+127)$。通过调整截断位置，如图 7-9 所示，能够有效减少模型在量化期间的精度损失。而对于权重量化，直接计算每层权重的最大值和最小值，饱和量化至$(-127,127)$范围。

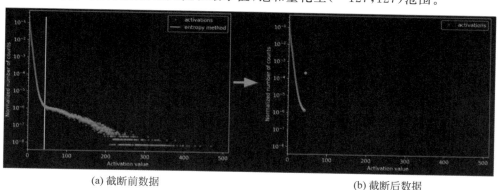

(a) 截断前数据　　　　　　　　　　　　(b) 截断后数据

图 7-9　截断因子取值位置

　　TensorRT 除采用截断量化进行优化外，还采用了层间融合进行加速推理，如图 7-10 所示。制约计算速度的不仅仅是计算量，还包括网络对于内存的频繁读写开销。而 TensorRT 中将多个层合并为同一个层，可以一定程度上减少核内存的读写。合并主要包括垂直合并和水平合并。当将模型加载至 TensorRT 推理引

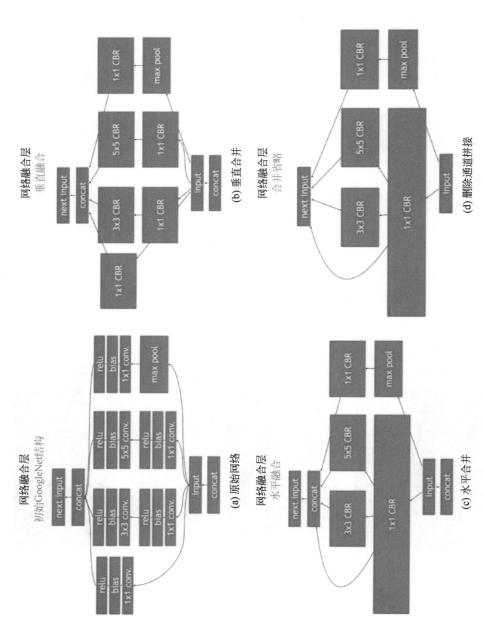

图 7-10 层间融合

擎时,首先采用垂直合并将卷积层、BN 层、激活层合并后得到,再利用水平合并部分公有层,最后取消 concat 通道拼接层,直接将本层的输出送给下一层的输入,以减少传输吞吐。

TensorRT 的使用会包括两个阶段,分别为 build 和 deploy。在 build 阶段主要完成模型的转换,在转换的过程中会完成层间融合和离线量化。现在 TensorRT 已经支持 Caffe、TensorFlow、ONNX 网络模型的解析,而对于 PyTorch、MXNet 模型则需要转换至 ONNX 模型。

本书也是采用将 PyTorch 模型转换至 ONNX 模型供 TensorRT 读取。而在 deploy 阶段会创建推理引擎,结合输入数据,完成数据的前向传播得到检测结果。

## 7.5 交通标识视觉感知系统框架

Nvidia Jetson TX2 只是一个核心模块,为了实现本项目视觉采集和处理的目的,还需要根据项目实际需求,采购或研制相关的配套电路板。在交通标识识别应用中,为了构建双目视觉则需要两个同步的千兆网接口。根据这一需求,在交通标识识别应用中选择了瑞泰新时代公司的 RTSO-9001 载板,其相关技术参数如图 7-11 所示。

- 2个千兆以太网(10/100/1000Base-T)
- 2个标准USB 3.0端口(5Gb/s,最大供电电流1A)
- 3个USB 2.0(2个位于USB 3.0插座,1个位于Mini PCIE插座)
- 2个RS232/485/422串行通信接口
- 2个CAN总线接口(仅支持TX2)
- 1个Mini-PCIE连接器
- 1个mSATA连接器
- 1个micro HDMI 2.0接口(最大6Gb/s,24bpp,4096×2160@60Hz)

图 7-11 Jetson TX2 载板 RTSO-9001 及其参数

NVIDIA Jetson TX2 核心板内置 8GB 内存、32GB 固态存储器,同时备有 SD 和 SATA 接口用于添加介质扩大可用存储空间,预装有 Ubuntu 16.04 系统,但是并不包括 JetPack 软件开发包。

在应用程序开发之前,可按照官方说明通过与主机的连接更新配置 Jetson TX2 系统上的软件环境,然后通过交叉编译或者本地编译的方式开发基于视觉的应用程序。

交通标识图像的采集采用车载的高清双目相机,Jetson TX2 嵌入式计算平台通过接口扩展板上的千兆网接口与两个相机连接,嵌入式系统连接关系如图 7-12 所示,图像采集传感器应该安装在驾驶室上方的车顶位置。

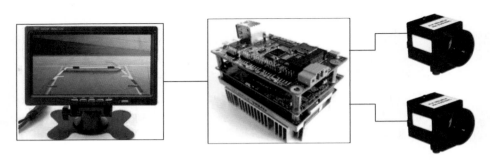

图 7-12  交通标识检测识别应用嵌入式系统连接关系

　　交通标识视觉感知软件架构方案采用分层、可并行的模块化结构,分离了表现层和业务处理逻辑,能够保证应用服务逻辑的一致性和稳定性、结构的开放性、功能的可扩展性和可维护性、开发的可并行性,同时采用一些开源框架并兼顾经济性。在一个优秀的框架上开发应用,而不是从零开始,可以大量缩短项目的开发周期、降低开发风险、增强应用系统的稳定性。

　　系统总体架构如图 7-13 所示,按功能可以分为视觉信息采集、目标检测、目标识别、红绿灯识别、目标测距、结果展示等模块;项目采用 C++语言实现,运用 OpenCV 开源环境和 Darknet、Caffe 开源框架,可以运行于 Linux 平台。

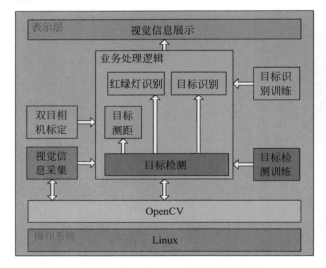

图 7-13  交通标识识别模块总体架构

　　程序开始先对各模块初始化。开启双目相机生产者队列模型线程,同步采集图像。开启键盘监听线程,检测到键盘上的 Esc 键按下,则释放各模块的资源,程序停止,安全退出;否则程序开始循环检测生产者队列中缓存的图像。

取左、右相机的同步图像。将左相机图像输入检测模型,检测模型进行检测,输出目标的粗分类类别及其在图像中的位置信息,其中粗分类类别为交通灯和交通标识,位置信息包括目标区域的左上角坐标$(x,y)$以及宽高$(width,height)$。同时开始测距和识别,其中测距算法输入左图像和右图像以及位置信息和相机标定参数,输出每个目标的距离;识别算法,先根据位置信息截取目标区域,再根据粗分类类别调用对应的算法,如果粗分类是交通标识,则将目标区域输入识别模型,输出交通标识的具体类别及置信度;如果是交通灯,则调用交通灯识别算法,输出交通灯类别、方向和读秒信息,一次循环结束,汇总结果和可视化,然后检测生产者队列中下一位置的缓存图像。

# 7.6　交通标识视觉感知系统实现

交通标识视觉感知系统的功能是能够实时正确地识别道路上的交通标识,为ADAS功能的重要组成部分,因此,交通标识识别的准确率和识别速度是两个非常重要的衡量指标。

交通标识识别的准确率取决于基于深度学习的检测和识别网络的性能,而识别速度则不仅与检测和识别网络相关,也和软件模块的业务逻辑设计和并行化计算程度相关。在多核多处理器计算机系统中,程序模块采用并行计算有助于提高计算资源利用率,提高系统处理速度。

## 7.6.1　图像采集与目标检测

视觉信息采集模块主要实现对双目视觉传感器并行采集的图像数据经过初步处理之后传递给目标检测模块。图像信息的采集方式选择软触发模式。为了实现双目相机的并行数据采集,模块内采用线程级并行相机触发和环形队列数据存储。

如图 7-14 所示,系统启动后开启左相机和右相机两个图像采集线程,分别从左、右相机开启图像采集任务,根据设定的图像采集时间间隔,采用回调函数的方

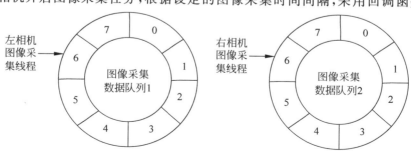

图 7-14　双线程并行图像采集和环形队列数据存储示意图

式从相机取回连续的图像。同时,检查图像写入的信号量,如果信号量的值没有超过最大值,可以继续向环形队列中写入图像,如果信号量的值已经达到最大值,说明图像处理程序没有及时处理采集到的图像,相机获取程序阻塞在这里,等待图像处理程序取走图像后,将图像写入的信号量值减少到小于最大值,从而可以继续在环形队列中写入图像。

双目图像采集线程和目标检测模块之间的信息交互采用生产者/消费者模型,使用信号量机制实现生产者和消费者之间的通信。如图 7-15 所示,其交互过程使用信号量机制实现。

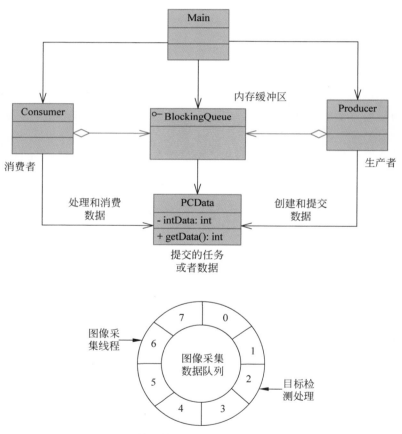

图 7-15 基于信号量的生产者/消费者模型

目标检测模块根据训练集得出面向目标集的训练结果,对实时图像信息进行检测,标示出检测结果类型和位置。YOLOv3 能够根据已经训练的网络参数,处理输入图像的数据信息,标示出检测结果的轮廓、类别和判定为该类别的置信度。

### 7.6.2　基于 MobileNetv2 的目标识别模块

卷积神经网络的主要特点是使用卷积层,这其实是模拟了人的视觉神经,单个神经元只能对某种特定的图像特征产生响应,如横向或者纵向的边缘,本身是非常简单的,但是这些简单的神经元构成一层,在层数足够多后,可以获取足够丰富的特征,从而能够实现对某一特征图像的细分类处理。

在保持相当精度的前提下,MobileNetv2 能够大幅度降低计算量,提高推理速度,适合在嵌入式设备上部署实现。基于 MobileNetv2 的目标识别实现模块结构如图 7-16 所示,交通标识识别需要加载已经训练好的交通标识识别模型,模型的训练方法和交通标识识别处理过程可参考第 4 章内容。

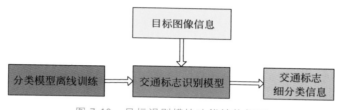

图 7-16　目标识别模块功能结构框图

### 7.6.3　双目相机测距模块

双目相机测距模块,需要首先进行双目相机的标定,相机标定过程的目的是获得双目相机中左、右相机的内参矩阵、畸变参数以及左相机相对于右相机的平移向量和旋转矩阵。根据相机标定数据,在程序初始化的过程中完成左相机矫正映射表和右相机矫正映射表的计算,其功能结构如图 7-17 所示。

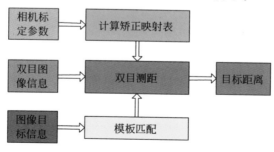

图 7-17　双目图像测距功能结构框图

模板匹配的过程是在得到左图中的交通标识目标位置坐标后,利用这一坐标裁剪出左图交通标识,作为匹配的模板。利用左图模板在右图上进行匹配,找到右图交通标识的中心坐标。模板匹配后的结果加上左、右相机的矫正映射表,从而完成目标距离的计算。

# 参考文献

[1]　WANG Y，LIANG S，YAO S，et al. Reconfigurable processor for deep learning in autonomous vehicles[J]. ITU Journal：ICT Discoveries，2017，Special Issue No. 1：1-13.

[2]　GUO K，LI W，ZHONG K，et al. Neural Network Accelerator Comparison［EB/OL］. https://nicsefc. ee. tsinghua. edu. cn/projects/neural-network-accelerator/，2021-09-25.

[3]　VELEZ G，OTAEGUI O. Embedded platforms for computer vision-based advanced driver assistance systems：a survey[J]. arXiv preprint arXiv：1504. 07442，2015.

[4]　QC/T 1128—2019：汽车用摄像头［EB/OL］. https://www. colorspace. com. cn/ kb/2021/07/20/qc-t-1128-2019/，2021-09-25.

[5]　车载摄像头系统图像质量评价体系综述［EB/OL］. http://news. eeworld. com. cn/ mp/ICVIS/a92562. jspx，2021-09-25.

[6]　王泉. 从车联网到自动驾驶：汽车交通网联化、智能化之路[M]. 北京：人民邮电出版社，2018.

[7]　一文熟悉车载摄像头技术的现在和未来［EB/OL］. https://mp. weixin. qq. com/s/61QNhDeN6U_iXT1FXWTN2w，2021-09-25.

[8]　安森美半导体. 先进驾驶辅助系统［EB/OL］. https://www. onsemi. cn/solutions/automotive/adas/sensing，2021-09-25.

[9]　AEC Documents［EB/OL］. http://www. aecouncil. com/AECDocuments. html，2021-09-25.

[10]　GUO K，LI W，ZHONG K，et al. Neural network accelerator comparison［EB/OL］. https://nicsefc. ee. tsinghua. edu. cn/projects/neural-network-accelerator/，2021-09-25.

[11]　NVIDIA DRIVE Orin［EB/OL］. https://www. nvidia. cn/self-driving-cars/drive-platform/hardware/，2021-09-25.

[12]　英特尔® GO™ 自动驾驶解决方案［EB/OL］. https://www. intel. cn/content/dam/www/public/cn/zh/documents/platform-briefs/go-automated-accelerated-product-brief-cn. pdf，2021-09-25.

[13]　Hardware Platforms-logiADAK［EB/OL］. https://www. logicbricks. com/ Products/logiADAK. aspx，2021-09-25.

[14]　TySOM-3-ZU7EV-ADAS[EB/OL]. https://china. xilinx. com/products/boards-and-kits/1-xqefec. html，2021-09-25.

[15]　恩智浦，BlueBox 3. 0 汽车高性能计算（AHPC）开发平台［EB/OL］. https://www. nxp. com. cn/applications/automotive/adas-and-highly-automated-driving：ADAS-AND-AUTONOMOUS-DRIVING，2021-09-25.

[16]　瑞萨电子，R-Car 汽车片上系统（SOC）［EB/OL］. https://www2. renesas. cn/cn/zh/products/automotive-products/automotive-system-chips-socs，2021-09-25.

[17]　TI,高级驾驶辅助系统（ADAS）［EB/OL］. https://www. ti. com. cn/zh-cn/applications/automotive/adas/overview. html，2021-09-25.

[18]　ADI,自动驾驶和 ADAS[EB/OL]. https://www. analog. com/cn/applications/markets/

automotive-pavilion-home/autonomous-transportation-and-adas. html,2021-09-25.

[19] TESLA full self-driving[EB/OL]. https://www. autopilotreview. com/ category/car-companies/tesla/tesla-full-self-driving/,2021-09-25.

[20] 地平线,征程 5 高性能大算力整车智能计算平台芯片[EB/OL]. https://horizon. ai/journey5. html,2021-09-25.

[21] 华为,MDC：使能自动驾驶的汽车大脑[EB/OL]. https://www. huawei. com/ cn/technology-insights/publications/huawei-tech/81/self-driving-ai-brain,2021-09-25.

[22] 自动驾驶车载计算平台企业,谁能突破重围?[EB/OL]. https://www. xchuxing. com/article/36771,2021-09-25.

[23] NVIDIA,JetPack SDK[EB/OL]. https://developer. nvidia. com/zh-cn/embedded/ jetpack,2021-09-25.

[24] THU 数据派,深度学习框架比较,我该选择哪一个? [EB/OL]. https://www. jiqizhixin. com/articles/2020-09-08-2,2021-09-25.

[25] How I built TensorFlow 1. 8. 0 on Jetson TX2[EB/OL]. https://jkjung-avt. github. io/build-tensorflow-1. 8. 0/,2021-09-25.

[26] PyTorch for Jetson-version 1. 9. 0 now available[EB/OL]. https://forums. developer. nvidia. com/t/pytorch-for-jetson-version-1-9-0-now-available/72048,2021-09-25.

[27] 瑞泰新时代,TX2 载板 RTSO-9001[EB/OL]. http://www. realtimes. cn/cn/ product/RTSO-9001. html,2021-09-25.

# 第 8 章

# 视觉感知在自动驾驶中的应用展望

　　汽车的发明是人类在交通领域的革命性进展,大大拓展了人类的活动范围和交流的便捷程度。自第一台蒸汽汽车发明至今的约 200 年间,人类对汽车这一交通工具不断改进和优化,使之更快、更安全、更加绿色环保。最早的汽车使用燃煤燃烧推动蒸汽机工作,进而推动汽车运动。内燃机的发明使石油成为新一代汽车的主要能源原料。当前,基于绿色环保的需求,燃料电池等各种新能源将成为下一代汽车的主要能源。

　　随着人类社会的发展,汽车不再仅仅是一种交通工具,而是被赋予了更多的含义,如财富的象征、流行和革新元素的标志等。新型新款汽车和各级别高速公路的发展程度成为衡量社会发展水平的一个重要指标。客观上说,汽车最早也是最主要的功能是交通运输,以满足人们从一个物理位置快速移动到另一个物理位置的需求。为了更加有效地利用交通时间,汽车逐渐增加了娱乐功能,包括短波、超短波电台和多媒体功能等,希望能够满足人们在汽车驾驶和乘坐时的全方位需求。

　　为了给汽车提供更加丰富的功能,在信息技术的助力下,汽车电子逐渐发展成为一个重要的研究领域和技术分支,希望利用电子学和计算机、通信等相关领域的最新成果,更新并拓展汽车的功能。人类的梦想永不止步,从 20 世纪 30 年代的第一台自动驾驶汽车的研究至今,给汽车赋予自动驾驶功能成为汽车行业的一个重要目标。然而今天看来,这不仅仅是由于对新潮文化追求而产生的目标,更是具有重要的现实意义。据世界卫生组织统计,每年死于交通事故的人数高达 135 万之多,道路交通事故成为 5～29 岁人口安全的最大威胁。

　　发展更为安全的交通也成为自动驾驶获得广泛研究的重要推动力。进入 21 世纪以来,尤其是深度学习获得广泛发展的最近 10 年,自动驾驶和无人驾驶汽车渐露曙光,传统汽车企业和新兴初创公司都投入了大量的人力、物力和财力来研究开发自动驾驶所需要的设备和相关关键技术。

　　根据《自动驾驶分级定义》(SAE J3016)标准对 ADAS/AD 分级,以及我国最新的《汽车驾驶自动化分级》(GB/T 40429—2021)标准来看,L5 可以在任何条件下自动驾驶车辆,已经没有任何限制因素。L5 是真正达到可以解放人力的级别,不需要人类进行驾驶的状态。实现自动驾驶,在汽车的演进发展历史上将是一个里程碑式的创新。在向自动驾驶演进的过程中,视觉感知到底能起到什么作用,本章从交通标识与视觉感知及视觉理解开始分析,展望视觉感知推动自动驾驶实现中未来的发展方向和可能的问题及对策。

# 8.1　视觉感知与交通标识

自动驾驶车辆中的视觉传感器,即车载摄像头,是自动驾驶系统感知层的核心组成部分,与毫米波雷达、激光雷达和超声波雷达不同,车载摄像头在暗光环境、恶劣天气时的感知性能具有明显的劣势,在探测距离上也无法和雷达识别系统相比。但是,通过应用机器学习和人工智能算法的图像识别技术,车载摄像头的实时图像采集能够让自动驾驶汽车分辨道路上的车道、车辆、行人和交通标识等信息,从而为自动驾驶汽车的决策判断提供重要依据,车载摄像头是不可或缺的重要感知层硬件。

交通标识是用文字或符号传递引导、限制、警告或指示信息的道路设施,包括禁令、警告、指示、指路、旅游区、道路施工安全、辅助、禁止、警告、指示和道路施工安全设施设置共 11 类标志。这些标识包括常见的禁令标志中的禁止通行、禁止机动车驶入、禁止超车、限制速度、限制高度和限制宽度等,也包括警告标志中的道路及驾驶情况变化警示,如两侧变窄、注意保持车距、村庄、注意横风等,还包括地面指示标线中的车行道边缘、人行横道线、路面限速标记字符、直行、左转等。

基于车载摄像头的视觉感知能够提供交通标识识别(TSR)、车道偏离预警(LDW)、行人碰撞预警(PCW)、全景泊车(SVP)、驾驶员疲劳预警等多项 ADAS功能,有的功能甚至只能通过车载摄像头实现。车道线和停止线属于交通标识的一部分,由于车道保持功能的重要性,所以车道线检测以及车道偏离预警功能成为独立的 ADAS 功能而备受重视。基于视觉感知的方法对光照敏感,并且依赖于完整且较为统一的车道线,因此检测性能有时会出现较大误差。当前,根据道路中雷达反射强度不同的特点,基于激光雷达反射强度信息形成的灰度图,从而区分出道路和车道线,也成为车道线检测中的一种可行研究方向。

在交通标识识别功能上,包括道路中的红绿灯识别,现有的研究表明,基于视觉感知的方法是唯一可行的技术路线。交通标识不会随着自动驾驶功能的实现而取消,因为道路交通的参与者在未来很长一段时间内都将是包括各类不具备自动驾驶功能的汽车和行人,因此,交通标识的高效识别成为自动驾驶汽车功能评价的一个重要指标。视觉感知只是能够检测识别相应的交通标识,类比于人类驾驶员的视觉系统,如果在检测识别的基础上能够更多地从采集图像中获得道路交通的实时信息和语义理解,则视觉感知对于自动驾驶的功能实现将发挥更大的作用。

## 8.2    视觉感知与内容理解

视觉感知能够根据获得的实时图像信息进行检测和识别,属于图像理解中的分类和检测功能,进一步,如果需要理解图像中包含的语义信息,就需要涉及语义分割、多目标跟踪、路径实时预测和行人手势识别等视觉内容理解的功能。图像分类是从给定的分类集合中给图像分配一个标签的任务,图像分类更适用于图像中待分类的物体是单一的,如果图像中包含多个目标物,可以使用多标签分类或者目标检测算法。目标检测的任务是定位某一类语义对象的实例,随着用于检测任务的深度学习算法的快速发展,目标检测器的性能得到了极大提高。

视觉内容理解可以看作更高级别的视觉感知,通过类似于人类的语义理解机制挖掘出视觉信息中的语义内涵,从而能够给决策系统传递更为清晰、明确的视觉信息。图像分割是视觉内容理解的重要方法和组成部分,高精度的图像分割实现起来也比较困难。图像分割的目的是根据灰度、彩色、空间纹理、几何形状等特征把图像划分成若干个互不相交的区域,使这些特征在同一区域内表现出一致性或相似性,而在不同区域间表现出明显的不同。相同区域代表同一个目标,不同区域代表不同的目标,通过这种方法就能够把目标从背景中分离出来,也达到了理解视觉内容的目的。

自动驾驶在高速公路上的驾驶场景要比复杂街道场景下的环境感知简单得多,街道场景下不仅车道线不完整甚至缺失,道路场景中还包括机动车、非机动车、成人和儿童,参与成员复杂,运动轨迹实时变化,因而需要对多个场景目标实现实时跟踪定位,从而完成综合决策。对于单个目标,如果要完成跟踪,可以逐帧对目标进行检测定位来实现。但是,对于多目标跟踪来说,随着目标数目的增加,检测定位的算法复杂度就会急剧增大。多目标跟踪要解决的核心问题就是在视觉感知中以时间维度为坐标轴,将多个目标的空间坐标(空间维)连接起来,得到多个目标的位置变化情况,核心问题包括多个目标的定位与识别。

对于大多数的欠发达城市和乡镇来说,道路交通状况非常复杂,自动驾驶车辆必须能够准确预测出参与交通的各类人员和车辆的运动轨迹,才能进行安全、可靠的导航决策。对于这一复杂场景下的路径实时预测问题,百度团队提出了一种基于长短期记忆网络(LSTM)的实时路径预测算法 TrafficPredict,该方法使用实例层来学习实例的移动和交互,并使用类别层来学习属于同一类型的实例的相似性以优化预测结果。

　　人体姿态估计和手势识别能够使自动驾驶汽车更加直接地理解交通场景中行人和交警所表达的语义信息,提高自动驾驶汽车的视觉理解能力,如理解交警对道路通行或停止的指挥手势。人体姿态估计常常转化为对人体关键点的预测问题,然后根据关键点的空间位置关系得到对人体骨架的预测。人体姿态估计的传统实现重点通过 HOG、SIFT 等方法实现特征表示和关键点的空间位置关系两方面。当前的人体姿态估计都是以深度学习方法为主,把特征提取、分类以及空间位置的关系都表达在一个网络中,并直接建模,所以不需要进行拆解,更方便设计和优化。

　　人体姿态估计算法的研究目的就是实现对人体的动作行为估计和手势识别。在自动驾驶场景下,汽车能够对影响道路交通安全的行为进行预判和处理。在动作识别方面,基于单帧图像的动作识别较为简单,但是还需要融合时序信息、姿态信息和光流信息等,对动作的整个或多帧过程进行综合分析,才能得出较为准确的动作识别结果。

## 8.3　视觉感知与数字孪生

　　数字孪生(Digital Twin,DT)技术是一种将真实物理场景映射到数字化信息空间的方法,主要分为物理空间的物理实体、虚拟空间的虚拟实体以及虚实之间的连接信息 3 部分。通过充分搜集物理系统各部分的传感器信息,对物理空间的人或物进行数据分析与建模,数字孪生技术可以构建出多物理量、多时间尺度、多概率的仿真模型,将物理系统在不同真实场景中的全生命周期过程反映出来。可以说数字孪生技术是现实世界场景的数字化表现。如今,数字孪生技术在供应链管理、自动驾驶、装备制造、产品研发、故障诊断、智能车间等领域或场景都得到了广泛的应用。

　　数字孪生技术注重对真实场景的数字化还原,所以建立高保真的虚拟模型,真实地再现现实物体的形状、属性、行为和规则等是数字孪生技术实现的基础。

　　数字孪生虚拟建模的数据主要依赖不同类型的传感器。按照感知位置划分,可分为内部传感器和外部传感器两大类,内部传感器用于检测设备或装备的内部参数;外部传感器用于检测设备或装备以外的外部参数。其中外部传感器又分为接触式和非接触式两类。基于视觉感知的环境感知是一种使用外部传感器的非接触式测量方法,能够提供别的感知方法所不具有的颜色、纹理、亮度及遮掩信息,是数字孪生技术虚拟化建模过程中必不可少的部分。而基于双目或者多目摄像头的视觉感知,可以将周边场景进行 3D 建模,更加立体地展示人或物的物理特性。

　　在自动驾驶领域,数字孪生技术通过使用不同类型的传感器将汽车周边信息进行虚拟化建模,实时识别与预测出车辆附近人或车的行为和位置,控制车辆做出正确的决策,极大地提高了自动驾驶车辆的可控性与安全性。在现实中,为了方便驾驶人员对于周边信息的掌控,自动驾驶车辆通常会配有一块车载 LCD 显示屏,而数字孪生技术通过虚实结合的方式可在 LCD 显示屏上实现虚拟场景与现实场景交叠的效果,最常见的方式是融合虚拟现实(Virtual Reality, VR)、增强现实(Augmented Reality, AR)、混合现实(Mixed Reality, MR)等技术。

为满足复杂多变的道路场景,在自动车辆行驶过程中,结合视觉感知与数字孪生技术的车辆控制系统除了检测和识别道路导航标识外,还需准确探测出道路环境中的障碍物,以提高道路环境理解的准确性和完整性。这就需要耗费巨量的计算资源,同时会造成判断的延迟与识别精确度的降低,所以如何基于立体视觉进行快速鲁棒环境感知与理解,仍是数字孪生技术在自动驾驶领域应用中的一大技术难点。

## 8.4    视觉感知与信息获取

目前自动驾驶感知层实现方案分为两大技术流派:一类是以特斯拉为代表的计算机视觉优先路线,倾向于采用低成本的摄像头为主导,配合毫米波雷达、超声波雷达、低成本激光雷达,辅以人工智能算法,降低成本;另一类是以谷歌 Waymo 为代表的多传感器融合路线,主张以激光雷达为主导,配合毫米波雷达、摄像头等,实现多传感器融合,提高自动驾驶安全。

激光雷达的优点在于测距远和精度高,并且可以主动探测周围环境,即使在夜间仍能准确地检测障碍物;缺点在于成本高昂、技术不成熟、影响车辆整体外观,以激光雷达为主导的解决方案会带来较大的成本压力。摄像头测距能力相对较弱,且受环境光照的影响大,但摄像头的核心优势在于成本较低,非常适用于物体识别。实际应用中,可以通过传感器融合辅助来解决摄像头受天气影响的弊端,在功能上取代激光雷达传感器。

特斯拉最新的 Autopilot 自动驾驶感知层硬件配置了 3 个前置摄像头、2 个侧方前视摄像头、2 个侧方后视摄像头、1 个后视摄像头、12 个超声波传感器、1 个毫米波前置雷达。特斯拉通过 8 个摄像头完成车辆 360°全方位环境检测,毫米波雷达不受天气影响,负责探测前方障碍物的距离及行进速度。特斯拉通过提高摄像头监测距离,利用其研制的计算机芯片的高速数据传输、GPU 强大算力极大地提高了成像的精度,实现了多传感器融合冗余,基本打破了视觉方案的瓶颈,降低了自动化系统的成本,证明了视觉感知对自动驾驶的推动作用。

车载摄像头作为最重要的感知层硬件,随着自动驾驶的发展,将具有越来越广泛的市场需求。相关数据表明,2018 年全球平均每辆汽车搭载摄像头数量增长为 1.7 颗,2021 年平均每辆车搭载摄像头数量达到 2.5 颗,并将在 2023 年达到每车平均 3 颗摄像头。

车载摄像头的前置摄像头类型主要包括单目和多目,其中多目摄像头拥有更好的测距功能,但需要装在两个以上位置,成本较单目摄像头更贵。环视摄像头的类型是广角镜头,在车四周装配 4 个摄像头获取的图像拼接实现全景图,加入算法可实现道路线感知。后视摄像头的类型是广角或鱼眼镜头,主要实现倒车辅助及安全预警。另外,还有舱内监控,包含驾驶员监控和乘客监控的摄像头等。

车载摄像头由镜头、模组和图像传感器芯片组成。在车载摄像头镜头市场,中国的舜宇光学镜头出货量居全球第一位,市场占有率为 34%,之后依次为韩国 Sekonix、Kantatsu 和日本 Fujifilm 等公司。车载摄像头模组对安全问题和稳定性要求较高,模组封装工艺更加复杂,因此主流供应商仍以日韩厂商为主。安森美在汽车图像传感器市场的市占率达到 46%,位列第一,Sony 和 OmniVision 紧随其后,占据了车载摄像头图像传感器绝大部分的市场份额。

光学镜头的主要作用是利用光的折射和反射原理,将被拍摄物体的反射光聚焦于图像传感器上,从材质上主要分为塑料镜头和玻璃镜头,塑料镜头通过注塑制作,它的优点在于工艺难度低、成本低,适用于大规模量产,缺点是透光率低;玻璃镜头通过打磨制作,它的优点在于透光率高,但是成本较高、量产能力较低。玻塑混合镜头由部分玻璃镜片和部分塑料镜片共同组成,结合了它们两者的特点,热稳定性与透光率明显优于全塑镜头,且成本较玻璃镜头低,量产难度小,已经发展成为车载摄像头镜头的主要材质。

安森美是首家为汽车市场提供专业图像传感器的公司,已经通过了 AEC-Q100 车规认证以及 ISO 26262 功能安全认证,其车用传感器客户基本涵盖各国各类型的车厂。在 ADAS 领域,安森美拥有完整的产品组合,具有从 VGA 到 1200 万像素的产品,其产品具有低照度解析、宽动态范围等特性。Sony 在整个 CMOS 图像传感器市场上占据最大的份额,因此,将来可能会在车载图像传感器领域继续发力。OmniVision 重视在车载摄像头上的应用,在强光照射或者黑夜星光等极端光环境下的图像显示方面进行了大量前瞻性的研发。

随着自动驾驶级别的提高,车载摄像头数目将越来越多,一个 L2 的汽车配备 11 个以上的摄像头是非常普遍的,有的车企甚至采用高达 18 个摄像头,而 L4 级别以视觉为主的方案中有多达 20 多个摄像头。车载摄像头的分辨率越来越高,当前大多是 100 万像素摄像头,现在 L2 级别自动驾驶已经大量采用 200 万像素摄像头,高级别自动驾驶车型中将采用 800 万像素的摄像头以实现对物体更远和更清楚的辨识和检测。L4 级别的汽车中已经有采用 1200 万像素的摄像头。

为了满足自动驾驶对于更准确的物体检测和识别的需求,车载摄像头技术发展有以下趋势:①高动态范围(HDR),相机需要在一些特殊环境下工作,如夜间亮的路灯和暗处行人的对比,强光下隧道外亮处与隧道内暗处细节的对比等,因此提升 HDR 成为解决自动驾驶级别提高的关键;②更高的信噪比,如 RCCC / RCCB / RYYCY 图像传感器可以提高车载摄像头的信噪比;③认证的功能安全,对 L2 以上的自动驾驶系统,车载摄像头需要符合 ISO 26262 相应的汽车安全完整性等级(ASIL)的标准;④网络安全功能,必须确保网络空间中的自动驾驶车辆系统运行的安全可靠,为确保不被黑客侵袭,车载摄像头需要带有网络安全机制的图像传感器。

## 8.5　视觉感知与计算平台

在自动驾驶逐级演进的过程中,车载摄像头数目增多、像素增大,感知层数据量呈指数级增长,其需要的数据处理能力也要随之增强,才能及时处理感知层数据。因而,计算力和吞吐量更大的 AI 芯片和处理器平台使自动驾驶汽车成为“移动的超级计算机”。一般来说,自动驾驶级别每升高一级,对计算力的需求至少增加 10 倍,L2 级别需要 2TOPS 的算力,L3 需要 24TOPS 的算力,L4 为 320TOPS,L5 为 4000＋TOPS。以特斯拉为例,从 HW1.0 到 HW3.0,特斯拉将摄像头数量从 1 颗大幅提升至 8 颗,此外还包括 12 颗超声波传感器和 1 颗毫米波雷达,其计算平台计算力也从最初的 2.5TOPS 大幅跃升至 144TOPS。

对于车载计算平台来说,计算力指标重要,能效比更重要。如果自动驾驶控制器的芯片功耗级别较高,即便其自身性能强劲,也会引发某些未可预知的隐患,如发热量成倍增加导致的系统可靠性下降等,因此,在自动驾驶芯片设计或选型中需要充分考虑其功耗指标。此外,车载计算平台还需要满足车规及功能安全的需求,与消费级和工业级芯片相比,车规级计算平台代表了更高的标准。车规级计算平台一般要求在环境温度为－40～125℃,故障率为 0,从而在安全性、可靠性和稳定性上提出了更高的要求。现在自动驾驶的芯片不仅需要通过 AECQ100 的车规级可靠性要求,而且还要求增加功能安全的认证要求,如 ISO 26262 等标准的认证。

现阶段大多数自动驾驶车载计算平台架构包括 GPU 架构、GPU＋FPGA 异构计算、ASIC 架构等,但从长远来看,自动驾驶车企更倾向于选择 ASIC 专用型芯片,以前瞻性的 AI 算法同时满足高性能和低功耗的要求。但是当前的神经网络算法迭代速度远远超过了硬件的改进速度,这就对车载计算平台 ASIC 芯片设计带来了极大的挑战。当前基于 FPGA 的可重构计算平台为应对算法演进和提高硬件系统能效比提供了一个可以接受的折中方案。自动驾驶汽车计算平台设计需要综合考虑算力、功耗、体积等问题,同时做到芯片设计、算法最优化及有效算力最大化。

软件系统和编译环境等工具链对于计算平台的效能发挥具有极其重要的作用。软硬件体系的开放性以及相关生态的成熟度,计算平台和运行算法是否分离,是否支持二次开发对于计算平台也是非常重要的考量因素。例如,Mobileye 公司提供芯片和算法软硬一体的捆绑销售方式,灵活度较差,用户不能进行二次开发,也就没有办法应对升级的 ADAS 场景来设计方案。地平线和 NVIDIA 公司则采用较为开放的软硬件体系,拥有完整的算法、芯片、工具链一体化的服务能力,也有不断发展的技术生态平台,将会拥有更多的市场份额。

## 8.6　环境感知与信息融合

自动驾驶的意义在于,其功能全面普及后无疑对改善交通安全可以起到很大的推动作用。当前,以视觉为主要技术路线的特斯拉的 Autopilot 自动辅助驾驶还不是真正意义上自动驾驶系统,即使硬件标准理论上可以达到自动驾驶所需水平,但算法以及软件尚不能够实现完全自动驾驶。

2016 年以来,开启不同版本 Autopilot 的特斯拉汽车发生过 3 次与白色货车相撞的事故。虽然特斯拉采用了雷达和摄像头相配合的自动驾驶方案,但是雷达擅长检测移动物体而非静止物体,当一辆车不在本车辆的行进方向时(如前方横穿的车辆),它也很难监测出来。雷达的输出信号有时会被系统忽略,比如它可能将立交桥判定成障碍物,导致车辆急刹车。所以,在这些情况下,就要用摄像头输出的算法来检测垂直于车辆方向的卡车,或者立交桥这种静止物体。

但是视觉传感器可能因为货车白色箱体有比较强烈的阳光反射,从而影响了车辆的摄像头识别,导致事故的发生。因而,特斯拉一直依赖的纯视觉和毫米波雷达的自动驾驶方案也存在局限性,主要体现在有效冗余不足、感知能力不足、感知手段单一、对环境要求较高等方面。另外,激光雷达和视觉融合方案能否成为未来自动驾驶的主流,还要取决于激光雷达成本是否能够下降到适合商用的水平。

无论何种方案,视觉传感器都是自动驾驶中的核心传感器。在多传感器的实现框架下,自动驾驶需要考虑融合多传感器信息,实现综合的信息判断,才能有望解决智能化需求下的场景理解。20 世纪 90 年代,随着信息技术的广泛发展,"信息融合"被提出来解决信息系统中的多维信息输入如何交互的难题,多传感器数据融合(Multi-Sensor Data Fusion,MSDF)技术也应运而生,以处理对应不同的工况环境和感知目标的各种不同传感器信息。

多传感器信息融合能够充分利用分布在多个时间与空间域的多传感器数据,

采用计算机和人工智能算法在一定准则下对数据进行分析、取舍、交叉验证和综合,从而获得对被测对象较为全面的一致性解释和描述,进而为决策和估计提供数据支持,使系统能够获得比单独考虑各组成部分更为充分的信息优势。

多传感器系统性能提高的关键是选用高效的信息融合算法,因为对数据进行分析、取舍、交叉验证和综合的实现就是信息融合算法的具体功能,也因此能够获得关于对象和环境的全面、完整信息。此外,由于多传感器系统中信息的多模态和时变性、处理结果需求的实时性,使系统采用的信息融合算法要具有鲁棒性和并行处理能力,从而提高处理的速度和精度。当前常用的信息融合算法包括贝叶斯统计理论、神经网络技术以及卡尔曼滤波方法等。

# 参考文献

[1]　World Health Organization. Global Status Report on Road Safety[R]. WHO:Geneva, 2018.

[2]　甄先通,黄坚,王亮,等.自动驾驶汽车环境感知[M].北京:清华大学出版社,2020.

[3]　PAN Y. On visual knowledge[J]. Frontiers of Information Technology & Electronic Engineering,2019,20(8):1021-1025.

[4]　PAN Y. On visual understanding[J]. Frontiers of Information Technology & Electronic Engineering,2021,23(9):1287-1289.

[5]　MA Y,ZHU X,ZHANG S,et al. TrafficPredict:trajectory prediction for heterogeneous traffic-agents[C]//33rd AAAI conference on artificial intelligence,2019,1-10.

[6]　杨林瑶,陈思远,王晓,等.数字孪生与平行系统:发展现状、对比及展望[J].自动化学报,2019,45(11):2001-2031.

[7]　吴金建.基于人类视觉系统的图像信息感知和图像质量评价[D].西安:西安电子科技大学,2014.

[8]　FAYYAD J,JARADAT M A,GRUYER D,et al. Deep learning sensor fusion for autonomous vehicle perception and localization:A review[J]. Sensors,2020,20(15):4220.